卑鄙的聖人

曹操

王曉磊——著

目錄

【推薦序】

曹操協奏曲

祁立峰

我最近去中國大陸參與一個網路文學的會，有幸與幾位網路類型小說界的「大神」同桌共襄對談。類型小說在大陸不但風起雲湧，作家探囊富豪榜更是唾手可得。也因為這次對談我對類型小說的分類有了更進一步的認識，除了如玄幻、仙俠、都市職場等大眾主題之外，如軍事、硬科幻、硬歷史同樣也筆耕者眾，王曉磊《卑鄙的聖人 曹操》可能就是這種硬派歷史的代表作。不搞穿越不傍玄武，全然是拳拳實實的史料、詩歌、文獻、銘誄，勾勒出我們看似熟悉卻又充滿了各種深意的大歷史。

即便我身為宅男，在鄉民光譜歸納之下，本體理當該是三國迷戰國控，但我的三國知識啟蒙大抵來自於羅貫中的《三國演義》、光榮的「三國誌」系列，以至於還未移植到家用主機的「真・三國無雙」。到了我讀書時期更進一步處理到六朝文學與文論，這才發現三曹父子、建安文士，那真的是貢獻卓越，是文獻研究回顧裡跳不過的必讀史料。

而相對於仁德謙和的劉備，小霸王形象的孫權，曹操可能是三國時期最具立體感與多面性的英雄人物。君不見東瀛動漫遊戲改編的曹操形象，基本上就是一個壯志未酬、邪道稱霸的一代奸雄梟雄；徹頭徹尾就像《信長協奏曲》、《本能寺大飯店》等穿越故事裡，差點就完成胸臆裡天下一統大業的織田信長（甚至在光榮公司的遊戲人物造型上，曹操與信長的霸氣臉部特徵也十足相似），實際上過去魚豢的《魏略》同樣是以曹操為主旋律，這也讓這些以曹操為主軸為脈絡的歷史小說，充滿了魅力、感性與靈光。

一代梟雄的心事史事，以全十冊的縱橫捭闔大手筆登場，實在已經堪稱氣勢非凡，譬如第九冊聚焦到了曹丕與曹植的爭儲奪嫡紛爭。其實曹氏兄弟之間的鬥爭確實緊張弩拔，我在讀書時期就注意到曹植有一首〈贈白馬王彪〉，詩前面的序是這麼說的：

黃初四年五月，白馬王、任城王與余俱朝京師、會節氣。到洛陽，任城王薨。至七月，與白馬王還國。後有司以二王歸藩，道路宜異宿止，意毒恨之。

根據《世說新語》，這次任城王曹彰的暴斃，就是出於曹丕的一手毒殺，而這手足相殘的慘事還有一尾聲，「（曹丕）複欲害東阿，太后曰：『汝已殺我任城，不得複殺我東阿』」，於是曹植才得以倖免保命，悲憤之下作了這首詩贈白馬王曹彪。而就史料來看，曹操尚在世時這對皆以文采以政事兼美著稱的兄弟，矛盾鬩牆還沒有那麼嚴重。即便在小說在戲劇裡，曹操一方面不斷測試這兩位世子儲君的能力，一方面則私心偏袒才高八斗的曹植。但曹丕「位尊而減才」（《文心雕龍》語）卻也是某程度的事實。

就我所知的文獻來說，要看子桓子建兩位世子立場最矛盾的論述，大概是我們過去高中國文課本都有選的核心文《典論．論文》，和曹植寫給楊修的〈與楊德祖書〉。就時間推測〈與楊德祖書〉成於先，曹丕〈論文〉有些回應曹植的意味。關於文學與政治，曹植是這麼說的：

今往僕少小所著辭賦一通相與，夫街談巷說，必有可采，擊轅之歌，有應風雅，匹夫之思，未易輕棄也。辭賦小道，固未足以揄揚大義，彰示來世也。昔揚子雲先朝執戟之臣耳，猶稱壯夫不為也。吾雖德薄，位為蕃侯，猶庶幾戮力上國，流惠下民，建永世之業，留金石之功，豈徒以翰墨為勳績，辭賦為君子哉？（曹植〈與楊德祖書〉）

這話說得很清楚，辭賦借代的是廣義的文章，但被認為繼承《詩經》，足以作為雅頌之亞、宣上德盡忠孝的辭賦，終究不等於實際的政治能力，因此曹植說得很清楚，他的志願不僅是舞文弄墨，而是要「建永世之業，留金石之功」。那麼再來看《典論·論文》的「蓋文章經國之大業、不朽之盛事。年壽有時而盡，榮樂止乎其身，二者必至之常期，未若文章之無窮」說得就更明晰了，暗喻的就是要曹植以文章為經國大業，同樣可以聲名自傳於後。

我們常說歷史求真，文學求美，《卑鄙的聖人》書中寫兄弟爭儲，寫七子作為曹操集團的僚佐之宮鬥，寫冊魏公九錫的史料，寫那些優美詩賦背後的錯節肌理，都看得我怔怔驚詫。我讀這些文章多半從文學理論、梳理賞析的美學角度來論，論〈冊魏公九錫文〉的風清骨峻，論〈銅雀臺賦〉或公讌應詔詩的酣宴醇美。

而姑且擱置這些陰詭圖謀、風雲攪弄，我竟懷想起那曹丕所描述的，那些集團文士僚臣們歡愉共度的文學時光：

昔日遊處，行則連輿，止則接席，何曾須臾相失。每至觴酌流行，絲竹並奏，酒酣耳熱，仰而賦詩，當此之時，忽然不自知樂也。謂百年已分，可長共相保。……（曹丕〈與吳質書〉）

現象學告訴我們凡存在必合理，那些為至尊大位不得不然的算計與鉤鬥，高壓與密謀，都是真實存在的，但那些連輿接席、朝夕不相失的友誼情感，也是情真意切不容置疑的。我想這都是一個歷史人物，浪淘盡千古風流的英雄，以及一個真正且完整的人所必備的面向。而這些面向所疊架壁連起的世界觀，也就是最接近無限真實透明的歷史。

或許這也就是這大部頭、磅礴十冊，讀之卻不覺其厚重的《卑鄙的聖人 曹操》此一套書，給予我們的奏鳴曲、詠嘆調。千古梟雄如今昔人日遠了，但那些或正或反，或忠良或奸邪的典範還歷歷可見。

（本文作者為中興大學中國文學系副教授）

【推薦序】

少年曹操的煩惱

普通人

曹操這個名字，在華人世界是無人不知、無人不曉，如今又被各種講述三國故事的大眾媒介推波助瀾，堪稱已是「享譽國際」。然而有名歸有名，人們看待曹操的態度卻也相當兩極。以「品三國」系列電視節目為廣大觀眾所熟知的易中天教授，便以「可能是中國歷史上性格最複雜、形象最多樣的一個人」來形容曹操。

其實人吃五穀雜糧、難免有七情六欲，所作所為本就善惡並陳，甚至不同的時空背景，也會有不同的道德價值判斷。只是曹操何其不幸也有幸地站上了歷史的風頭浪尖上，既身處中國最具知名度的時代，又是至為關鍵的靈魂人物，自然就會被擺在顯微鏡底下檢視罷了。

成書於西晉時期的官方正史《三國志》中，作者陳壽在記述曹操生平的傳記〈武帝紀〉篇幅不僅為全書之最，並且將其讚賞為「非常之人，超世之傑」，根本近乎完美。

到了南朝劉宋時期，裴松之為充實以簡略著稱的《三國志》，蒐集了大量史料進行注解，當中有一部以曹操作為主人公的史書《曹瞞傳》，便收錄了許多曹操陰險狡詐的事蹟，小說《三國演義》對於曹操的負面描述，也大多源自此書。不管是歌頌還是抹黑曹操，內容比起其他同時代的人物豐富得多，而且都受到了相當程度的放大跟扭曲。

但另一方面，曹操也確實做出了以當時而言乃驚世駭俗的大事。他讓延續四百餘年的漢朝成為毫無尊嚴的軀殼，但若沒有曹操，漢朝恐怕會更加不堪；他創立了一個模式，為往後四百餘年在中華大地上發生的改朝換代立下了準則，但他卻將執行的劊子手交給下一代，自己畢生皆作漢家臣。

曹操既代表著「生」、也代表著「死」，既代表著「忠」、也代表著「奸」，他就是那樣地模糊、就是那樣地矛盾，因此王曉磊老師將他的這套曹操全傳定名為「卑鄙的聖人」，可以說是精準無比。

《卑鄙的聖人 曹操》的第一部主要描述曹操在十二歲至二十五歲這個年齡段的生活，對於現代人來說這段時間正是讀書求學，在腦中編織著未來夢想的青春歲月，但曹操卻早已娶妻生子，並且已在官場上打滾一段時間了。雖然那個時代的人們十多歲成家不是什麼新鮮事，但年紀輕輕迅速在政治圈中嶄露頭角，那可就非常不簡單了。

曹操之所以能夠如此超前，當然不完全是靠自己，而是與他特殊的身家背景有關。他的父親曹嵩乃當時大宦官曹騰的義子，曹騰歷侍東漢四任皇帝，地位非比尋常，而曹嵩憑藉著養父在朝中所受到的寵信得以位居九卿高位，曹操可說是自小就處在當時的社會金字塔頂端，錦衣玉食自不待言，人生更是前途無量。

但這並不表示曹操自幼便無憂無慮，相反地這樣的身家背景還成了他在少年時期最大的煩惱與阻礙。

東漢王朝之所以衰亡，最主要的原因就在於皇帝大多年幼即位、英年早逝，導致宦官與外戚有機可趁，彼此輪流擅政、互相廝殺，搞得朝中烏煙瘴氣、群臣人人自危，對於宦官與外戚自然也就沒有什麼好印象。儘管曹操表面上所享受到的一切與其他達官貴人無異，但始終免不了有人在背後指指點點，甚至打從心底蔑視。

「贅閹遺醜」的陰影一直壟罩著年少的曹操，他應該如何看待自己的家族？如何爭取朝中先進同儕們的認同？又要如何在時而宦官掌政、時而外戚當權的混亂政局裡求取生存？上述種種，都是

《卑鄙的聖人 曹操》第一部裡，曹操試圖解答的難題。

關於少年曹操的煩惱，王曉磊老師別具巧思地設計了兩名人生導師來為其解惑。一個是他的父親曹嵩，代表著「影」，另一個是極其賞識他的名士橋玄，代表著「光」。兩個思考邏輯截然不同的教導，不停在曹操的內心深處衝撞著，而曹操就在光和影之間匍匐前進，逐漸摸索出屬於他自己的人生之道。

《卑鄙的聖人 曹操》並沒有完全遵循正史，有許多在史料裡僅剩隻字片語的人物們，在王曉磊老師的筆下都搖身一變成了一個又一個性格鮮活的角色。他們各司其職，在和少年曹操交流的過程當中，反而清楚地勾勒出當下的生活環境及政經情勢，不僅能讓熟讀三國的同好們拍案叫絕，初識三國的朋友也能讀得興致盎然。

就讓我們透過少年曹操的所思所想、所見所聞，一覽東漢末年的眾生樣貌吧！

（《非普通三國：寫給年輕人看的三國史》作者）

解構曹操

不願只是個靠爸族

首先恭喜你翻開了這本書，不管你是不是三國癡、三國迷，還是喜歡曹操個人魅力的讀者，或者只是因好奇心而翻開此書的有緣鄉民！《卑鄙的聖人 曹操》以故事的口吻，彷彿影集般，引領讀者一路追劇，輕鬆明確地將三國的正史、野史及演義的內容，以曹操為主角，於亂世風雲中，看人心如何化作刀劍來回交擊，而各自的圖謀和欲望，又是如何影響一個時代的興衰？《卑鄙的聖人》不僅是曹操最詳細生動的一生傳奇，更是從曹操視角，縱看漢末到晉起的三國編年史。而時代遞嬗，人心不變，我們現在再來看這段歷史經過，可以從曹操的思考模式和行事風格，學到各式各樣臨機應變的思維，待人處事的智謀、手段、智慧與方法，在這瞬息萬變的社會好好生存下去，做為個人職涯、領導，人際關係與提升魅力的參考守則。

雖然三國的故事很廣泛，但大部分人都是「認識」但並不太熟。如果曾翻閱過《三國志》的就明白，內容非常散亂，往往對於一個人的功過及事蹟都要看好幾個記錄不同人的篇章拼湊後，才能較完整的了解，就連曹操這樣的大咖也不例外。大抵上是《三國志》作者陳壽在每個人的本傳上，都不太會記載其人的缺失或不光彩的事情，往往只描述關於此人的正面事蹟，常常要透過其他人的本傳，才能相互比對補充，盡量完整地把人物原型全面拼湊出來。我們對於曹操的印象不外乎是奸詐多疑、不擇手段、狼子野心、用人唯才、文武兼備這幾個形容詞，然而曹操為何多疑？除了天性使然之外，是否因為某些成長創傷或經歷促使他如此？為何曹操比任何人都想要，或者說是必須要搶先挾天子以令諸侯？身為宦官之後是曹操的原罪，但也是讓他成為「官二代」，比其他人贏在起跑點的契機，同時也是被人歧視或自卑的主要原因。我們對於曹操的了解大多是在行刺董卓未果，後來廣發檄文共討董卓的篇章開始；但這套書從他的兒時記趣說起，如同捲軸般，完整地將曹操波瀾壯闊的一生延展開來。

我們將和曹操一起體會身為「特殊」官二代的喜樂與哀愁，跟著曹操一起調皮搗蛋、結交朋友、官場上初試啼聲。體驗曹氏一家的興盛衰敗而又復興的歷程；並藉由曹操的眼睛和經歷去明白，本姓夏侯的他為何會改姓曹？且看曹操如何與袁紹一起藏匿與幫助通緝犯，培養革命情感；如何結交到當時的名人橋玄，並進化曹操的價值觀；如何用計讓名動一時的名嘴許劭對自己評論「治世之能臣，亂世之奸雄」；如何以一雙五色棍棒打權貴，雖然遭罪外放，卻也引來世人的讚揚；如何在外放途中大難不死，上任縣令後廣收民心。然而，又是在怎樣的背景下，醞釀了即將爆發由張角為首的「黃巾之亂」（或稱為「黃巾起義」）。本冊我們也可當作前傳來看，透過作者的生花妙筆來明白東漢末年的時空背景，宦官如何與外戚爭鬥讓天下永無寧日。原本滿腔熱血、清廉自持的曹操如何於自己的清高理想和父親與親族靠阿諛奉承以得高位的矛盾中，在命運的推動之下走向自己的奸雄之路！

第一章
突然的政變

桓帝駕崩

漢永康元年（公元一六七年）的冬天格外寒冷，北方大地多被皚皚白雪覆蓋著。尤其是大漢的都城洛陽，一連十餘日沒晴過天，凜冽狂暴的西北風捲著冰涼透骨的雪花，沒完沒了地刮著，把這天下第一的大都市吹拂得黯然蕭索。

在洛陽皇宮之中，三十六歲的皇帝劉志正病臥龍榻之上。病魔已經折磨了他太久，昏昏沉沉間，他聽到外面呼嘯的風吼，越發感覺身子輕飄飄的，彷彿自己就要被這狂風吹向天際。

劉志十五歲登基，二十一年中，前十三年被外戚大將軍梁冀擁為傀儡，大行暴政荼毒百姓；後八年他又被宦官蠱惑，禁錮忠良阻塞言路。因而朝政日非、小人得勢、黎民疾苦、外族侵犯，天下已被禍害得不成樣子了！

不過病臥之際，他並沒用心檢討自己以往的過失，而是牽掛著兩宗麻煩事。第一是自己沒有子嗣，萬一撒手而去，滿朝文武必然要從其他宗室子弟中選一個新繼承人，這意味著宦官與外戚的鬥爭又要開始了。第二是此刻非太平時節，就在西部邊陲，一場漢朝與羌族的大戰還在進行當中，雖然王師已占據上風，但最終結果誰又知道呢？

這場可怕的戰爭災難，是從這一年的春天開始的。暮春時節，雲陽古城的百姓們紛紛開始耕種，他們揮舞著鐮刀、牽著耕牛在田間勞作；因為天氣漸漸轉暖，孩子們也跑到這兒來玩耍嬉戲。大家都期盼著有個好年景，就連陽光似乎也有意眷顧著這片充滿祥和的土地。這裡沒有朝廷的紛爭、沒有世俗的爾虞我詐，簡直就是一片人間樂土。

突然，幾個騎著高頭大馬的人奔馳而過，打破了田間的祥和氣氛。

大多數老百姓並沒在意，還以為他們只是外出游獵的人；但有幾位老人的臉上卻露出了不安的神色，他們分明看見這些騎著馬的人都是披髮左衽——羌人！

緊接著雲陽城就發生了一連串變化。先是城門晚開早閉盤查嚴密，接著城樓上駐防的官兵成倍增加，他們的神色都嚴肅凝重。街頭巷尾所有的人都在傳言羌人攻占了涼州，馬上就要來襲擊這裡了。

第三天午後，雲陽城駐防的士兵發現，遠處一望無垠的平原上隱約出現許多小黑點，不多時，一片騎兵的輪廓逐漸分明，士兵立刻向守城將官稟報了這一情況。當守城將官急匆匆登上城樓時，眼前的情形把他嚇呆了：黑壓壓的兵馬如潮水般，已經湧到了城邊！

人上一千無邊無沿，人上一萬徹地連天！而這些士兵都是一樣的裝束——不著兜鍪、裘皮為鎧、坐騎驏馬、披髮左衽！

雖說朝廷已有所準備，但羌兵圍攻雲陽的兵力竟有三萬，這卻是完全出乎意料的。儘管守軍拚命阻擊，但寡眾懸殊，八百個戰戰兢兢的官兵，怎麼抗擊得了三萬多勇猛好戰的羌人呢？

一場毫無懸念的戰鬥之後，雲陽城被攻破，守城將官與縣令戰死，八百士兵全部被殺，緊接著羌人開始了肆無忌憚的掠奪和屠殺。他們瘋狂地搶奪糧食、錢財和婦女，百姓的房屋多半也被他們一把火燒掉，只要有人稍加反抗，就被他們一腳踢倒在火裡，再惡狠狠補上一刀。城裡的哭喊慘叫聲此起彼伏，淒厲得令人毛骨悚然，灰煙瀰漫中燒焦皮肉的糊味濃烈得嗆人，這座古城霎時間變成了人間地獄。

燒殺掠奪之後，羌人並沒有退出雲陽，而是留下一半士兵駐守，另一半又開始向其他地方進發。只可憐老百姓沒了活路，年輕的奔走逃亡，老弱病殘只能眼巴巴等死，那種日子根本沒法提起。盼啊盼啊，漢家的兵馬和旗幟什麼時候才會回來？

終於到了十月，護匈奴中郎將張奐率領兵馬從并州轉戰而來，只一仗就大破羌兵，收復失地，斬殺羌族首領十餘人，俘獲殲滅萬餘眾。仗打得雖然漂亮，可當漢軍大旗重新豎立在城樓上時，雲陽已經是一片死寂的廢墟了。

沒過幾日又開始下雪，漢軍大營卻緊張有序，根本不像大戰告捷的樣子。透過轅門望去，在層層軍帳、片片槍戈之間，有一頂龐大的青幕軍帳，帳篷上雖已有不少積雪，但帳外卻甲士林立，毫不懈怠，帳前高豎漢軍大旗——那便是張奐的中軍大帳了。

此時此刻，大帳裡雖然眾將列座，卻是一片沉默，唯有幾個炭火盆劈劈啪啪地作響。護匈奴中郎將張奐，字然明，他身披鎧甲，外罩青色戰袍，懷抱著帥盔，寬額大臉上的幾道皺紋和胸前斑白的鬍鬚，證明他已經是六十二歲高齡了。此次出兵，他是從去年秋天就領了旨的，以大司農之職轉任為護匈奴中郎將，總督幽、并、涼三州軍事，兼管度遼、烏桓二營人馬，並有權監察三州刺史及京畿官員，可稱得起千斤重擔挑在肩上，也足見其聖眷不輕。老將軍果真不負所托，先是在武威、張掖擊敗了匈奴的主力部隊，之後兵入并州，驚得烏桓人不戰而逃，接著又馬不停蹄趕至雲陽殺敗羌人，三戰三捷可謂功勳卓著。但現在他卻一改平日雷厲風行的作風，坐在帥案邊一言不發，手裡攥著一根小木棍，撥弄著盆子裡的炭火，兩眼直勾勾望著一塊燃燒將盡的木炭發愣；眾將官也是一動不動，眼巴巴瞅著老將軍，彷彿一尊尊泥胎偶像。

就這樣過了好一陣子，張奐才拋下那小木棍兒，環顧滿營將官歎息道：「我心裡難受。當年秦始皇築長城，恐匈奴繞道入侵，特意從五原郡遷徙百姓建造了這座雲陽城；今日它卻被羌人摧毀，無數百姓死於非命，老夫實在是罪責難逃。要是能早一步從并州轉移過來就好了，唉！尹司馬，可有羌人餘部逃竄的消息？」

軍司馬尹端趕忙回答：「屬下已經打探清楚了。先零羌（羌人部落之一）一部死傷殆盡，餘眾繞過高平退入逢義山駐紮。大人，咱們是不是現在就起兵追擊呢？」

張奐卻搖了搖頭。

「您決意招安羌人？」尹端又問道。

「嗯。」

「皇上天恩無盡，大人仁心寬宏，實在是朝廷之幸、百姓之幸。」尹端話鋒一轉，「只是羌人素來不講信義，自我光武皇帝復漢中興以來，數征數撫卻皆是旋而復叛。孝安皇帝時，虞詡在武都大敗羌賊，其餘眾流入益州，這將將幾年的工夫，小疾便養成大患，竟又攻城掠地大肆作亂。如今您一統三州兵馬，若能乘得勝之師一鼓作氣掃盡餘賊，實是為朝廷除一心頭大患。將軍若因一時之仁放去此患，難免日後他們還要捲土重來，再動干戈。您萬萬要三思呀！」

張奐聽了他的話，臉上一點兒表情也沒有：「我何嘗不知這些？羌人的確是我朝大患，今天這個戰局難得，確也不假，但我當過幾年大司農，咱的家底兒我心裡有數！這一回征匈奴、退烏桓、敗羌人，耗費無法估量，朝廷還能再掏幾個錢出來？」說著他故意掃視了一下眾將，「打仗打的是錢糧！如今這裡十萬大軍每行一步都得金銀鋪地、糧草開路，兵發逢義山談何容易？更何況……」

張奐說到這裡突然頓住了，他本想引孔聖人那句「吾恐季氏之憂，在蕭牆之內」，可話到了嘴邊又咽回去了。他雖身在軍旅，但朝廷裡的事多多少少也知道點兒。當今皇上自黨錮之變①愈加寵信宦官，王甫、曹節等一幫閹人主事，到處索要賄賂、排斥異己；皇后竇氏一族日益強盛，已掌京中兵務；而主政的司徒胡廣是個地地道道的「老好人」，正經事一點兒辦不來，就知道到處抹稀泥；還有個護羌校尉段熲，處處與自己爭功鬥勢，此番作戰他竟按兵不動，暗中拉自己的後腿，現在又一猛子兵進彭陽，明擺著要來搶功勞。除了這些羈絆，司隸校尉②曹嵩才是最令人頭痛的角色！曹嵩既依附宦官，又和段熲穿一條褲子，自己的大軍就身處他管轄的三輔地面，他還兼著供給軍糧的差事。聽聞皇上如今身染重病不能理事，自己要是下令兵發逢義山，萬一那曹嵩背後捅刀子，故意來個「兵糧不濟」，莫說這仗打不贏，自己這條老命恐怕都得賠進去！想到這兒張奐不禁打了個寒戰，可面對派系林立、良莠不齊的滿營眾將，縱有一肚子的苦水，又怎麼好推心置腹呢？

「將軍萬萬不可草草收兵！若嫌大軍行動不便，末將願討一支輕兵，日夜兼程直至高平，誓要掃平逢義山！」這一嗓子好似炸雷，把滿營眾將都嚇了一跳，張奐扭頭一看，叫嚷討令的是司馬董卓。

那董卓生得身高八尺，虎背熊腰，粗胳膊粗腿，肥頭大耳，黑黝黝的臉上滿是橫肉，再加上那打著卷兒的大鬍子，顯得十分兇悍。別看他才三十歲，但跟隨張奐帶兵放馬的年頭卻不短了，是一員少有的勇將，只不過脾氣躁、性子野，缺少涵養。

張奐並不在意他的討令，揶揄道：「仲穎！你怎麼又犯老毛病了？如今那些羌人差不多已經無所依附，都是把腦袋別在褲腰帶上的亡命徒。你此番到并州要是一戰不成，反喪軍威。此事還需從長計議。」

「從長計議，從長計議，又是從長計議！老將軍若不信我能得勝，我甘願立下軍令狀！」

張奐冷笑一聲：「這軍令狀你可萬不能立！就算我派你前去，這一仗也未必輪得到你打！」

「您這話是什麼意思？」董卓瞪圓了眼睛瞅著他。

張奐沒在乎他的失禮，接著說：「你不知道，就在半個月以前，咱們和羌人玩命的時候，段熲已經率領度遼營（邊防屯駐軍）的兵馬神不知鬼不覺地進駐彭陽了，那裡就守著羌人的老巢逢義山。那段紀明素愛爭功，前番羌人潰敗，他是不明底細未敢攔截，過了這些天，他應該也揣摩得八九不離十了。咱們要是大軍出動，他礙於面子不好下手爭功，頂多是協助一下。若是你輕兵去打逢義山，他可就不讓了，豈會把嘴邊的肥肉讓給你吃？仲穎啊，你就死了這條心吧！」

尹端也道：「老將軍所言不假！那段熲已在皇上那兒討了旨意，專候咱們打敗羌人，他再去一掃賊巢，還口口聲聲要對羌人『長矛挾脅，白刃加頸』。看來他是要定這一功了。老將軍東征西討，到頭來功勞反被他人搶奪，我等心裡實在不平。」

張奐心裡自然更是不平，但面對諸將，這樣的情緒是不能流露出一絲一毫的。他故意笑了笑，不以為然道：「你們以為我怕段紀明搶我的功勞嗎？老夫六十多，還不至於和一個後生計較，我們倆只是在征討策略上見解不同罷了。」

他站起身來向前踱了幾步來到尹端身邊，「段紀明深諳用兵之道，稱得起是一員良將，但他急功近利，殺戮之心太重啦！」

「羌人毀我城關、害我百姓，咱多宰他幾個也不為過。」尹端憤憤不平道。

「不為過？你還能把他們殺盡了不成？說得倒是輕巧，只怕後果不堪設想。方今正逢多事之

---

① 中國古代東漢桓帝、靈帝時，士大夫、貴族等對宦官亂政的現象不滿，與宦官發生相互攻擊的事件。事件因宦官以「黨人」罪名禁錮打壓士人終身而得名。

② 漢武帝將天下分為十三個州，除京畿之外每州設一名刺史作為最高監察長官。京畿之地設司隸校尉，不但監察京畿地方官員，且有權監察百官。

秋，又趕上災害連連，中原漸有反民作亂，朝廷裡宦官擅權無人不知。要是和這些邊族結怨，只怕將來中原稍有動蕩，羌人攜恨，連同匈奴、鮮卑、烏桓大舉侵入，還有那些一直就不服化的南蠻也會趁亂裂土分疆。到那時，這些胡人就能亂了中原！」他邊說邊來回踱著步子，「所以，多年來我秉承皇甫規（東漢名將）的策略，安撫招降為上，攻戰殺戮為下，為的就是不與邊族結恨，使他們誠心歸附。這個策略進行了這麼久，萬萬不可前功盡棄。」

「老將軍言之有理，我等思慮不及。」尹端點點頭，「既然老將軍有此良苦用心，何不修書一封規勸段熲，使他切勿殺戮過甚呢？」

「沒有用！段紀明心高氣傲，又立功心切，不殺人哪兒來的功勞？況且他心中一直忌妒我位在他之上，我要是寫信相勸，他只會認為我阻攔他立功，豈會聽得進去？」

董卓聽罷又扯開嗓子粗聲嚷起來：「他段熲算個什麼東西？要真有本事，就正正經經打兩仗讓老子瞧瞧！在咱們鼻子底下搶功勞，算他媽什麼好漢？」

「仲穎！不要亂言！」張奐生怕這個直腸子道出幾句不入耳的話招惹是非，「平心而論，紀明他用兵在我之上。你們可還記得，延熹三年他帶兵出塞兩千里，追擊得勝，還有前年在湟中反敗為勝的那一仗，當今朝廷眾將誰有這等本事？讓人不得不服呀！昔日是皇上推薦我，我才能僥倖位居紀明之上；就算到了今日，每當想起這件事來，老夫還覺得於心有愧呢！」張奐顯得十分謙遜，緩緩坐下。「紀明這個年紀正是大展宏圖的時候，我也有意效仿皇甫公讓位於我的舊事，上疏朝廷讓位給紀明。」說著他托起胸前斑白的鬍鬚，「我這把年紀，也該退一步，讓年輕人也抖抖威風了。」

這幾句話真猶如剛從井裡打上來的水一樣清亮，使得滿營將官心悅誠服，有的連聲讚歎，有的不住點頭，有的不勝感慨。

「老將軍！」董卓猛然一聲吶喊打破了眾人的議論，只見他騰地站了起來，擰眉瞪眼，臉上凶悍的橫肉一個勁兒亂顫。「老將軍讓位於段熲，怎麼不讓位於我？只管叫他人高官得坐，駿馬得騎，我董卓何日才能抖抖威風？」

「放肆！」張奐頓時大怒，「匹夫安敢如此無禮！來人！」

兩個士兵應聲而入。

「把這廝拉出去，先打四十軍棍再說！」

尹端連忙跪倒求情：「大人息怒！仲穎立功心切才口無遮攔，實在是別無他意！況他久在軍中，廣有功勞，望將軍饒他這一遭吧！」緊接著，滿營將官亂哄哄跪倒一大片。

張奐憋了許久的火氣全被董卓勾了出來，哪裡聽得進勸阻，隨手自帥案上拿起一支大令：「朝廷用人自有章法，豈可擅論是非大放厥詞？若有為他求情者，與他同罪論處，絕不姑息！」

「報！」帳外一聲報事聲，打斷了張奐的虎威。

「進來。」

「稟報將軍，皇上駕崩了！」

「什麼？你再說一遍？」張奐懷疑自己聽錯了。

「皇上病篤，昨日駕崩於皇宮德陽殿。」

董卓的事霎時間被拋到九霄雲外，滿營上下坐著的、站著的、跪著的全都愣住了。過了好一陣子，張奐才緩過神兒來，踱至大帳中央耷拉著腦袋道：「傳令下去，班師回朝！」

尹端詫異地問道：「這仗不打了？」

「還打什麼呀？」張奐白了他一眼，「這個節骨眼兒再打下去，你就不怕曹嵩、段熲告咱們擁兵自重，有意謀反嗎？」說罷低頭看了看手中的大令，無可奈何地歎了口氣。

曹嵩之憂

司隸校尉曹嵩，是受段熲囑託才千方百計擠對張奐的，可當答謝的黃金擺在眼前時，他卻怎麼也高興不起來。

原因很簡單——換皇帝了，一切又要從頭開始。

漢桓帝劉志在昏迷中結束了他三十六歲的生命，在最後時刻守在他身邊的只有皇后竇氏父女和光祿大夫劉儵。由於沒有子嗣，選立的新皇帝劉宏是解瀆亭侯劉萇之子，大行皇帝的遠房姪子，年僅十二歲。立這麼一個小皇帝，竇氏明擺著要專權。現在皇后之父竇武，已經一躍成為權傾朝野的大將軍，家族的其他成員，也紛紛登堂入室成為新貴，竇氏專權已是鐵的定局。

曹嵩身為宦官曹騰的養子，多年來一直秉承養父的傳統，與宦官勢力保持著親密的關係。每逢朝廷有什麼大事商議，他自然而然會站在閹人這一邊；自己得了什麼外財，也得首先孝敬王甫、曹節這些大宦官。總之，宦官勢力就是曹家的大樹，背靠大樹好乘涼。可如今竇武要砍倒這棵大樹了。

竇武是關西儒士出身，與太學生③過從甚密，一心想為黨錮的士人翻案，他怎麼能容得下王甫、曹節那些閹人橫在眼前呢？現在他將與宦官矛盾最深的老叟陳蕃尊為太傅，又起用被黨錮罷免的李膺、杜密等人，宦官生死已經懸於一線了。可如果王甫、曹節他們翻了船，那無疑又會勾出他曹嵩許多不可告人的祕密。貪贓枉法，索要賄賂，交通諸侯，結黨營私，玩忽怠政……許多項罪名飄在曹嵩腦袋上面，只要宦官一完，他們馬上就會把這些罪名扣到自己頭上。

現在去向竇武投懷送抱還不算太晚！但那樣自己是不是賣得太賤呢？而且竇氏能寬容接納自己

嗎？曹嵩越想越覺得可怕，不知不覺間已經出了一身冷汗，真恨不得身邊有個人能為他指條明路。他已經派人請本家弟弟曹熾速來，哥倆得好好分析一下目前的處境。

就在這會兒，外面傳來一陣嘈雜的吵鬧聲。曹嵩本來就心裡煩，抻著脖子朝屋外望了望，沒好氣地嚷道：「哪個混帳東西撒野？大中午的雞貓子喊叫什麼？」

「是大少爺！」一個僕人快步走進書房回稟，「少爺他中風了！」

「是嗎？」曹嵩聽說兒子中風卻一點兒也不著急，「又中風了！最近怎麼老是中風呢？」說著竟然笑了起來。

「少爺就躺在地上，老爺……老爺您去瞧瞧嗎？」

「嗯。」曹嵩愣了一下，起身就往外走，「還得我親自走一趟。他怎麼中風的？」

「剛才小的們正伺候大少爺讀書呢，後來……」

「讀書？讀的什麼書？」

「是……是《中庸》。」

「《中庸》？哈哈……」曹嵩笑出聲來，「中的什麼庸？簡直就是不中用！他要是知道念書，我就不長白頭髮了！你給我實話實說，剛才你們玩什麼呢？」

「老爺！」那僕人憨憨一笑，「真是什麼事兒都瞞不了您吶！剛才小的們正陪著大少爺在後院鬥雞呢，後來管家來說午後本家二老爺要來，這話還沒說完少爺就栽倒了。可把小的們的魂兒都嚇沒了，正要打發人去尋醫呢！」

「行了！尋哪門子醫？」曹嵩早就樂不可支了，「他得的是貪玩病，中的是厭學風，這病得我

---

③ 太學，漢代設立的最高學府，負責傳授儒家經典的人稱為「博士」，在太學學習的人稱為「太學生」。

給他調理！」說著已經走到了後花園。

只見一個頂多十一、二歲的男孩正四仰八叉地躺在地上。他斜著眼歪著口，嘴裡還一個勁兒往外淌口水；往身上看，一身緞子衣裳早就滾得滿是黃土，弄得髒兮兮、邋遢遢的，有一隻鹿皮靴子也甩出去半丈多。那孩子斜著眼瞅見父親來了，越發地抽搐起來。

曹嵩含笑一言不發，只是默默看著躺在地上的兒子。就這樣笑了好一會兒才發話：「管家！看來阿瞞是真病了，快去找個大夫來……對啦！你順便告訴庖人（廚師）們中午不必準備什麼酒菜了，方才我那本家兄弟又差人來說他突然有事，今兒不來了。」

話音剛落，那孩子如服良藥，竟然一下子直挺挺地坐起來了。只見他嘴也不歪了，口也不斜了，手腳也不抽搐了，用衣袖使勁一蹭，把滿臉的鼻涕口水都抹了去。這下子分明換了個樣兒，圓圓的小臉，濃濃的眉毛，透著機靈氣兒的大眼睛——好個小精豆兒！

「剛才怎麼了？」阿瞞問身邊的僕人，「我怎麼會躺在地上？」

「少爺，您剛才又中風了。」

「又中風了！」阿瞞眨著一雙無辜的眼睛，「最近是怎麼了？」

「最近你二叔經常來。」曹嵩一語中的，「只要他來就又要罵你貪玩、勸你讀書，你聽不進去就裝病對付他，我說得沒錯吧？」

阿瞞聽了連忙拍拍身上的土站了起來，然後一躬到地，煞有介事道：「原來驚動了父親大人！孩兒這邊見禮了！」

曹嵩看了兒子這一系列的表演，真是又好氣又好笑，他上前一把將兒子攬在懷裡，用自己乾淨的衣袖拭去他臉上的灰土。他總是那麼溺愛兒子，即使阿瞞做得不對也要護著。這是為什麼呢？他自己也說不清楚，這固然有父子天性的緣故，但更重要的也許是因為他自己小時候太缺少真正意義上的父愛吧！他明白兒子貪玩厭學，而且性子也太過張揚。但曹嵩認為這都沒什麼大不了的，只要自己能有個好仕途，就不愁兒子將來沒好日子過。所以今天與往常一樣，他的溺愛之情又占了上風，忙喚僕人：「德兒在哪兒？」德兒是曹嵩的小兒子，是小妾所生，比阿瞞小四歲。

「小少爺在房裡讀書呢！」僕人答道。

「快把他領來。」

「小少爺脾氣硬，讀書時不准我們進去。」

「也是個牛心古怪的脾氣！你就跟他說是我叫他出來。」曹嵩吩咐道，「這麼好的天兒，應該讓他們在花園裡多玩會兒。這個不懂念書，那個是書呆子，小小年紀總悶在房裡，別再念傻了！」

不多時那僕人便領著胖乎乎的德兒來了，兄弟倆就在花園裡捉迷藏；曹嵩也不忙著寫表章了，乾脆坐在他常坐的那塊大青石上，笑盈盈看著倆兒子玩耍。他實在是太愛孩子了。小時候養父從不哄他玩兒，後來長大成家又接連有三個兒子不幸夭亡，好不容易留住這倆，可他們的母親又先後病逝，阿瞞和德兒就是他的命根子，真真疼愛得如同掌上珠心頭肉一般。德兒雖小卻喜歡讀書學習，懂得謙虛禮讓，小大人的模樣；阿瞞一心貪玩可是聰明伶俐、隨機應變，倒也難得。

曹嵩想起阿瞞裝中風的事兒，實在是有意思。半年前的一天，曹嵩正在會客，他堂弟曹熾跑來說阿瞞中風摔倒了。曹嵩憶起前三個兒子死時的情景可嚇壞了，跑去一看阿瞞坐在屋裡安然無恙。在此之後又有兩次同樣的情況，曹嵩很疑惑，阿瞞一臉委屈地說：「不知為什麼，叔叔很不喜歡孩兒，總在您面前說孩兒的壞話。」

從那以後曹熾再來對他說阿瞞病了、阿瞞不愛讀書、阿瞞在外面惹禍之類的話，曹嵩就全當耳旁風了。日子一長，這招兒不靈了，阿瞞又戲法兒翻新，開始明著裝病，硬是不讓他叔父開口，真是狡猾透了！曹嵩逐漸明白了事情的前因後果，不但沒責備阿瞞，反覺得十二歲的孩子能這麼機靈，實在不同尋常。

此時此刻，曹嵩腦海中突然不斷湧現著「十二」這個數字。他回憶著自己十二歲時是個什麼樣子——生下來就被人抱去當了宦官的養子，童年自然是暗淡無光的。記得也是在自己十二歲那年，養父曹騰因為援立先帝有功，升任了大長秋④，並且獲得了費亭侯的爵位，那真是曹家從未有過的榮耀與恥辱。說榮耀是因為父親赫然崛起，日益受到幾位先帝的寵信，直至去世；說恥辱是因為父親這個爵位，得來頗受人非議。雖然當時自己還小，但也聽到了不少風言風語。據說孝質皇帝是被「跋扈將軍」梁冀鴆殺的，而父親偏偏在此事之後，以定策之功加官晉爵。總會有人以為他是殺害孝質皇帝的幫凶，當了這樣一個宦官的養子，怎能不受世人的白眼？自己就是從那個時候起學會了隱忍，忍父親的管教，忍世人的白眼，忍同僚的非議，忍喪妻失子之痛，忍許多許多事情。一直忍到現在，而且將來還要繼續忍下去。

曹嵩拍了拍腦門，責怪自己不應該想太多，提醒自己搪塞住竇武才是目前最要緊的事情。回過神來再看兒子們，立時愣住了。小孩就是好，整天無憂無慮……咦？這是怎麼回事？明明是兩個孩子捉迷藏，這會兒怎麼變成三個了？

他揉了揉眼睛，只見阿瞞和德兒身邊，又多了一個十歲左右的小孩，穿著髒兮兮的衣衫，腰裡繫著根破麻繩，跟他們一塊玩。

「你是哪裡來的野孩子？怎麼進來的？」曹嵩趕忙站了起來。

那孩子照舊玩他的，根本不理睬曹嵩。

曹嵩可不高興了，上前一把揪住那孩子的衣服，「問你話呢，你怎麼進來的？」

「翻牆啊！」那孩子也壞，抓起曹嵩的衣襟抹了一把過河的鼻涕，「您急什麼，又不是一回兩回了。」

「呸！」曹嵩惡狠狠啐了他一口，「我們是什麼樣的人家？由得你這樣的野孩子隨便跑進來玩？還翻牆進人家院子，你爹媽是怎麼管教你的？快給我滾！」

不想這句話沒說完，阿瞞卻顛顛跑了過來，「爹爹別怪他，我去他家玩的時候，也是翻牆頭進去的。」

還說人家孩子，自家宦門子弟也沒教育好，這可把曹嵩鬧了一個大紅臉。「阿瞞，他到底是誰呀？」

「他叫蔡瑁，我們常在一起玩的。」

曹嵩不知道蔡瑁是何許人也，又見他一身邋邋遢遢，自然以為是窮人家的孩子。「滾！以後不允許到我們家來，什麼野孩子，再把我們阿瞞帶壞了。你要敢再來，我告訴你爹媽，叫他們收拾你！」

那孩子做了個鬼臉：「有本事你告訴他們去，他們都在襄陽了。」

曹嵩聽了也糊塗，哪兒有自家住襄陽，十幾歲孩子自己跑到洛陽來玩的道理？還未及多問，管家慌慌張張跑了過來：「老爺，大司農⑤張大人家的幾個僕人在外面要人。」

「要什麼人？」

管家回道：「他們說他家大人的內姪出來玩，一時沒看住，跑到咱們府裡來了。」

哎喲！這小子是大司農張溫的內姪呀！曹嵩腦子裡嗡地一聲，這豈開罪得起？他趕忙換了一張和藹的面孔，親自趨身為小蔡瑁撣了撣衣服上的土：「公子你怎麼不早說？我這兩天還說去看看張

---

④ 官名，負責宣達皇后旨意，管理皇后所住宮中各事。
⑤ 官名，掌管租稅、錢糧、鹽鐵和國家財政收支。

大人呢！這樣吧，我親自送你回府，好不好？」

蔡瑁年紀小，不明白他為何態度轉變得這樣快，「不行不行！你準是要向我姑丈告我的狀，那以後他就不讓我出來玩了。」

曹嵩訕笑著摸了摸他的頭：「張公子，你想錯了。我是想帶著孟德一塊去，讓他也見見你姑丈。」把話說明白，以後你們再來往遊戲，不就不用翻牆了嗎？」小孩子豈會明白他的心思，曹嵩是想借這個題目與張溫攀一攀交情，順便就賣武之事向其問計。

「真的？」蔡瑁和阿瞞都高興得蹦了起來。

曹嵩一手挽著阿瞞，一手拉著蔡瑁，滿口甜言蜜語，又囑咐管家：「快備車，往大司農張大人家去一趟。」

張府問計

「曹大人來訪。」

「哦？」張溫正在看書，聽見家人的稟報感到很意外，「你說的是哪個曹大人？」

「司隸校尉曹嵩。」

「哼！無緣無故的，他來做什麼？」

「回老爺的話，咱家姪少爺跑到曹府裡去玩，曹大人發現後，怕孩子小有危險，親自把姪少爺送回來了。」

「哦。」張溫皺起了眉頭。他極厭惡曹嵩的為人，私下根本不與其來往；可今天這老狐狸竟親自送內姪過府，怎不叫人猜疑？有心不見，可又一琢磨，自己當初是因為其養父宦官曹騰向先帝舉薦，才有機會來京師做官的，不管怎樣曹家對自己有恩，也不好駁曹嵩的面子。想至此，他就不大情願地嘀咕了一聲：「有請。」

不多時曹嵩款款而來，只見他頭戴通天冠、身穿青色深衣、腰繫錦帶、足蹬雲履，裝扮得一絲不苟，離得大老遠就躬身一揖道：「伯慎兄！別來無恙啊？」

「內姪頑皮，有勞巨高兄掛懷。坐！坐！」張溫見他不親假親不近假近，也少不得隨之客套。二人招呼打得響亮，可坐下來並沒有什麼志同道合的話，曹嵩只是問他身體如何啦、最近有沒有和人飲酒聚會啦、家中內眷可安好啦之類的話，弄得張溫滿腹狐疑，只好有一搭無一搭地搪塞著。殊不知曹嵩是揣著一肚子心事來的，抱定了韓信亂點兵，遲早尋得著話茬的主意，東拉西扯、海闊天空地瞎侃。

「人各有一好，有的愛文章，有的愛射獵，有的愛投壺⑥，有的愛蹴鞠（踢球），像我這樣什麼都不會的，就只能睡大覺了。伯慎兄，您有什麼愛好嗎？」

張溫揶揄道：「沒什麼，我等都是公務繁忙之人，閒來觀觀書籍、寫寫文章也就算是消遣了。」

「有一技之長就是好，伯慎兄詩賦文章，我也有幸瞻仰過，神采奕奕啊！我這輩子都比不上了。但人家說美食不如美器，好文章也得要好字配。要說書法現在當屬梁鵠，那一手好字，我聽說和李斯的字差不多，都跟那傳國禦璽上『受命於天，既壽永昌』那麼周正。但若論草書，那首推咱們孝章皇帝的御筆，章草之名誰人不知誰人不曉啊！」

「是。」張溫越聽心裡越糊塗，難道大中午他跑我這兒聊天解悶來了？「我這兩筆字再練八十

---

⑥ 投壺是古代士大夫宴飲時的一種投擲遊戲。春秋戰國時期，諸侯宴請賓客時的禮儀之一就是請客人射箭。那時，成年男子不會射箭被視為恥辱，主人請客人射箭，客人是不能推辭的。考慮到有的客人確實不會射箭，就用箭投酒壺代替。久而久之，投壺就代替了射箭，成為宴飲時的一種助興遊戲。

年恐也趕不上梁孟皇，不過文章還是自認為可以的。」

「上道了！」曹嵩心中一喜，臉上卻不動聲色，看似信口道：「要說文章，我倒是頗為仰慕當今陳太傅的文章。」

「巨高兄慧眼！陳太傅氣概過人文筆犀利，更得益於為人正直剛毅。這也是文隨其人。」

「沒錯！當年黨錮一案，他為保李膺等人所上的奏章真是妙極！我還記得幾句：『天之於漢，悢悢無已，故殷勤示變，以悟陛下。除妖去孽，實在修德。臣位列臺司，憂責深重，不敢屍祿惜生，坐觀成敗。如蒙採錄，使身首分裂，異門而出，所不恨也。』哈哈哈……這幾句非尋常人敢言啊！」曹嵩笑了。

「一字不錯！巨高兄好記性。」

「承蒙誇獎。我覺得這幾句妙就妙在『除妖去孽』四個字上。」

「哦？」張溫恍惚意識到他的來意了。

「自梁冀受誅以來，宦官日益得寵，內橫行於朝堂，外索賄於州郡，以至阻塞聖聽、禁錮善類、讒害忠良、欺壓黎庶。這些閹人豎子稱為『妖孽』難道還不恰當嗎？」

張溫直勾勾看著曹嵩，彷彿眼前這個人他從來不認識一樣。跟王甫、曹節混得爛熟的人，今天怎麼也罵起宦官來了？莫非要洗心革面輔佐新君？不會吧？他本身是宦官養子，能當上司隸校尉也賴王甫暗中相助，這些年來真不曉得他塞給閹人多少好處，怎麼可能一夜之間就反戈呢？想至此張溫憨然一笑：「巨高兄怎麼和我這等愚人談起國家大事來了？我不過是得清閒且清閒，只管自己的差事罷了。」

「哈哈！」曹嵩乾笑了兩聲，「伯慎兄，您是囊中之錐，深藏不露呀！如今大將軍和陳太傅掌握朝政，大膽起用黨人，李膺、杜密位列九卿，看來真是要對閹人下手了。您豈會全然不知呢？」

張溫似乎明白了：「好個老滑頭，果然是夜貓子進宅，無事不來。這是眼瞅著閹人有難，跑到我這兒來借面子，向竇武投誠來啦！」張溫恨不得把這個兩面三刀的傢伙一腳踹出去，嘴裡卻還得打圓場：「我不過是一介愚生，遠不及曹大人能察人之未察，見人之未見。」

曹嵩已聽出他的生分之意，說：「伯慎兄過譽了！我不過是想竭力為皇上分憂罷了。」

「是嗎？難得曹大人的苦心呀！」張溫的語氣有些像在挖苦。

「伯慎兄取笑我？」

「不敢。」張溫冷冷地說。曹嵩見他一副拒人千里的架勢，心裡正沒成算，一低頭看見他的書案上放著一卷絹套的《論語》，猛然想到孔夫子「君子喻於義」的話，眼珠一轉趕忙起身對張溫施以大禮。

「你這是……」

「伯慎兄，在下求你指點迷津！」

「這……快起來！同殿稱臣，我怎麼擔得起！」張溫連忙伸手相攙。

「我不瞞你！我自知往日與閹人牽扯不清，但此實非本心。說到底，我只是想保住這頂官帽，不負養父之恩，給子孫族人留個好前程罷了。自入仕途以來，人人皆道我是宦豎遺醜，對我冷眼相加，二十多年如履薄冰，雖不免吮痔之舉，但未做傷天害理之事。我也想坦然做事、公正為官，可世風之下，誰能奈何？伯慎兄通曉經籍，試想一番，洋洋灑灑之《中庸》，說的不就是『不得已』三個字嗎？伯慎兄，千不念萬不念，權且念在先人的分上，為我指條明路吧！」

張溫動搖了，心中暗想：「此人從小給閹人做了兒子，大半輩子受人冷眼，提心吊膽才練出一身滑得溜手的本事，平心而論，又何嘗不值得可憐？我當初不過是寒族子弟、一介落魄書生，要不是他養父曹騰提攜，哪有今日九卿之貴？」想著想著不禁百感交集，點了點頭道：「你這又何必呢！

以你之才遊刃有餘，何況是這小風小浪。好吧！請巨高兄詳思，我朝自定天下以來，宦官橫行亂政，但所為可有竊國之舉？」

「未有。」

「然外戚可有此心呢？」

「這……」曹嵩一咬牙，「我姑妄言之，先前有王莽，近有竇、鄧、閻、梁。」

「好！亂政竊國兩者孰重？」

「竊國為大逆！」

「你這不是很明白嘛！宦官刑餘之人篡不了國。你再想想，剛才例數竇憲、鄧騭、閻顯、梁冀，都是宦官扳倒的，他們當中除了梁冀專橫跋扈，其他幾個就真的十惡不赦嗎？」

「這……以您之見呢？」

「他們未必就是惡人，但子弟跋扈、門生仗勢，難免就會引皇上猜疑。而宦官近於君前，就好比是皇帝身上的蝨子，陰風點火，趁除外戚之際邀取富貴，但誰又能直截了當去捉皇上的御虱呢？所以掃滅宦官非一朝一夕之事，只可就事論事、個案個辦，絕沒有斬盡殺絕的辦法。」

「噢？」曹嵩眼睛一亮。

「水至清而無魚……」張溫沉吟著：「何況現在是一潭渾水，想清就能清得了嗎？這些外戚大將軍，哪個不是閹人幫忙才能掌握大權的？宦官外戚本為一體，都是日久變心反目為仇罷了！」

曹嵩聽了這話真如大夢初醒一般，連連點頭：「高見！遠的不論，此番竇武得以主持大局，實有王甫等人相助。說句不好聽的，也有卸磨殺驢之嫌。」

「沒錯！所以他現在起用黨錮之人，不過是往自己臉上貼金而已。細論起來，這些人根本就算不上竇武的心腹，就連一直聲援他的當今太傅陳蕃也不是。他們這些人不過是借竇武之勢向宦官發難，而竇武真正的實力根本沒多大！」

「這麼說，竇武是扳不倒宦官的了？」

「不好說，萬事沒有一定的道理。他若是能事事謹慎周密，虛心向陳太傅求教，借黨人之聲勢、少主之懵懂，還是有勝算的，未必不能將這渾水暫時濾一濾。不過竇武其人，性情過直，急功近利，我可不太看好呀！」張溫冷笑一聲。

「依你之見，若要做成此事，最重要的是什麼？」

「文事雖重要，武備更關鍵！」

「武備？」

「對！北軍五營的兵權才是關鍵！」此話一出口張溫頓覺失口：「不該說這個的！若是他與王甫串通一氣，弄得竇氏與黨人失敗，我豈不成了千古罪人？」

曹嵩見他臉色大變，已明白他的顧慮：「伯慎兄不必多疑，我現在只想避禍，豈敢多求？」

「但願巨高兄能心口如一吧！」張溫歎了口氣：「該說的我說了，不該說的我也不留神講了。你好自為之吧！」

回家的路上，阿瞞摟著父親的脖子，一直念叨個沒完，說蔡瑁養了一只名叫「車騎大將軍」的大公雞，可好鬥了，京城各府公子的鬥雞沒有一隻敵得過它。

曹嵩只是看著兒子笑，也不說什麼。他腦子裡還在回憶剛才張溫的話——北軍五營的兵權才是關鍵！如果竇氏發難，宦官最佳的應對之策，就是劫持皇帝發號施令，這樣兵權就很重要了。而洛陽城最主要的部隊就是北軍五營：屯騎校尉營、越騎校尉營、步兵校尉營、長水校尉營、射聲校尉營。這五營負責京師防務，可以說誰掌握他們，就掌握洛陽城內的生殺大權。現在這五營中，竇武之姪竇紹任步兵校尉、其心腹馮述任屯騎校尉。兩營抵不過三營，若是宦官再劫持皇上登高一呼，只怕他手中那兩個營也靠不住。

「阿瞞，聽爹爹話，這幾天京師可能會有些事情發生，你好好待在家裡，不要隨便跑出去玩，會很危險的，知道嗎？」曹嵩拍了拍兒子的小腦袋：「哈哈……你今天可給爹爹幫了個大忙呀！」

阿瞞眨著圓溜溜的大眼睛，實在不明白自己幫了什麼忙。

深夜驚變

阿瞞才不會關心爹爹忙些什麼呢！在他看來，不讓自己出去玩才是最頭疼的事。洛陽城花花世界這麼好，有寬闊的街道，車水馬龍的金市馬市，還有蔡瑁那幫整日廝混的玩伴。不許出門那多殘酷呀！在家憋了半個月，阿瞞百無聊賴，再不出去，腦袋上就頂出長犄角來了。

這天夜裡，阿瞞輾轉反側，隨後還是搖醒了睡在身旁的弟弟：「德兒，咱們出去玩吧！」

德兒不似阿瞞，是個老實孩子。聽哥哥這樣說，小腦袋馬上搖晃得跟撥浪鼓似的：「這可不行，深更半夜私開門戶，豈是我等人家子弟所為之事？」

阿瞞狠狠戳了一下弟弟的頭：「傻小子，偷偷溜出去哪兒能走門呢？後院庖人房邊有一大堆柴火，爬上去不就能翻牆了？」

「哦，原來你和蔡瑁就是從那兒進出的。」德兒恍然大悟。

「你去不去？」

「不去。」德兒一撇嘴，「行必告、歸必面，才是正理。」

阿瞞見他跟自己講大道理，又好氣又好笑：「你不去，我可自己出去了。」

「別！」德兒拉住他，說了一句莫名其妙的話：「君子之人是沒有夜半出門的。」

阿瞞笑道：「你這是什麼道理，哪本書上有這樣的話？」

德兒撓了撓頭說：「孔子看見宰予白天睡覺，很是生氣，說他『朽木不可雕也』。宰予白天睡覺，想必夜裡一定是出去玩了，所以孔子才批評他。」阿瞞「噗哧」一聲笑：「虧你想得出來！我得趕緊走了。」說著爬起來就穿衣服。

「你去哪兒呀！」

「抱上咱的『驃騎大將軍』，鬥鬥蔡瑁的『車騎大將軍』去！」

「將軍會將軍，這倒是不錯。」德兒打了個哈欠：「可人家蔡瑁不睡覺嗎？」

「誰像你這麼聽話，天天除了讀書就是睡覺。」說話間阿瞞已將衣服穿好：「我走了！你可不許告訴爹爹呀！」

「那是當然。子曰：『人而無信，不知其可也。』你就放心吧！」

「誰跟你背《論語》呀？快睡吧，書呆子！」

阿瞞偷偷摸摸出了房門。夜半三更可真安靜呀！各屋的燈火都已經熄滅了，所幸還有朦朧的月色，他躡手躡腳跑到後院的雞窩。這會兒雞也已經睡覺了，安安靜靜臥在草堆上，活像一個個大毛球。阿瞞三摸兩摸找到他的「驃騎大將軍」，一把揣到懷裡。

那隻雞被驚醒，在他懷裡又叫又撲騰。阿瞞怕驚動家人，趕忙用衣襟把它裹了個嚴嚴實實，掐著雞脖子不讓它叫出聲來。「驃騎大將軍，你乖乖地聽話，我帶你出去會個朋友，天不亮咱就回來，不會誤了你打鳴的。」可能是整日廝混的緣故，那雞聽他這麼一說，還真就不撲騰了，規規矩矩縮在他懷裡。阿瞞見牠安靜了，趕忙爬上木柴堆，小心翼翼地翻過了牆頭。

夜幕下的洛陽城如此的寂靜，也不知白日裡那喧鬧的車水馬龍，都躲到哪兒去了。阿瞞這是第一次自己半夜出門，霎時間像投入了另一個安靜涼爽的世界，彷彿有無盡的新奇等著他去探索。他邁開步子，連蹦帶跳地在空曠的大街上跑了起來。大公雞在懷裡突突動著，就像他自己那顆懵懂快樂的心一樣。

跑了一陣子，阿瞞突然收住腳步：深更半夜的，怎麼叫蔡瑁出來呢？腦子一熱就翻牆出來了，這會兒回過神兒來才明白自己想法多愚蠢。他放慢了腳步，思考著該怎麼辦。

就在這個時候，北面的方向突然閃起一大片火光，在幽暗的夜裡竟映亮了半邊天，這得多少火把呀！緊接著嘈雜的叫喊聲便響了起來，那聲音此起彼伏傳來，雖然離得很遠，卻隱約能夠聽見。城裡出了強盜嗎？天子腳下怎麼會有這樣的事？阿瞞嚇壞了，這恐怖的夜晚是什麼人在作怪啊？孩子畢竟只是孩子，阿瞞早把鬥雞的事情拋到夜郎國去了，抱著大公雞哆哆嗦嗦就往回跑。

跑過幾條街，眼見著已經到了家門口了。突然，從牆角處躥出一道黑影，還沒等阿瞞反應過來，一隻大手捂住了他的嘴。阿瞞簡直快被嚇死了，只感覺身上的血液都凍結了，瞪大了眼睛看著眼前這個怪人。手裡一哆嗦，雞也落在了地上，蹦蹦跳跳地跑遠了。

「別叫！」那人開了口：「小兄弟，我不是壞人。宦官作亂派人追殺我，你能找個地方叫我暫時躲避嗎？」

阿瞞定了定心神，借著月色才發覺這個人頭戴皮弁，身上的袍子染著不少血跡，手裡攥著一把泛著綠光的寶劍，說話間一個勁兒地喘息，臉上還帶著驚魂甫定的神色。這會兒喊殺聲已經越來越近了，那人歎息一聲：「生有時死有份！看來我今天在劫難逃，又何必再累他人。」說罷鬆開阿瞞，一橫手中的寶劍就要自刎。

「別！」阿瞞頓時從心裡生起一陣仗義感：「快跟我來吧！」說罷引著那人就奔自家的後院西牆。阿瞞淘氣，常常從這裡爬進爬出，牆上早有了可以蹬踏的大磚縫。兩個人沒費吹灰之力就翻進了院子，倚在柴禾堆上不敢再出聲。少時間只聽得人聲鼎沸，窸窸窣窣的鎧甲聲和馬蹄聲，自牆外傳來。還有人喊了聲：「追！別叫太學的餘黨跑了！」聒噪了好一陣子才安靜下來。

阿瞞鬆了口氣，這才注意到隨他躲藏的這個人，差不多二十歲的年紀，一張寬額大臉，兩隻眼睛透著一抹感傷。

「你是逃犯嗎？」阿瞞眨麼著眼睛直勾勾看著他。

「不是。」

「那你是誰，叫什麼名字？」

那人猶豫了片刻，拄著劍低聲答道：「我叫何顒。」

「我聽爹爹提起過你，你是太學生何伯求，名氣可大了！」

何顒苦笑一聲：「名氣何用？如今我已成了待罪之人。」

「發生了什麼事，能告訴我嗎？」

「宦官劫持了皇上和太后，假傳詔命誅殺大將軍竇武，北軍五營的官兵全出動了。陳太傅帶著我們八十多個太學生殺入宮中，想要解救皇上，不想被王甫那閹賊帶兵劫殺。」何顒說著說著，忍不住流下了眼淚：「一共八十多人啊……大家都死了！都死了！就剩我一個人了……老太傅都七十歲了，竟被那幫閹人毒打致死……」

阿瞞也不是很明白他說的是什麼，但看見這麼一個七尺高的漢子涕淚縱橫，心裡也怪難受的。「你別哭！當初我娘去世的時候我也哭了，但是時間一長也就過去了。爹爹說過，凡事還得向前看。」

何顒似乎真被他這幾句話勸住了，擦了擦眼淚：「總有一天我要報仇，要把閹賊刀刀斬盡，刃刃誅絕！」說著他又爬上了柴堆。

「等等！你要去哪兒？」

「我得趕緊逃出洛陽城。」

「你一身血跡，肯定會引人注意的。暫且留一步……」說著阿瞞便跑向柴房了。

何顒一愣，自己真是急糊塗了，還不及一個小孩考慮得周全。轉眼間就見阿瞞捧著一件僕人的破衣服跑了回來：「快把這個換上。」

穿下人的衣服逃跑，這真是個不引人注意的好辦法。何顒連忙脫下血衣，三兩下就換好了破衣服。

「你倒是把帽子除了呀！」

「君子死不免冠，這可不能摘。」

「你跟我弟弟一樣，也是個書呆子！」阿瞞呵呵笑了：「你口口聲聲要給你朋友報仇，可要是連命都沒有了，還給誰報仇呀？」

何顒歎了口氣：「唉！我自負甚高，想不到危難臨頭尚不及一個孩子。」說著除下了頭戴的皮弁。

「哎呀！」阿瞞這才意識到自己的「驃騎大將軍」丟了，扯開嗓子：「我的驃騎大將軍呀！我拿什麼去鬥車騎大將軍呀！嗚嗚……」這可把何顒弄蒙了，這孩子剛才還指揮若定勸慰自己，這會兒他倒哭起來了。而且什麼驃騎大將軍、車騎大將軍的，這孩子怎麼還哭出兩位一品大員來了呢？

「都是因為你！都是因為你！我的鬥雞丟啦！」阿瞞捶打著他的肩膀：「我的驃騎大將軍可是從來沒鬥輸過的雞呀！」

何顒這才明白：「不妨事的，這個送你了。」說著從腰上解下佩劍交到阿瞞手上。

阿瞞拔出劍來一看，這傢伙青銅打造，邊刃鋒利，在月光之下幽幽泛著青綠色的光芒，父親和叔父也有不少佩劍，竟沒有一把比這個漂亮，一定是價值不菲。阿瞞忙止住了悲聲：「你沒有劍怎麼行？」

「我現在一身下人打扮，帶著這劍只會更惹眼。寶劍贈義士，你今天救我一命，這劍就送你了。」說著，何顒已經爬上了牆頭，又回過頭來：「小恩公，我倒孟浪了，還沒請教你尊姓大名呢！」

「我叫曹操。」

「我看這府邸殷實寬闊，想必也是宦宦之家，能否告知令尊官居何職嗎？」

阿瞞呵呵一笑：「我爹是司隸校尉。」

「曹嵩？」何顒彷彿被錐子刺了一下，木訥了好久，竟騎在牆上仰天大笑起來，「你是曹巨高的兒子？哈哈哈……你竟然會是曹嵩的兒子！天意！這真是天意……」說著他身形一晃，消失在茫茫夜幕之中。

家族異類

一夜之間天翻地覆，權傾朝野的大將軍竇武，因為宦官政變而被逼自殺，他的心腹黨羽被斬盡殺絕，那些被他破格提拔的忠良之士，也紛紛鋃鐺入獄，剛剛擺脫囹圄的黨人，又重新被禁錮起來。七十歲高齡的老太傅陳蕃，被宦官毒打致死，皇宮中太學生和羽林兵的屍體堆成了山，汩汩的鮮血，把大地都染成了紅色。

曹嵩的族弟曹熾，官拜長水營司馬，親自參與了行動。待將竇武、陳蕃餘黨全部誅殺已經是第二天下午了。曹熾忙中偷閒，得空便往兄長府中探望。

一進府門，就見阿瞞直挺挺跪在當院中。這小子淘氣惹禍罰跪是常有的事兒。

「你又怎麼了？」

「孩兒昨夜私自跑出去玩了。」阿瞞耷拉著小腦袋。

「你還真有出息，昨夜兵荒馬亂的，虧你有膽子！」曹熾摸摸他的頭：「怎麼樣？你那些鬼主意都哪兒去了？接著跟你爹裝抽風呀！」

「用得太多，不靈了。」阿瞞小嘴一撇。

曹熾抿嘴一笑，低頭道：「起來吧！今日咱家中有喜，免了你的家法！玩去吧！」

「不准饒他！」曹嵩披著衣服拿著一口劍走了出來，冷冷道：「平日驕縱慣了，什麼事兒都敢幹！昨兒要是叫官兵傷了，我可怎麼對得起他死去的娘？」

「兄長不必動肝火，竇武這一死，咱們兄弟又要交好運了。」

「竇武的餘黨可斬盡殺絕了？」

「該殺的不該殺的全殺了，竇府上下雞犬未留。太后也已經軟禁起來了，現在一切都是王甫、曹節說的算。昨天我帶兵去的司徒府，胡廣老兒看見我，嚇得腿肚子都轉筋了。我說：『您老是老好人，沒有您老的事兒，麻煩您給竇武、陳蕃定個罪。』他拿起筆來手都哆嗦了。」曹熾說著說著笑了：「等完了事，他說我平叛有功，要給我官升一級，我要當長水校尉了！」

「你還真是有福氣，又逞威風又升官的。」曹嵩酸溜溜道。

「兄長不要急，您臨危獻策，王甫絕虧待不了您！」

「不知死之悲，焉知生之歡。」曹嵩歎了口氣：「陳太傅這些人何必要與宦官為敵呢？踏踏實實過自己的日子，豈能得此下場？咱們恐怕又要遭人唾罵了。」

「這年月誰挨罵誰過好日子。」曹熾見他無病呻吟，笑道：「兄長何必想這麼多，這種你死我活的事哪朝哪代少了？你只管高官得做、駿馬得騎，將來阿瞞他們還指著你發跡呢！」

「呸！指望這小畜生發跡，等太陽打西邊出來吧！」曹嵩又想起了阿瞞的事兒：「你看看，兵荒馬亂往外跑，還撿回一把劍來，多危險吶！想起來我都後怕。」說著把劍交到曹熾手裡。

曹熾只瞅了一眼便驚呆了：「這、這是……青釭劍！」

「你認得？」

「何顒的佩劍。當年何顒為朋友虞偉高報殺父之仇，手刃賊子用的就是這把劍。這把劍還背著昨晚好幾條人命呢！」

「什麼？」曹嵩臉都嚇白了：「何伯求的佩劍？」

曹熾的額頭已經滲出了冷汗：「昨夜追殺太學生，唯獨跑了何顒。有百姓傳言，他喬裝逃出洛陽城了。」

霎時間，一種恐怖的氣氛縈繞在兄弟之間。曹嵩一把抓住阿瞞的衣領：「這把劍究竟是哪兒來的？」

「我，我昨晚在外面撿的。」

「胡說！」曹熾一聲斷喝：「這麼名貴的青釭劍，怎麼會隨便撿到？我怎麼就撿不到呢？」

「那是您沒趕上，我趕上我就撿到了。」

「少貧嘴！你說實話！」曹嵩的大巴掌已經舉起來。

爹爹和叔父四隻眼睛惡狠狠盯著阿瞞，他心頭泛起一陣寒意，再也不能隱瞞，就跪在那裡，將昨夜的事情一五一十都說了。沒想到話音未落，「啪」的一聲就挨了父親一巴掌。

阿瞞從生下來到今天雖然淘氣惹禍，但從來沒挨過打。他噙著淚、捂著臉，哆嗦得像一片風中的樹葉，怎麼也想不清楚為什麼會這樣。

「小畜生！因你一人險些害死全家！」曹嵩不依不饒，掄起大巴掌還要打。

「算啦！算啦！」曹熾拉住他：「孩子小，哪兒懂得這些事兒。」

「我沒錯！」阿瞞也不知從哪兒鼓起了勇氣，沖著父親嚷嚷道：「何伯求他不是壞人！弟弟常說『見義不為無勇也』，我怎麼就不能幫他？宦官把他的朋友都殺光啦，八十多個人呀，七十歲的老頭都活活打死，他們才是壞人呢！」

阿瞞發現，隨著這聲歇斯底里的喊叫，爹爹的目光改變了，再不是那個和藹的眼神，也不是憤怒，而是一種失望、憐憫，一種看待異類的眼神！被這樣的目光盯著，比挨打更難受、更虐心。

「好好好，你真有出息！」曹嵩嘟嘟囔囔道：「叫那些人把宦官殺了，把咱們一家老小都逼死，就趁了你的願了。都怪我管教不嚴，一直就縱容你！你不要在這裡礙我的眼了，你給我還鄉，明天就走！回去叫老七好好管教你，永遠不准再進京來！」說罷，瞧都不再瞧他一眼，氣哼哼轉身去了。

「二叔！我爹不要我啦，您給姪兒求求情呀！」阿瞞這才意識到問題的嚴重，一把抱住曹熾的大腿。曹熾搖搖頭，扳開他的手，把青釭劍又塞回到他的懷裡：「虎毒不食子，你爹怎麼會不要你呢？他是恨你不知悔改，你回到家鄉跟著你七叔好好念書，不要再招惹是非了，你爹會讓你回來的。傻小子，你好自為之吧！」

阿瞞瞧著叔父遠去的背影，怎麼也想不明白：「你們都怎麼了，我究竟哪裡做錯了啊？」

第二章

曹操被父親轟回老家

重修孝道

曹氏的家鄉在沛國譙縣（今安徽亳州），令族人頗為自豪的是，在他們族裡曾經出現過一位了不起的人物——漢丞相曹參。但自漢高祖時代之後，曹氏便逐漸走向沒落，直到阿瞞的爺爺大宦官曹騰崛起，才使這個江河日下的家族又有了生機。俗話說：「一人得道，雞犬升天。」曹騰的子姪一輩許多人都躋身仕途，大到位列九卿，小到衙役書吏。也正因為如此，與宦官勢力保持一致，成了曹家人堅守的信條。

阿瞞本是出生在譙縣老家的，但是屈指算來，在這裡度過的歲月卻不多。只因母親鄒氏早喪，阿瞞兄弟一直跟隨父親在洛陽生活。漢都洛陽無疑是那個時代最繁華的地方，阿瞞也在那裡找到了快樂。但如今不同了，他在政變之夜偷偷幫助太學生何顒，這種對家族的背叛是不能原諒的，於是阿瞞被遣送回鄉，從蜜罐子中撈出來扔進了冰窖裡。因為是曹騰的唯一養子，曹嵩這一支的人口很少，基本上家眷又都在洛陽安置，所以譙縣的宅院、地產，實際上只有一幫老僕人照管。阿瞞年紀還小，就被送到了本家兄弟曹胤的家裡。

第一眼瞅見這位素未謀面的本家七叔時，阿瞞就覺得以後的日子恐怕不太好過了。曹胤的年齡不太大，還不到三十歲，是曹嵩一輩兄弟中年齡最小的。但是他性格拘謹苛刻，舉手投足透著一股子嚴厲和傲氣。特別是那張白淨的容長臉，極少有笑容。

環境改變了，生活也就不一樣了。過去在洛陽那種大少爺的態勢沒有了，短了一幫家奴小廝的縈繞，再不能衣來伸手飯來張口，什麼事情都得自己勞煩。可曹胤卻還是處處挑他的毛病，連吃頓飯都得挨半天訓，什麼吃飯時不能說話、不能掉飯粒、不能吃出聲來、不能左顧右盼……一動一靜、一走一立，都要規規矩矩從頭學起。

最要命的就是念書。阿瞞不像弟弟德兒那樣敏而好學，他生來最討厭接觸書卷，十二歲了連一卷《論語》都沒念下來，每讀上兩三行就睏意大發，上下眼皮發黏。如今卻也不敢了，曹胤手裡拿著戒尺在他面前踱來踱去，只要稍有鬆懈就會打下來。

「阿瞞，你遊手好閒慣了，功課都耽誤了。要知道時不我待，現在必須從頭開始學起。」曹胤說著晃了晃手中的竹簡。「你背著長輩私交罪人，事後又頂撞父親、叔父，是為大不孝，那我就要你從最基本的《孝經》學起。」

阿瞞心裡跟吃了蒼蠅一樣彆扭。在他看來，何顒不是罪人，遇事講理不算頂撞，而《孝經》更是小孩子開蒙的書，自己雖然不愛學習，但也早就馬馬虎虎看過了。

曹胤瞧出他眼裡有一絲不屑，把戒尺在阿瞞案前敲了敲，冷森森道：「你自以為讀懂《孝經》了？嫌我講的書淺了是不是？那好，你把書裡孔子說的第一句話背給我聽聽。」

阿瞞傻了眼，低頭思索了好半天才磕磕巴巴答道：「夫孝，德之……之本也，教之……之所由……所由生也……」

「哼！不對！」曹胤冷笑一聲。「才一句話就糊裡糊塗背成這樣，可見你根本沒用心讀過書，還有臉恥笑《孝經》膚淺？」說罷他抓起阿瞞的手，抬起戒尺啪啪啪就是三下。任阿瞞在那裡齜牙咧嘴，接著講道：「子曰：『先王有至德要道，以順天下，民用和睦，上下無怨。汝知之乎？』這才是孔子說的第一句話。你記住沒有？」

「哦。」阿瞞搓著手敷衍道。

「那麼我問你，孔子所說的至德要道是什麼？汝知之乎？」

「就是孝。」阿瞞脫口而出。這個問題太簡單了，《孝經》講的至德自然是孝道。

曹胤卻冷笑一聲，搖搖頭道：「你不知道！你如果知道孝道就不會頂撞你爹爹，就不會被他打發到這裡來！所以你必須好好給我讀書，學學什麼才是真正的孝。」

「不對，你強詞奪理！我沒有不孝，救人怎麼能算錯事？」

曹胤沒想到姪子會這麼嘴硬，竟然會說自己強詞奪理，到今天還爭辯這件事情，他氣呼呼道：「你沒錯，難道是你爹錯了？身為兒子動不動言父之過，本身就是不曉事理。今天的書不要念了，給我跪到一邊好好反省去！」

阿瞞瞥了他一眼，知道再怎麼辯解也不會有什麼結果，只得起身出門，跪到了院子當中。

火辣辣的太陽是何等煎熬人，阿瞞就這麼頂著日頭，憋著一肚子的鬱悶，直挺挺跪在那裡，擺弄著肋下的青釭劍。寶劍呀寶劍，全族的人眼睛都瞎了，只有你才知道我的心，只有你才明白是非善惡……

「不准亂動！」曹胤斷喝一聲走到他身前：「把劍摘下來給我！」

阿瞞看都懶得看他一眼，搖了搖頭。

「摘下來！」

阿瞞抬頭看看他，眼睛裡充滿了怒火，這個毫無感情的叔叔，竟然要奪走他的劍，連最後一點兒安慰都不給他。

「你摘不摘？」曹胤提高了聲音。

「不摘！」阿瞞咬緊牙關索性站了起來：「我憑什麼聽你的……」

還沒等他說完，戒尺已經打在了臉上，一條紅印子霎時出現在白淨的臉上。阿瞞感到的不是疼，而是一陣茫然，就聽到曹胤嚷道：「你這個不成器的東西！到頭來只會丟人現眼敗壞門風！」

憑什麼斷言我就會敗壞門庭？這句話可真觸了阿瞞的傷心處。莫看他小小年紀，火氣卻不遜成人，一伸手把青釭劍拔了出來，不由分說朝著七叔的胸口便刺！曹胤做夢也想不到，年僅十二歲的族姪竟會對自己兵戎相見！還在侃侃教訓著孩子，猛然間青光一閃劍鋒迎面而來，他身子一歪慌忙閃過。阿瞞不饒，又是一劍。曹胤已經是一個踉蹌，實在躲不過這第二遭了，匆忙攥住那柄劍身，立時間手被割破，鮮血跟著湧出，傷口疼得一陣陣直跳。但是他不敢鬆手，牢牢抓住那柄劍，只是喝問道：「大膽！你要幹什麼？」

阿瞞被這一聲斷喝喚醒了，連自己都不敢相信自己做了什麼。他哆哆嗦嗦鬆開手，把劍鞘一扔，慌裡慌張就往外跑。任曹胤在後面扯著嗓子呼喚，他理也不理衝出院門，一猛子跑了下去。

已經顧不得東西南北，他一直這樣失魂落魄地跑下去，穿過鄉間的小路，扎進無盡的田野，就像一隻受了驚的兔子。跑啊跑，玩命地跑，也不知道跑了多久，直到筋疲力盡再也邁不開步子了，才緩緩停了下來。刺眼的驕陽掛在蒼穹之上，將大地炙烤得焦燙，把一切都籠罩在朦朧熱氣之中。阿瞞汗流浹背喘著粗氣，蹲在那裡只覺得天旋地轉，心中卻是一陣陣茫然。父親不要他了，如今又刺傷了七叔，還能跑到哪裡去呢？天下之大哪裡才是容身之所，誰還能聽到自己的傾訴呢？

娘！

恍恍惚惚間，阿瞞看到了自家的墳地。

阿瞞想到了娘親，只有在夢裡才會來安慰他陪伴他的娘親。他踉踉蹌蹌跑進墳地，一頭撲在鄒氏夫人的墳前。

「娘！孩兒來了……我好想您啊娘……爹爹不要孩兒了……所有人都不要孩兒了……您看看我呀……嗚嗚嗚……」這個心高氣傲、不可一世的曹家小子終於哭了。哭得那麼傷心、那麼淒慘、那麼肝腸寸斷。

他抱著母親的墳頭，傾訴著自己的痛苦，似乎想要用盡力氣把墳頭推開。彷彿推開這座冰冷無情的土丘，就能投入母親的懷抱。然而一切都只是徒勞，都只是一廂情願，誰又能聽到他的心聲呢？

不知不覺間，陰沉沉的烏雲漸漸遮掩了烈日，轟隆隆一聲炸雷，冰冷的滂沱大雨傾瀉下來，無情地打在阿瞞身上。他哭得昏天黑地，累得精疲力竭，就昏昏沉沉趴在墳丘上睡去，被雨水打醒就接著哭。

迷迷糊糊哭一陣睡一陣，也不知道過了多久，直哭到眼淚流乾，再也哭不出來了，他才明白任何人都無法改變他的現狀，一切都只能依靠自己。他無可奈何爬起來，衣襟早已經淋透了，髮髻也濕漉漉披散在肩上，渾身上下都是汙泥。這就是那位驕縱受寵的曹家少爺，如今髒兮兮，濕淋淋，就像一條落水狗。

「你怎麼跑到這兒來了？」

阿瞞抬起紅腫的眼睛，這才發現曹胤正孤零零站在墳圈外面。他臉色蒼白，沒有穿簑衣，身上也已經濕透，雙手都裹著布，滲出斑斑血跡。阿瞞怔生生望了他一會兒，起身還要跑，卻腳底一滑栽倒在地。曹胤緩緩來到他跟前，卻沒有再打他，伸過血淋淋的手把他攙扶起來：「傻小子！你真是固執。子曰：『事父母幾諫，見志不從，又敬不違，勞而不怨。』即便你做的都對，他都屈了你，那你低頭向你爹認個錯又能如何呀？有多少人就是因為固執而遭難的呀！你若是當時肯說一句軟話，何至於落到今天這步田地？」

阿瞞長出了一口氣，他總算肯承認自己沒有做錯了。

「寧死當官的爹，不死叫花子娘。孩兒啊孩兒，人心都是肉長的，我若是無情無知之人，你爹豈肯把你託付於我？你要是肯讀書勤學，叔叔我又怎麼捨得打你？」曹胤歎了口氣，摩挲著阿瞞的頭：「以後要聽話，好好念書，做出個樣兒來給你爹好好瞧瞧！」不知為什麼，他說這話的時候似乎對阿瞞的父親流露出一絲不滿。

阿瞞見他語音柔和，與半日前判若兩人，不禁生出愧疚之意，抓住曹胤裹著傷口的手：「七叔，我錯了。您的手沒關係吧？」

「好厲害的寶劍，恐怕半月之內提不起筆來了。」曹胤無奈地苦笑一聲，也不待阿瞞再說什麼道歉話，便拉住他的小手，「走！咱們回家去，被雨淋了，讓你嬸子給咱們煮熱湯喝。」

叔姪二人就這樣大手牽小手，在雨中蹣跚而去。

孩童械鬥

孩子難免一時執拗，不過都是好了傷疤便忘了疼的。

阿瞞雖然與七叔在感情上一下子拉近了不少，但是曹胤對姪子的要求卻是愈加嚴格了。天下的孩子皆是貪玩的，更何況他從前放縱慣了的。曹胤自那次事情之後便不忍心再打他了。每當阿瞞將書背得驢唇不對馬嘴的時候，曹胤氣得把戒尺在空中舉起來又放下、放下又舉起來，比劃半天還是下不了手，萬般無奈最後只得來一句：「院裡罰跪去！」

曹胤不忍再打，所以就罰跪。而這罰跪偏偏是阿瞞最不在乎的事情。從前在洛陽，只要犯了錯誤父親便叫他跪在當院裡反省。阿瞞從小惹的大禍小禍足有一籮筐，罰跪也就成了家常便飯，最頻繁的時候一天能罰四次，跪下沒一會兒的工夫，想個法子哄父親一笑就又起來，沒事兒一般繼續我行我素。如今曹胤罰他是為了讓他用心念書，阿瞞卻是抱著竹簡跪在那兒裝模作樣，看似搖頭晃腦讀得津津有味，其實心思早跑到夜郎國去了。

這一日午後，阿瞞又被罰跪了，依舊是抱著書在院裡出工不出力地耗時辰。這副德行，曹胤兩月來見得多了，也懶得與他置氣了，乾脆臥在書房裡小憩，看誰耗得過誰。阿瞞原指望跪一小會兒，尋個機會逗七叔一樂就起來了。可是將近半個時辰了都沒有動靜，伸著脖子往堂屋裡瞅，才發現七叔睡著了，便也鬆了口氣，坐在地上歇著。百無聊賴之際，越坐越睏，眼皮一陣陣發黏，索性把書簡往邊上一扔，歪在牆角陰涼下迷迷糊糊也打了盹。

就在他似睡非睡之時，只感到腦門上一疼。阿瞞一驚，料是七叔動戒尺了，睜眼卻見身邊無人，一顆小石子兀自在地上打著轉。再瞧，一個胖乎乎的孩子正扒在對面的院牆上，朝他吹口哨呢！阿瞞認得，是曹熾的兒子，本家兄弟曹仁。

「嘿！你過來呀！」

阿瞞見他開嚷，忙抹脖子示意他放低聲音，躡手躡腳躥到牆根下面，壓低聲音道：「你別叫，七叔睡著了。」

「找你有事兒！快跟我走。」曹仁扒著牆頭。

「什麼事兒？」

「軍國大事。」曹仁一臉煞有介事的模樣。

「我這兒罰跪呢，離不開。要是跟你出去，又要挨打了。你先回家，一會兒我找你去就是了。」

「沒工夫跟你廢嘴皮子了，快跟我走吧！夏侯家那幫崽子們要搶咱的那塊寶地，有道是打架親兄弟，你也算一個，不去可不行！」

不去了。」

「原來是叫我去助拳呀？」阿瞞白了他一眼，「這種事兒想起我來了。我跟他們又不熟，還是不去了。」

「別廢話了，快點兒吧！恐怕都已經動手了。」言罷也不由阿瞞分說，拉著他的膀子就往牆上拽，「你再不走，我可大聲喊了。」阿瞞沒辦法，不好驚動七叔，只得隨他翻過牆，踉踉蹌蹌跟著他奔跑著去了。

曹仁所說的「寶地」其實就是他家院子西面的一個小土坡，隔一條小河則是夏侯家的田產，開荒太麻煩、房子又蓋不下，所以那個土坡實際上是一塊兩家都不管的荒地。只因為坡上有三棵古槐，孩子們總喜歡攀到樹上玩，久而久之也就成了曹家小子們的地盤。可如今，河對岸夏侯家的孩子們卻要殺過來了。

阿瞞隨著曹仁跑到地方一看，可真熱鬧：大的十三、四，小的七八歲，族裡各家各戶的孩子全來了，手裡還拿著石頭、木棍、頂門杠，一個個守著土坡滿臉嚴肅。再往河那邊看，夏侯家的兄弟們也都到了，高的高、矮的矮、胖的胖、瘦的瘦。眼瞅著已然是「兩陣對圓」，一場「大仗」一觸即發了。

夏侯家的孩子以夏侯淵、夏侯廉為首。那夏侯淵雖不過十一歲，卻高人一頭，身材壯碩，從小在外面廝混玩耍，曬得黑黝黝的，在人堆裡一站，特別顯眼。夏侯廉卻是最矮的，莫看年紀小，嘴上可不饒人，在河那邊扯著嗓子大呼小叫：「你們說是你家的地，你開口叫那大槐樹，看它可會應你？我還說是我們家地呢！反正土坡那一片荒著又沒有地契，誰能占到就算誰的。你們曹家小子馬上退出去，不然就別怪我們不客氣了！」

河這邊的孩子要數曹洪這小子最不省事了。他父親早喪，原是跟著伯父曹鼎一處生活。曹鼎本性粗疏，對曹洪不加管教，後來又到揚州為官，這小子也就沒人管教放了羊。他聽夏侯廉這麼說，怎肯罷休，開口便罵道：「滾你娘個蛋！小爺我從落草就在這兒玩，有尿都撒在這一畝三分地上，這早已經算是我曹家的啦！你小王八羔子要是有種，過來咱倆單比劃，看看誰的胳膊根子粗！」說著還把小拳頭一舉。他倆這麼一嚷，兩邊的孩子都跟著起鬨，到後來就變成隔河對罵了。

阿瞞是主張息事寧人的，聽這些鄉下孩子滿口爹娘祖奶奶的胡喊濫叫，實在覺得不像話。有意請夏侯家的孩子們過來，今後大夥一起玩。可是他才回鄉幾天，曹家孩子們都以曹仁、曹洪為首，誰肯聽他插嘴講話。兩邊的孩子越罵越僵，到最後夏侯淵放開嗓門一聲斷喝：「別廢話啦！拌嘴算什麼本事？不管是誰家的地，反正我們要了，不服氣咱們就動手！」

莫看嚷得厲害，真說到打架，曹家孩子們還是不成，多少有點兒怯陣，都不置可否眼望曹仁。曹仁咬牙道：「呸！大丈夫能死陣前不死陣後，寧叫打死不能叫他們嚇死！」

「對！」曹洪接過話頭：「咱們的地方憑什麼讓給這幫小王八羔子？跟我上！打他娘的！」

這一嗓子可惹了禍，霎時間小河兩岸就開了鍋，什麼殺七個、宰八個、門後戳九十九個的一通亂嚷，哪個叫石頭、瓦塊、棗木棍，形形色色的「兵刃」舉起來就往前衝。有的掄著棒子不問青紅只管打，有的專撿平日看著不順眼的單練，有的竄來竄去找便宜專打太平拳，有的見勢不好想退卻絆一個跟頭。剛開始還有模有樣，後來就全滾到了河裡，擠擠插插的人堆裡有傢伙也不管用，全都撒了手，使絆子的使絆子，背口袋的背口袋，用嘴咬的用嘴咬。河裡石頭本來就滑，這群孩子你揪著我，我拽著他，稀裡嘩啦翻一倒就是一大片，也顧不得滾了一身泥、嗆了幾口水，勉強爬起來接著瞎比劃。

畢竟曹氏是官宦人家，子弟裡有小一半是念書的，自比不了夏侯家是莊戶出身，工夫一長就漸漸招架不住了。夏侯家的孩子則越打越來精神，尤其是夏侯淵，橫衝直闖，揮著小錘子般的拳頭，挨上就是一溜跟頭。不多時，曹家孩子大多被趕上東岸，只剩下曹仁、曹洪幾個還在河裡翻騰。

最後曹仁見大夥都打散了，只得帶著「殘兵敗將」狼狽不堪地逃上岸來。夏侯廉自鳴得意，第一個躥到大槐樹上：「我們贏啦！以後這塊地方是我們夏侯家的啦！曹家小子，以後不准你們再來！」

曹家孩子們掃眉吊眼、垂頭喪氣、拖泥帶水地又聚攏起來，有的額頭青腫，有的衣服扯破了，有的滾了一身泥，真有年紀小、眼窩淺的，一個勁抹眼淚。曹洪還不服不忿的：「你們這幫廢物，怎麼都不肯賣力氣呢？照這樣下去，他們這幫小王八羔子還不得跑到咱牆根底下撒尿？這還了得！」

「還沒出力，我揍倒了倆！」

「他們仨人打我一個呀！」

「我牙都打活動了。」

「我腮幫子都打腫了。」

「過了今兒還有明兒呢，咱們走著瞧！」

眾孩童歪歪唧唧正抱怨著，卻見阿瞞站在一旁捂著嘴樂，衣服乾乾淨淨連道褶子都沒有。

曹洪憋著一肚子火正沒處撒，瞧他如此嘲笑，搶步上前喝問道：「阿瞞你還笑，方才你跑哪兒去了？」

「我在樹後面蹲著呢！」阿瞞笑呵呵道。

「你……」曹洪揮起拳頭就要打。曹仁一把就攔住了，他是有心眼的，阿瞞是曹家頂梁柱曹騰的長孫，而且他爹曹嵩是養子，所以這裡面有三分客情：「洪兒，不准跟哥哥動手，有能耐跟夏侯淵玩命去，別在這兒窩裡鬥！阿瞞，叫我怎麼說你好呀？論歲數你比我們都大，論見識你比我們都多。雖說咱不是一塊兒光屁股長起來的，那你也不能看著兄弟們挨揍呀？哪怕你伸過一拳踢過一腿，也不算白了咱們兄弟呀！」

「為了一塊地，值得這麼鬧嗎？」

曹仁卻一臉認真：「一塊荒地雖算不了什麼，可咱家多少輩的人卻是攀在大槐樹上玩大的！你爹不也一樣嗎？這要是叫夏侯家的小子們搶去了，咱還有臉嗎？」

阿瞞一怔，他可沒想到這小小的玩耍之地還有這麼大的意義。

「阿瞞，你要是有種，明兒帶著兄弟們把他們臭揍一頓，咱把地盤搶回來！」曹洪又扯開了嗓門。

哪知阿瞞不氣不惱，晃悠著小腦袋道：「你看那夏侯淵人高馬大的，胳膊大腿比我們粗好幾圈，能打得過嗎？這等費力不討好的事情，我是不去做的。」

「軟骨頭，呸！」曹洪狠狠白了他一眼。

阿瞞卻笑道：「有力使力，無力咱們使智。你們別著急，這件事就包在我身上，一定想出辦法把這塊地方再奪回來。」說罷丟下面面相覷的兄弟們，趕忙往家跑。

可是緊趕慢趕還是遲了，曹胤早就醒了，攥著戒尺正溜溜達達在院門口等他呢。夏侯兄弟那頓打他藏了，可眼前七叔這頓打無論如何也躲不過去了。阿瞞只好腆著臉蹭到曹胤跟前，嘴裡故意轉移話題：「七叔，您醒了……我瞧您睡著了，應該給您披件衣服的，仁兒來找我，一著急就給忘啦！」

「少廢話，大熱天披的什麼衣裳？」說罷抓住阿瞞的手就打。

他每打一下，阿瞞就叫一聲，越叫聲音越大，最可氣的是他還要叫出上下句高矮音：「哎呦……啊……哎喲……啊……哎呦……」

「你這是什麼毛病呀？不准叫！」曹胤也覺得可笑，不知不覺氣已然消了一半，只強板著臉。

「您打得姪兒疼，姪兒能不叫嗎？」

「疼也不許叫。」

「您這麼下手就不心疼姪兒嗎？您要是把姪兒打壞了，可怎麼跟我爹爹交代呀？」

「少跟我貧嘴呱舌！」曹胤沒滋沒味又打了兩下，瞧阿瞞嘻皮笑臉的打也不管用，遂將戒尺一扔：「去去去！別在這兒礙我的眼，回屋念書去。」

阿瞞如逢大赦，蹦蹦跳跳便進了院，拿起書簡來不過依舊是擺樣子，滿腦子都是石頭、棒子、棗木棍。心不在焉耗到吃飯，糊裡糊塗扒拉了幾口便到自己房裡一躺，尋思著搶回地盤的事兒。有力使力無力使智，說起來簡單，可究竟該怎麼辦呢？

曹胤看出這小子有心事，若是平日，吃過了晚飯早不知跑到哪裡鑽沙去了。待閒暇無事來到他榻前：「小鬼，你又想什麼呢？」

「沒什麼……」阿瞞翻過身來，他們一干兄弟打架的事情，怎麼能跟大人說呢？盤算了一會兒，才低著腦袋問道，「七叔，您懂得怎麼打仗嗎？」

「打仗？」曹胤有些詫異，「我又沒上過戰場，不過可以讀讀兵法，《三略》、《六韜》、《司馬法》，孫武子的十三篇。」

兵法！阿瞞眼睛一亮，坐了起來：「七叔，您有兵法書嗎？」

「我書房裡有一套孫武子十三篇。」

「給我看看吧！」阿瞞憨笑道。

「不給！」曹胤是何等聰慧之人，料他出去半日，這會兒又無緣無故要兵法看，必是有藏著掖著的事兒，冷笑道：「你午後跟曹仁上哪兒去了？」

「沒去哪兒，就是玩了一會兒。」

「跟人打架了？」

阿瞞不說是也不說不是，只是問道：「兵法裡面有沒有說，如果自己的人打不過人家，應該怎麼辦呢？」

曹胤打定主意，故意賣弄關子：「天時、地利、人和，這些兵法裡面都有，用心學就會懂，以弱勝強又豈是難事？」

「那您給姪兒看看吧。」

「那可不行！兵法這類的書我是從不給別人看的，除非……」曹胤眼珠一轉。

「除非什麼？」

「除非你先把我教你的書學好，我就給你看。」

阿瞞的眼睛都紅了：「七叔，您不對！您這是要挾。」

「隨你怎麼說，我不與你一般見識。」曹胤心中竊笑，總算是攥到了阿瞞的小尾巴，裝作一本正經道：「你連《論語》都背不熟，哪裡有資格看兵法？那可是凶險之書，可導人學好，也可誘人學壞，這麼給你看可不行。再說誰知道你學那些東西要幹什麼，要是就為了打架我可不能給你看。」

阿瞞趕忙換了一張笑臉：「七叔，姪兒從明天起好好念書，您就先給姪兒看看吧。」

「想都不要想！」曹胤踱到門口，扭頭又重複了一遍：「除非你先把我教你的書學好。」說完便走了。

阿瞞知道再求他也沒有用，於是靈機一動，躺下來合了眼假寐。他裝模作樣還時不時發出點兒鼾聲，任外面有什麼響動也不理，讓家裡人都以為他睡著了。就這樣耗了將近兩個時辰。一直等到日落西山，天色大黑，院子裡再沒有絲毫動靜了，他才爬起來尋了一盞油燈，躡手躡腳奔了七叔的書房。他想這會兒七叔一定也睡下了，趁著書房沒人把孫武子十三篇偷過來看。哪知剛把門推開條縫，瞧屋裡漆黑一片，還沒來得及邁腿，就感到後腦勺被人拍了一巴掌。

「小子，睡醒了？」

「七叔，您還沒歇著？」阿瞞憨皮賴臉道。

「我歇著好讓你來偷書？」曹胤笑嘻嘻道：「你這點兒小把戲豈能瞞我？明白告訴你，孫武子十三篇我已經鎖起來了，你不要再惦記了，回去睡覺。」

阿瞞算是死心了，往門檻上一坐，歎了口氣：「哎！您何必跟姪兒我這樣認真呢！」

曹胤倒背著手樂呵呵道：「我沒說兵法不能給你看呀，我說只要你把我教你的書念好，我就讓你看，而且我還願意講解給你聽。」

「那要等到什麼時候呀？」阿瞞苦著臉。

曹胤見把他擠對得夠瞧了，略一思量又說：「這樣吧，只要你用心背書，我每天就給你講解一段，這樣咱們兩不耽誤。你看如何？」

「真的？」

「我什麼時候騙過你？」

「君子一言駟馬難追。」阿瞞蹦起來，「您說了可不能不算。」

「當然說話算數。你先把《論語》的〈子罕篇〉背下來，我就讓你看上一卷。」

「行！不過您可得跟姪兒我擊掌為誓！」

「那有何難？」

啪！啪！啪！漆黑的院子裡猛然傳出叔姪倆清脆的擊掌聲，攪了其他人的好夢。

曹胤這一晚可睡了個好覺，總算是找到讓阿瞞用心讀書的辦法了。他覺得這小子如果用心，三天內定可以把〈子罕篇〉搞定。哪知第二天太陽還沒高升，阿瞞就將他從睡榻上拉起來，一字不差地背了出來！

曹胤著實驚愕不淺，看看他略帶惺忪的眼睛，原來這小子半宿不睡強記了下來，不過這也太快了吧！

阿瞞把手一張：「背完了。您把《孫武子》拿來吧！」

「你……」曹胤真不知道說什麼好了。

「您可和我擊掌為誓了，不能食言啊！」

「為了一卷兵法，你竟然如此用心。」

阿瞞搖晃著小腦袋笑道：「那是自然！博我以文，約我以禮，欲罷不能！」

曹胤越發吃驚：這幾句話是〈子罕篇〉裡顏淵說的，這小子記性好也就罷了，竟然還可以現學現賣恰當使用。想至此他不禁也隨口引了一句〈子罕篇〉中孔子的原話，揉了揉睡眼道：「後生可畏，焉知來者之不如今也！」

牛刀小試

不到一個月的時間，阿瞞已將孫武子十三篇全部瀏覽了一遍。當然，順便他也把整部《論語》背得滾瓜爛熟了。曹胤發現這小子同時學兩本書，竟然可以並行不悖，著實非同一般，便索性將自己理解的兵法深義，統統講解與他。

終於這一日，阿瞞把竹簡往書案上一摔，笑道：「七叔，《孫武子》我算是馬馬虎虎學完了。子曰：『先行其言，而後從之。』學了不用怎麼行？我已經和仁兒、洪兒他們約好了，今天可就要去試試了！」

曹胤雖不甚清楚他學了要對付誰，但大體上已經猜得八九不離十了，彎下腰看著這個機靈鬼：「你們可不能亂來，究竟為了什麼事兒可以告訴我嗎？」他畢竟是書生氣質，不會強迫一個孩子。

阿瞞搖搖頭：「這可不行！這事兒需得瞞著大人。七叔您只管放心，姪兒不會做什麼過分的事情的。」

「哦？既然不過分為什麼不能告訴我？」

「七叔！」阿瞞眨了眨眼睛：「您小時候有沒有瞞著長輩的祕密呢？比如偷著跑出去玩什麼的。」

「我也是有的。」曹胤尷尬地答覆道。

「那我叔爺就不清楚嗎？」

「這……」曹胤沒想到阿瞞會這麼問，沉默片刻不禁感歎：「為孩童的有時哄弄長輩，為長輩的又豈能不知？現在自己成了長輩，也當學會被孩童哄弄呀！罷了！你去吧，別惹出禍來就是了。」

阿瞞躬身一揖辭別了叔父。待出了門趕忙招來族裡各家的頑童，把自己早已想好的計策一一吩咐下去。眾孩童紛紛稱妙，各去準備，阿瞞卻只帶了曹仁、曹洪等七個人，往大槐樹尋釁。

在曹家孩子原本的地盤上，夏侯廉恰帶著幾個兄弟捉迷藏，玩得正起勁，突然一顆石子砸到他頭上。他哎喲了一聲，閃目觀瞧，就見曹家幾個最兇悍的小子走了過來。

「嘿！臭小子，你們是不是該讓地方了？」曹洪笑道。

夏侯廉知道單憑自己惹不起，但依舊不肯嘴軟：「口氣倒是不小，動我一下試試，你敢動我一下，我叫淵兒哥哥把你們全揍趴下，到時候你們就……哎喲！」話還沒說完，就被曹洪彈了一下腦殼。

「有本事去叫大個子來呀！告訴你，這地方借你們玩了半個多月，如今我們不想借了。有種去叫夏侯淵他們來，咱們再打一架試試，看我不剝了你們的皮！」

「哼！姓曹的，你們等著瞧！」夏侯廉捂著腦袋就走，一旁的曹仁也真對得起他，趕上去一伸腿，又將他絆了個跟頭。夏侯廉玩了個嘴啃泥，回頭看看諸人，哇地一下子哭出來，揉著眼睛奔過河去，其他的幾個孩子見勢不妙也溜了。

夏侯廉才八歲，根本打不過曹家的大孩子們，平日裡有厲害的兄長護著，自然沒人敢惹。今天無緣無故他被曹洪彈了腦殼，又被曹仁絆了個跟頭，大的欺負小的，人多欺負人少，怎能不委屈？回到自家的莊園上又哭又喊，挨家挨戶地喊人，又特意跑到夏侯淵處，添油加醋地述說一遍。那幫小子們，平日裡一聽打架比吃了蜜蜂屎都甜，不一會兒的工夫就湊了二十來個，風風火火殺向了河邊。

等到了地方，卻見只有阿瞞一個人。夏侯淵早就沉不住氣了：「是你小子打了我們廉兒兄弟嗎？」

阿瞞指指自己鼻子嚷道：「就是我！」

「我瞧你眼生得很，叫什麼名字？」

「行不更名坐不改姓，小爺我叫曹操。」

「呸！看我們不把你揍扁了！」夏侯淵說著便揮手叫大夥上。

「慢著！」阿瞞擺擺手：「你們這麼多人打我一個可不行！大個子，你叫夏侯淵是不是，咱倆一對一見個高下如何？」

夏侯淵見他個子矮小，胳膊也不怎麼粗壯，咧著嘴笑道：「行啊！你小子自找苦吃可怨不得我。」說罷攔住眾兄弟，一個人蹚到河中央。瞧阿瞞緩緩走到自己近前，運足力氣剛揮起拳頭，卻見阿瞞抱著腦袋轉身就跑。這一逃可惹得夏侯兄弟哈哈大笑。夏侯淵一陣詫異後也笑起來，笑著笑著，只覺眼前黏糊糊一黑，用手摩挲——原來被阿瞞扔了一臉泥巴！逃了也就罷了，竟然偷施暗算，豈不叫人惱火？夏侯淵氣得大叫一聲：「渾小子你別跑！」跟著就追過去了。眼瞅著這個曹操逃到了樹下，夏侯趕上去，還未及動手，只感到兩道人影從天而降，一張大漁網已經罩在了身上。

原來阿瞞是故意誘他到樹下，早有曹仁、曹洪拿著大網藏在稠密的枝葉間。待夏侯淵趕來，兄弟倆跳下來以大網罩住他，緊接著其他幾個藏在樹上的孩子也叼著繩子爬下來。夏侯淵雖力氣不小，但身在網中手腳伸展不開，四五個對手一擁而上，沒費勁就把他捆了個結結實實。

夏侯家其他幾個兄弟剛才還笑得喘不過氣，這會兒眼見突變，趕緊跑過來救人。他們剛踏到河裡，就見槐樹後面、草叢中間呼呼啦啦竄出一大堆曹家的孩子，未及動手眼前便一片模糊。原來阿瞞事前有分教，埋伏的兄弟每人攥兩把細沙土。專等夏侯家小子衝到河中央，就把沙土揚出去迷他們眼睛。這手真見效，夏侯家的小子們紛紛瞇眼，不能再戰，慌慌張張站住揉眼。哪知你這邊越揉，他那邊越撒，什麼都看不見，只得彎腰護住頭，撈腳下的河水去洗。

這下子可吃大虧啦！

阿瞞早算計好這一點了，待到他們彎下腰，阿瞞大叫一聲：「衝啊！」曹家孩子們成群結隊往河裡湧，抓住他們的髮髻使勁往水裡按。

夏侯小子們雖厲害，但是眼睛睜不開，就感到腦後一沉，方要呼喊就被摁著喝了一大口水。猛抬腦袋，剛咳嗽出來，緊接著第二口又灌進去了！

眼見得曹家孩子們騎著他們脖子、按著他們腦袋折騰了一陣子，阿瞞也怕鬧出事兒來，忙喊道：「我看他們喝得差不多了，鬆手吧！」曹家孩子們收了手一片歡呼，那些倒霉蛋這才東倒西歪爬到岸邊，一個個都被灌得小肚溜圓，伏在地上大口嘔吐，再也揮不動拳頭了。

曹洪回手彈了一下夏侯淵的腦門，笑道：「大個子，服不服？」

夏侯淵的臉都氣紫了，咬牙切齒道：「卑鄙！無恥！小人！混蛋！」他把自己能想到的惡劣詞語全說了一遍。

阿瞞拍著他的腦門笑道：「兵者，詭道也！孫武子〈地形篇〉有云：『隘形者，我先居之，必盈之以待敵。』你們焉能不敗？」

「什麼鬼不鬼的？打架不准搗鬼！」夏侯淵沒念過書，自然不懂他的話。

曹仁、曹洪等人雙伸大拇指讚道：「阿瞞，你真了不起！」

「洪兒兄弟，我還是不是軟骨頭了？」

「今後哪個敢小覷你，我第一個不答應！」曹洪拍了拍胸口。

阿瞞則不緊不慢晃悠著小腦袋背著兵法：「地之道也，將之至任，不可不察也……」

「夏侯家的小子們聽著！」曹仁叫道：「我們逮到了夏侯淵！只要你們答應把這地方還給我們，我就放了他。要是不還……我們就……」他們要是不還也沒辦法，但還是得嚇唬嚇唬他們。

曹仁實在不知道該說什麼，撓撓頭想想道：「要是不還，哼！我們可就開膛摘心了！」

他本以為誰都聽得出這是大瞎話，可偏偏就有信以為真的！夏侯廉年紀小，剛才叫了一幫哥哥來報仇，他自己可始終站在對岸沒動地方。看到眾位哥哥都被灌了一肚子水，早傻了眼，又聽說要摘淵兒哥哥的心，嚇得大哭起來，一把鼻涕一把淚，抱著腦袋就跑了。

阿瞞本意是要試試計策，覺得鬧得差不多了。曹仁等人吃過夏侯淵的虧自然不幹，眾兄弟繞著動不了身子的夏侯淵又唱又跳，時而彈彈他的腦殼。夏侯淵憋了一肚子氣，可這會兒他連動都動不了，只能咬牙切齒怒視他們。曹家孩子們也是越鬧越厲害，也不知哪個淘氣包又給他抹了一臉汙泥。

「住手！」這時就聽一聲吶喊，河對面遠遠跑來一騎白馬。馬上載著兩個人，前面哭得滿臉花的正是夏侯廉，後面手拉韁繩的還有一少年。那人年紀大概十三、四歲，與阿瞞相仿，白淨臉龐，濃眉大眼，稍有些塌鼻梁，身穿的雖是布衣，卻嚴謹規矩，乾乾淨淨，與夏侯家其他那些兄弟們迥然不同。

阿瞞心下正詫異，突然感到身邊所有的兄弟全都不說話了，變得寂靜無聲。回頭一看，大家顏色已變，一個勁往後退，就連一向誰都不服的曹洪，竟然也面露懼意。

「不好，咱們惹禍了！」曹仁皺起了眉頭。

「他是誰？」

「夏侯家唯一念書的，叫夏侯惇，是夏侯廉那小子的親哥哥。」

「很厲害嗎？」

「他、他……他殺過人！」不知道是誰結結巴巴道。

阿瞞也吃了一驚，忙問曹仁：「殺人？難道沒王法了嗎？由得他胡來嗎？」

「你不知道，這個夏侯惇在縣裡拜了一個窮酸先生念書。有人出言侮辱他老師，他一氣之下竟然將那廝殺了。郡將老爺愛惜他的忠烈義氣，所以沒有加罪。他平常都是規規矩矩念書，根本不到這兒來廝混，今天怎麼被搬來了？」

阿瞞經曹仁這麼一說，懼意大減反生了敬重之情。眼見得夏侯惇雖然年紀大不，馬術卻精湛了得，載著弟弟疾馳而來，至河邊猛一勒韁繩。那大白馬噓溜溜一聲長鳴，前蹄揚起六尺來高，搖三搖晃三晃，竟不偏不倚定住身形。他未開言，僅這一個動作，已把曹家許多兄弟嚇退了四五步。那些被趕散的夏侯家的孩子們眼見有恃無恐，三三兩兩又聚了過來。

任誰都看得出，夏侯惇是掛著火來的，但他畢竟讀書明理沒有發作，在馬上將手一拱道：「諸位同鄉高鄰，在下有禮了。」說這話的時候他並沒有下馬，而是夾著馬鐙，攥著馬鞭。很明顯，他心存戒備，一言不合他就要縱馬過來打人。此一語道出，卻見小河兩岸鴉雀無聲，這等桀驁又莊重的氣魄震懾了眾孩童，以至竟無人敢應言。

阿瞞自還鄉以來頭一遭見這等陣仗，心裡也有點兒打鼓。但又一琢磨，冤有頭債有主，事到如今不出頭叫人小瞧。又料願為老師洗恥之人，想必不是刁蠻之徒，遂往前走了兩步也拱手道：「不敢當，不敢當。方才我領著眾兄弟們戲耍，多有得罪！還望夏侯兄弟海涵。」

夏侯惇也是一愣，不知曹家小子裡何時多了這樣一個談吐不俗的人物，冷笑道：「好說，好說。不知道我那淵兒兄弟哪裡得罪了你們，竟然將他捆綁羞辱，聽說還揚言開膛摘心？」

阿瞞聽這話不對，心知必是夏侯廉添油加醋搬弄是非，料是一言不合準得動手，倒不如實話實說，推心置腹。想至此，他下了土坡，蹚過小河，逕直走到了夏侯惇馬前。曹家兄弟們先前見阿瞞肯出來承當，皆鬆了口氣；這會兒瞧他以身犯怒，又都捏了把汗。

阿瞞卻不露懼色，一五一十講述事情經過。自半月前夏侯兄弟來爭地盤，一直說到自己如何定計捉了夏侯淵，如何制服眾人。哪知夏侯惇聽得和顏悅色，到最後竟然哈哈大笑起來：「好！好！果真如此倒也有趣，我這幫兄弟也真該好好教訓一頓。虧你想得出這樣的辦法，佩服！佩服！」說著便下了馬，又抱弟弟夏侯廉下來。「剛才我弟弟哭著找我，話也沒講明白，說什麼淵兒兄弟被綁了，要開膛摘心的，嚇了我一跳，這才冒冒失失趕來，曹兄見笑了。」

阿瞞總算鬆了口氣，伸手抹了一把夏侯廉臉上的淚水，笑道：「傻兄弟，開玩笑的話豈能當真？」

「還沒請教曹兄名諱。」夏侯惇又一拱手。

「我叫曹操。」

「曹操？哦……」夏侯惇吃了一驚，「你是我的堂……」話說了一半，想想太過唐突，便把後半截咽了回去。

「你說什麼？」阿瞞不解。

「沒什麼……」夏侯惇尷尬地一笑，「我是說這塊地方是無主的荒地，何必將你我分得這樣明白呢？咱們兩家世代為鄰，從今以後叫兩家的兄弟們在一處玩如何？」

「正合我意！」阿瞞一拍手。

於是，小河邊頓時響起了歡呼聲。剛才還打打鬧鬧的曹氏、夏侯兩家的孩子們，這會兒都挎著胳膊蹦蹦跳跳鬧到了一處。茂盛的大槐樹下，環繞著愉快的歌聲。

就在不遠處，曹胤伏在田野間望著那裡。他還是不放心姪子們，偷偷摸摸跟了過來。方才見阿瞞用計打敗夏侯眾兄弟，不禁拍手讚歎，暗想：我曹家日後的前途說不定就指望這小子了。後來又見夏侯惇縱馬而來，阿瞞與他愉快交談，心下又是一陣辛酸感慨。該見面的終歸躲不過，傻小子你哪裡知道，你本應該站在河西邊的，這夏侯惇才是你真正的堂弟呢！

第三章
四年後重返洛陽

醜惡家史

光陰流逝如此之快，轉眼間就過了四年。

曹操依然寄居在七叔的家中，只不過當初的機靈鬼，如今已經是豪邁灑脫的小夥子。譙縣鄉間自比不得洛陽的花花世界，但卻使曹操形成了頗為兩面化的性格。在家時他是用心習學的好孩子，在曹胤的指導下讀遍三墳五典八索九丘；而邁出家門他卻任俠放蕩、聲色犬馬，漸漸將夏侯兄弟、丁沖、丁斐等一干不拘小節的鄉里少年吸引到身邊，諸人暢遊走馬好不快活。

不過在閉塞的譙縣鄉間，人們眼見的僅僅是身邊的人，卻不甚瞭解外面世界的改變。正如曹氏族人都親眼目睹了曹操的成長，卻不知道僅比曹操小一歲的當今皇帝，也逐漸步入了成年。

皇帝成年的第一件大事就是成婚，於是在建寧四年（公元一七一年），劉宏立執金吾宋酆之女為皇后。這位宋后是在前一年選入掖庭為貴人的，其實並沒得到過劉宏的寵愛，但冊立皇后頗講求門第出身，扶風宋氏數代與宗室通婚，不失為合適的人選。皇帝不經意間動動手指，天下都可能晃三晃搖三搖，這次冊立皇后劉宏自己不甚滿意，卻為曹家創造了壯大勢力的契機。

五月初，曹鼎回到了譙縣家鄉。他是曹操的族叔、曹洪的親伯父，雖說小有名望，但才學甚是平平。宦海十餘年，曹嵩、曹熾皆已身居高位，可曹鼎卻還在郡守一級的官位上原地踏步。

但世事無常，不知哪塊雲彩有雨，曹鼎的長女前些年嫁給了宋酆之姪宋奇。隨著宋后的冊立，宋家雞犬升天，宋奇一夜之間加官進祿，受封濦強侯。女婿得勢，老丈人自然也跟著沾光，曹鼎再不用當他的吳郡太守了，立刻被升入京師擔任侍中、兼任尚書。楚霸王項羽說「富貴不還鄉，如錦衣夜行」，曹鼎在官場苦熬了這麼多年，終於也可以趁著卸任的空檔，在鄉人面前炫耀一番了。

富在深山有遠親，更何況貴人回鄉。侍中倒不足為奇，只要有些才幹，或是資歷深厚，抑或沾點皇親都可以擔任。難得的是尚書一職，雖是一年六百石的位子，卻可以天天跟皇上打交道，想要舉薦或詆毀一個人，不過是一句話的事兒。有這樣離天三尺的好親戚，豈能不去巴結？曹鼎這一回來，整個曹氏家族都轟動了，只見他所攜家資殷實，金銀財寶大車小車往回拉。父老們瞧這等陣勢，更是搶著奉承這位青雲直上的親戚。老子帶著兒子、哥哥領著兄弟，一時間曹鼎家門庭若市、高朋滿座，長年不走動的、八竿子打不著的族人都來陪笑臉。

曹操本沒把這當回事兒，仍是整天遊山逛水忙自己的。直到曹洪捧著他伯父捎來的吳郡好絹跑來，才有些動心了。

「走走走，好東西還有的是呢！我大伯可發了善心了，族裡人來者有份，不要白不要。你也去見個禮，掙上幾匹好絹咱們做箭囊，再出去射獵背著多體面！」曹洪拉著曹操就要走。

「不許去！」曹胤握著一卷書，滿臉嚴肅從後堂走了出來。

「七叔，為什麼不許阿瞞去？」

「不為什麼！」曹胤把書往書案上一摔。「我說不准就是不准。」

曹洪早聽說過他們老兄弟脾氣不和，昔年有些芥蒂，笑道：「七叔，您莫要生氣，都是親戚里道的，論情論理你們都該走動走動。不是我偏向我大伯說話，見個禮不過人之常情，小不了您大不了他。方才他還念叨您呢，您跟我們一起去吧？」

哪知這幾句人情話說完，曹胤卻火了：「你給我出去！」

曹洪頭一遭見溫文爾雅的七叔這麼不講理，一時間真不知道該說什麼：「七叔……您這是……」

「抱著你的絹快走！」曹胤不聽他再說什麼：「他是你親伯父，你見不見他我管不著。孟德是他爹把他託付給我的，那就得聽我的話！你出去！」

曹操也不明其中就裡，待曹洪嘟嘟囔囔走了，才試探地問：「七叔，您今天怎麼了？為什麼不准我去拜謁四叔？」

「你懂什麼？我這是為你好。唉……」曹胤歎了口氣：「那是非之處豈能踏足？」

「是非之處？」

「從來富貴只可直中取，不可曲中求。想他曹元景終歸是二千石的郡守，無功無侯，何以大車小車往回拉家資？這些財物顯而易見乃納賄搜刮而得，皆是受人唾罵的髒錢！」

曹操心頭一悸。四叔那等資財，尚不足我父親和二叔的九牛一毛，莫非我們所吃所用，也是這等受人唾罵的髒錢？卻聽曹胤兀自發著牢騷：「自你祖父以宦官得侯，世人對咱們家本就有些微詞，更不該貪汙納賄、搜刮民財，他敗壞的不僅僅是他自己，而是咱們一家子的名聲。自吳郡帶著這麼多的財物招搖過市，一路上定被人指指點點，我曹家的臉還要不要了？族裡那些人也真不長志氣，爭先恐後去巴結這等卑劣小人，這世道真是無可救藥了！咳咳咳……」他越說越激動，最後竟勾起咳嗽來。

曹胤實乃曹家那一輩人中才學和人品最出眾的，遠比曹嵩、曹熾、曹鼎那一干靠「恩蔭」起家的兄弟強得多，這也是曹嵩肯以子相託的原因。可不知為什麼，曹胤卻有一種避世的思想，認為官場汙穢不堪，以至於閉門讀書不問世事，甘願過清苦的日子。雖然他閉門不出，但風聞不入耳的事情總要發發牢騷，上到公侯列卿、下到縣佐書吏，竟沒有一個他罵不到的。近兩年來，這樣的發作越來越頻繁，曹操見得多也已經習慣，不再徒勞地解勸，而是默默替他捶著背。

曹胤依舊憤憤不平，將族裡上下的人數落個遍。曹操只管捶背，直等到他漸漸罵不動了，才笑道：「七叔，您這樣坐在家裡乾罵又有何用？有話何不當面鑼對面鼓跟他們說？」

聽姪子這麼一問，曹胤卻不言語了。他雖有許多事情看不慣，但終不敢對人發火，只能獨善其身閉門生氣罷了。

曹操同他生活了四年多，早將他的脾氣摸透了，捶著他的背說：「您最近咳嗽很厲害，不要生這等無用的氣啦！您要是真覺得世風不正，就出去做一任官，哪怕是區區縣尉，做一番事業也是好的。若是閉門而居，就莫操心那些烏七八糟的事兒，咱們夏聽雨聲冬觀落雪豈不是更好？」

曹胤搖搖頭：「罷了，你小子說得對，不生這等乾氣！子曰六十耳順，我才三十就這副德行，看來還差得遠。畢竟他是洪兒的伯父，不看大人的面子，還需看孩子的面上。」他就是這樣自我解嘲。

「七叔，有件事我一直想問問您。」

「說。」

「我有沒有親生的伯父活在世上呢？」

曹胤一愣，彷彿是被錐子扎了一下直起身來，瞪了他一眼：「你聽到什麼風言風語了嗎？胡說些什麼混話！」

曹操本是揣著一肚子的疑問試探曹胤的，卻瞧七叔反應如此強烈，索性把話挑明了：「我已經知道爹爹的身世了，夏侯惇的爹爹就是我伯父……沒錯吧？」

曹胤沒有直接回答，把頭又低了下去：「唉……這事兒不過是層窗紗，你何必非要把它捅破呢？既然過繼到曹家，就是曹家的子孫，弄清楚這些又有何用呢？你還是不要問了，問清楚了心裡也是病……」

「七叔，不弄明白，這病擱在心裡更難受。」曹操抓住他的肩膀：「有件事我思來想去始終不解，放著你們這麼多姪子，為什麼我爺爺要捨近求遠過繼鄉鄰之子呢？」

這件事似乎觸到了曹胤的痛處，他臉上泛起一陣羞恥的紅暈，面龐抽動了兩下，但還是開了口：「自從你認識夏侯惇，我就預料到會有這麼一天。你如今也大了，即便我不說早晚你也能從別處知道，索性就告訴你吧！」

「嗯。」

曹胤歎了口氣，隔了半晌才開口：「當年咱們老祖宗曹參隨高祖起義，後來繼蕭何當了丞相，這你應該知道吧？」

「嗯。」曹操點點頭。

「可是自那之後，族裡始終再沒有過出人頭地的後輩，到了我祖父，也就是你太爺爺那一輩，咱們曹家又因爭地吃了場官司，算是徹底沒落了，最後還不及夏侯氏那等莊戶。當時你太爺爺最窮，鄉里人要是丟頭牛都先跑到咱家來搜。咱們曹家族裡人就想，要是能再出一個大官，就沒人再敢輕視咱了。但是合族上下哪有一個出類拔萃的？文不能提筆，武不能上陣，又和別的官宦人家攀不上關係，憑什麼本事當大官？正趕上那時候中常侍鄭眾誅殺了竇憲，首開閹人封侯的先例，於是就有人動了送孩子入宮當宦官的心思。族裡各家的人口都比較單薄，唯你太爺爺有四個兒子，他們就都來攛掇你太爺爺送一個兒子入宮，要是將來出息了，大家都沾光。他們剛開始還平心靜氣地勸，到後來就是拍案瞪眼的威脅了。好好的孩子送進宮當宦官，一輩子不就毀了嗎？你太爺爺捨不得，抱著四個兒子哭了兩天，但是惹不起咄咄逼人的親戚們，最後就把最小的兒子，也就是你爺爺送入了皇宮。剛進宮時，你爺爺不過是孝安皇帝的侍讀，哪裡有什麼榮華富貴？族裡人漸漸就忘了你太爺爺為他們做出的犧牲，而你太爺爺抑鬱不已，沒幾年就病死了。

「沒想到你太爺爺一死……」曹胤突然睜大了眼睛，眼裡一片激憤：「你爺爺的三個哥哥，還有那些逼迫你太爺爺送子入宮的人，他們生生把所有田產都搶分了，連一分一厘都沒留啊！他們就把這個在宮裡毫無前途的孩子給捨棄了，十餘年多沒人給他寫過一封書信，連他的死活都不管了！」

曹操聽到這兒也不由得一陣光火：「天底下還有這等無情無義之事！我爺爺明明為了他們才當宦官的，可是反過來他們還要搶他的田產。他們真是畜……」他想罵畜生，但是話到嘴邊又想起他們畢竟是自己的叔爺，甚至還包括七叔家的長輩，怎麼好罵出口。「孝安皇帝早逝，閻氏把持國政，後來孫程又誅殺閻氏。」曹胤接著說：「那時候宮裡你殺我、我殺你，昏天地暗，你爺爺無倚無靠飽受屈辱才活下來。直到孝順皇帝即位穩固，他才漸漸被提拔起來。誰料到，世人的臉皮竟有這麼厚！」

「又怎麼了？」

「怎麼了？哼！原先那些拋棄你爺爺的人，聽說他出人頭地，又開始不知廉恥跑來巴結他。直到你爺爺因策立大功受封費亭侯、晉位大長秋，所有族人又都聚攏到你爺爺身邊了。他們知道，你爺爺受恩豐厚又不可能有子嗣，朝廷允許養子傳國，他早晚是要過繼一子的。這幫人都巴望著自己的孩子能繼承你爺爺的家業。」

「我明白了！」曹操恍然大悟：「我爺爺一定是記恨往事，不肯過繼族人的孩子，就從夏侯家抱養了我爹爹。」

「沒錯。」曹胤點點頭，臉上露出一絲歉意：「那時候我爹爹也曾帶著我跑到洛陽去鑽營過，生生被你爺爺罵了回來。我也是聽老人說的，在你爺爺還沒出人頭地的時候，有一次伴著大宦官離京公幹正路過家鄉。他想回家看看，但族裡人搶了他的田產，竟無人肯認他，倒是夏侯惇的爺爺念著幼時的情分，款待了他一番。這件事對他的觸動很大，所以他寧可將一生家財及恩寵拱手送給夏侯家，也不願意便宜了族人。」

曹操冷笑一聲：「換作是我亦當如此。」

「你爺爺雖是閹人，但風骨挺硬，為官也還算清正，實不亞於鄭眾、孫程之流。邊韶、張溫、虞放，東觀名士堂溪典，乃至於『涼州三明』的張奐，還不都是受他舉薦才發跡的？可是輪到自己族人的時候……哼！」

「必定是無論賢愚一概不管嘍！」曹操這時才明白，七叔為什麼滿腹經綸卻始終未能當官了，原來他對祖父多少也抱有不滿：「既然如此，那曹熾、曹鼎兩位叔父何以入仕為官呢？」

曹胤把手一擺：「臭不可聞！不談也罷！」

「怎麼了？」

曹胤氣哼哼道：「你那個二叔，他打著你爺爺的名義四處鑽營，到處招搖撞騙，郡縣裡的官員不瞭解咱家的事情，礙於他老人家的威名，哪個敢不管？就這樣，沒幾年他就被舉為孝廉了。然後他又拉攏老四，讓他也做了官。家醜不可外揚，既然已經為官，你爺爺也不好點破這裡的門道，可終他老人家一世，族裡也沒人做到六百石以上的官！」

「雖說是族裡人無情無義在先，但祖父所作所為也有些過了。」曹操聽說二叔曹熾還有這樣一段往事，不禁歎息。「因為舊日冤仇累及後代，弄得幾位叔父官鹽變了私鹽，最可歎誤了您的前程。」

「恨之深痛之切，道理誰都明白，但事到臨頭難免偏激，沒有親身經歷是不會懂的。」曹胤捋了捋鬍鬚：「孟德，七叔我自幼讀書深明廉恥，而身處這樣的家世，我又怎麼能捨了這張臉，厚顏無恥也去鑽營為官呢？乾脆閉門讀書，不問世事算了。」

至此，曹操總算把自家的家史弄明白了，雖然曾聽到過不少風言風語，卻沒想到實情比流言所傳的更加醜惡不堪。

「不問世事，你就躲得過悠悠之口嗎？」突然一個聲音打斷了他們叔姪倆的沉思，只見一個四十歲左右的人揣著手走了進來。他相貌偉岸，身材高大，衣著也十分華貴得體，微有些皺紋的臉上帶著得意的微笑，頗具親和力。曹操幼時見過，這正是本家四叔曹鼎。也虧他保養有加，這麼多年相貌未變，絲毫不見老，與曹胤這個弟弟相比反倒更顯年輕。曹操心裡再彆扭，禮數是不能缺的，趕緊施禮道：「姪兒給四叔問安！您老回來，姪兒沒去拜謁，還請您見諒。」

曹鼎瞥了他一眼，沒說什麼。接著對曹胤道：「老七，你好硬的心腸！我辛辛苦苦大老遠回來一趟，你也不來看看我。真的不認我這個堂哥了嗎？」

曹胤瞅都不瞅他一眼，把頭轉了過去。

曹鼎咽了口唾沫，接著道：「何必呢？老人家都已經故去了，過去的事兒也就一風吹了，咱們兄弟犯不著賭氣。哥哥知道你有風骨有志氣，但你還在這裡沒完沒了地自傷自憐，又有什麼意思呢？憑你的才學，出來當個一官半職豈不比我強？只要你願意，我出頭去辦。什麼孝廉、茂才、有道、明經，任你挑！論舉哪一科你不夠資格？咱們曹家如今就要興旺了，哥哥替你謀個官吧？」

「我可不敢奢望！」曹胤揮了揮衣袖，還是不看他。

當著姪子的面，曹鼎有點兒下不來台，卻強忍著沒有發作：「十多年了，你還是這麼固執。是啊！如今乃是多事之秋，非是你所期望之世。不願做官也罷了，你日子過得清苦，哥哥多送你些田產，你也不要苦了自……」

他話未講完，曹胤一拍桌案嚷了起來：「誰要你的髒錢？」

曹鼎畢竟是好心好意來的，豈受得了這般擠對？連曹操都覺得七叔這次鬧得沒道理。果然，曹鼎忍耐不住咆哮起來：「老七！你別給臉不要臉！我哪裡得罪你了？憑什麼這樣發作我？嫌髒？你愛要不要，餓死活該！」

「你貪汙納賄搜刮民財，還有臉恬不知恥在這裡炫耀？呸！」曹胤轉過臉來針鋒相對。

「誰貪汙納賄了？誰搜刮民財了？這些財物都是一路上同僚所贈，樣樣都是人家的情分。我不吝嗇拿出來分給大家，還落了一身不是了，豈有此理！」

「曹元景，你巧言令色！別跟我假惺惺裝好人！」

「我真是暈頭了，熱臉貼冷屁股，跑這兒來舔你這塊嚼不爛的硬骨頭。呸！」

曹操這會兒真有點兒暈頭脹腦了，兩個叔父吵得聲嘶力竭，根子卻是陳年舊事，他勸也不是，不勸也不是。

曹鼎悻悻道：「老七，你睜開眼睛瞧瞧，現在是什麼樣的世道？想乾淨就能乾淨得了嗎？空講那套仁義道德有屁用！你就在這兒抱著你那些書待著吧！我有什麼都是我的，再也不管你！」

「少在這裡跟我炫耀。」曹胤咄咄不讓：「你若不是宋后的親戚，誰肯白送你東西？別忘了善財難捨呀，你就抱著人家的粗腿吧！莫看你現在顯赫一時、趾高氣揚，咱們走著瞧，伴君如伴虎，萬一宋家有個一差二錯，你哭都沒地方哭去！自孝安皇帝以來，哪家子外戚有好下場？你趁早離了這裡，少給我添晦氣，省得將來你倒霉也牽連到我頭上！」

「你、你……」刀怕對了鞘，宋氏無寵而為皇后，位置甚是不穩，這是曹鼎最擔心的事，曹胤飽讀詩書見地深遠，就這樣輕而易舉一語道破。曹鼎支吾半晌，才道：「你乾淨！就你乾淨！有本事你別姓曹呀！沒工夫與你計較，你就關著門在這兒做你的春秋大夢吧！」

「昏聵！你快走吧！」曹胤逐客了：「君子絕交不出惡聲，你別逼我說難聽的。」

「呸！假清高！」曹鼎回敬了一句，扭頭便走，到了門口卻又停住，回頭瞅了一眼曹操：「小子！你隨我走，跟著四叔我享富貴，別在這裡陪這個老頑固。」

「不行！」曹胤站了起來，「孟德不能跟你走。」說罷扯住曹操的衣袖。曹鼎卻毫不示弱，拉住他另一隻手嚷道：「憑什麼不能？他也是我姪子！」這下子可苦了曹操，被兩個叔父東拉西扯，實在不知道該聽誰的。

曹鼎一個趔趄，撒開手從懷裡掏出一卷書信：「老七你不要攪鬧！巨高兄有書信給我，囑咐我上任之際帶他入京。這孩子大了，早該由他父親開導開導見見世面了。說到底，咱倆可都與他無親無故，你也管他不著！撒手！」這「無親無故」四個字一出口，算是徹底把曹嵩父子的身世挑明了，不由得曹胤不鬆手。他放開曹操的衣袖，突然仰天嚎哭：「巨高兄你好無情！既如此打算，當初就不該把孩子送來……走！都走！你們都是無情無義的東西……」

他這一哭，弄得曹操心裡很難受。曹胤身體孱弱沒有子嗣，真把他當做親生一般，且不論滿腹的學問傾囊而授，單這四年含辛茹苦的養育之恩如何能棄？他眼圈也有些濕潤，扭頭對曹鼎道：「四叔，您還要在這裡住些日子，這幾天我還住在七叔家好不好？」

「也罷！」曹鼎歎了口氣：「孩兒啊孩兒啊，這也是你的孝心呀！」說罷拂袖而去。

曹操不敢失禮，攙扶曹胤坐下，便忙著跟出來送四叔。一出門才發現鄉里鄉親許多外姓人守在院門口。原來剛才他們老兄弟歇斯底里一陣嚷，又沒關大門二門，早把旁人驚動了，都跑到外面伸著脖子看。家醜外揚，曹操見他們交頭接耳指指點點自己的家事，真恨不得找個地縫鑽進去！

生來自我感覺良好的曹操，第一次明白什麼叫自卑。而這種家族帶來的自卑感，竟從此根深蒂固，生生困擾了他一輩子。

爭地風波

曹胤本就身體孱弱，那日與曹鼎爭吵半晌，當晚就病倒了。他以往雖有過心口痛的毛病，卻從未這樣嚴重過。只覺得胸前像被針扎了一樣疼，有時連喘氣都困難，躺在榻上身子動不了。這可苦了曹孟德，他和七嬸又是請醫看病，又是伺候湯藥，整日在病榻邊忙得團團轉。好在調理得當，半個月後他的病情總算是有些好轉。

這兩天，曹胤一直在想曹鼎訓斥他的話。是啊，這樣自傷自憐下去又有什麼意義呢？世風之下誰又能奈何？孩子們的前程還長遠著呢，何必把孟德拴在自己身邊呢？他躺在那裡微微低頭，卻見剛剛服侍他喝藥的姪子歪在案前睡著了，孩子這些日子太累了。

「孟德……孟德……」

曹操聽到了叔父的輕聲呼喚，趕忙一猛子抬起頭來：「怎麼了七叔？您胸口又疼了嗎？」

「沒有。」曹胤搖搖頭：「今天是什麼日子了？」

「九月初七。」

「初七……後天你就該走了，去收拾東西吧。」

「七叔，且不忙在一時。不妨叫四叔先走，稟告爹爹一聲，就說您有病在身，我多服侍您幾天，沒關係的。」

「我這病已無大礙了。你留在這裡陪我又有什麼意思，我還能留你一輩子嗎？終歸你不是我兒子，我也管你不著。你走吧，我也想開了，人活著就得出去闖闖，像我這樣自傷自憐了半輩子，終究一事無成啊！」

「您不要這麼說，姪兒絕不會忘了您這四年的養育之恩。」

「一會兒你就到你四叔那邊去，不要讓他挑眼。生於憂患死於安樂，他現在正在春風得意之際，你到了他身邊需學他的處事開朗，但萬不可像他一樣不拘小節不近仁義。明白了嗎？」曹胤閉上眼睛養神。「我曹家今靠外戚之力興旺，一定要時時留心如履薄冰，才能長保平安。我最擔心的還是老四……」他雖然憤世嫉俗大罵曹鼎，但還是對他的命運牽腸掛肚，對家族的前途更是憂心忡忡。

「七叔，您就是這個樣子。明明一片好心，卻始終不肯讓人知道，也不給別人好臉色看，難怪四叔會誤解你。」

「莫說你四叔那樣的人，你小子何嘗不曾誤解我？我管教你讀書，你還拿劍刺過我呢！」

曹操慚愧一笑：「快別提這事兒了，姪兒至今悔恨不已。」

「知道悔恨就好。那把青釭劍就掛在我房中，你把它摘走吧！」

「您把它給我了？」

「本來就是你的，當初你年紀小不諳是非，帶著劍容易招災惹禍。如今你也大了，也該物歸原主了。實在想不到，你年紀輕輕竟能得到這麼一把寶劍。」

「姪兒還想向您要一樣東西。」

「什麼東西？」

「呵呵，那套孫武子十三篇，上面頗有姪兒的筆跡批註，可以讓我帶走嗎？」

「想要就拿著吧，你讀得比我好。」曹胤又看了他一眼：「兵者，詭道也。詭詐之術，用於兵戰則可，用於待人則凶。當慎之，切記！切記！切記！」曹操諾諾應承七叔的話，才動手歸攏自己的東西，將青釭劍佩在腰間，又尋了包袱裹了十三卷兵書，再次給七叔、七嬸磕了頭，才悵然出了大門。哪知未行五步便發覺外面天翻地覆，大夥正熱火朝天的壘院牆呢！

原來那曹鼎在家鄉剛穩住腳就開始折騰。有了錢第一件事就是置備房產地業，他分派手下將附近小戶人家的田地盡皆買下，要修一座莊園。這在當時也算不得什麼驚天動地的大事，自光武皇帝中興以來，各地豪族紛紛崛起，往往大建莊園。有些莊園不僅占地廣闊，還高壘院牆招募家兵，院內規設街道、自耕自種、牧牛養羊，不亞於一座小城池。又因朝廷與羌人征戰不息，百姓賦稅繁多加之土地兼併，有不少窮苦人乾脆把田賣給豪族地主，心甘情願當佃農，依附大戶人家耕作生活。憑曹家如今的財力，修這麼一座莊園倒也沒什麼出奇。

曹鼎要修的這個莊園比上不足比下有餘，雖不及汝南袁氏、弘農楊氏的城堡，卻也與同郡丁家、許家、桓家的莊園在伯仲之間。那些窮人哪個敢惹？雖有些心有不甘的，還是得陪著笑臉把地交出來，收下錢財從此做佃戶。剛剛劃完了地，就開始壘一丈有餘的大院牆。族裡的人就好像著了魔，老老少少都忙著參與施工。

曹操一路走一路看，真好像置身異世。前不久還錯落的農舍，竟被拆得乾乾淨淨，地旁的枯樹全被連根拔了，推車扛擔的人來來往往，真好像他們要把整個村子搬走一樣。他暈頭脹腦走了半天，才遇到一個監工的本家哥哥。

「阿瞞兄弟！四叔這兩天常問起你，他和兄弟們在西隴大槐樹那兒，你趕緊去吧！」

曹操連聲道謝，便徑直奔向河邊。方轉過曹仁家院子西牆，就聽得人聲喧譁，只見河邊的空地上，一幫人正在熱熱鬧鬧蹴鞠。曹仁、曹洪、夏侯淵、夏侯惇、丁斐、丁沖皆在其列，為首一人卻正是自己的四叔曹鼎。

莫看曹鼎年近不惑，腰腿靈便不讓少年。曹仁他們都剝去上衣，噓噓帶喘；他卻穿一襲湛藍的深服，衣襟解開敞胸露懷，白淨臉膛稍帶紅暈，黃楊木簪子別頂，三綹細長的鬍鬚隨風飄逸，一動一靜仙風道骨，宛若天人。只見他輕抬右足，以腳踝勾起皮球高高踢起，待球落下，他向後抬起左腿、將身俯下，用後頸去接。那球兒順著脊背滾下，待至左足，他猛然一個後蹬，又把它踢起來，順勢一躍，用腦門將球頂了出去。他一把年紀，卻把球玩得上下紛飛，如穿花蝴蝶一般，把四下的少年忙得團團轉，真真是老叟戲頑童！

曹鼎踢著球，猛一眼瞧見曹操來了，便將球踏定，狠給一腳。曹操看得正起勁，冷不防那皮球直愣愣迎面飛來，眼見躲閃不及，忙撒手拋了寶劍包袱，翻身躺倒，一個「倒踢紫金冠」，把球封了出去。恰巧那旁站著丁沖。這丁沖乃是譙縣望族丁氏的人，家裡出了不少大官，他與曹操也是莫逆之交，雖說年紀不大，卻酒癮不小，是出了名的酒鬼。人家蹴鞠時水袋裡面是水，偏他弄一袋子酒。這會兒他正舉著袋子牛飲，哪想到球黑壓壓直奔面門。丁沖也真是好酒如命，一不躲二不接，先忙著把酒袋護到懷裡。如此一來可就慢了，那球正磕到臉上，打得他一個趔趄摔倒在地，惹得在場的人一陣狂笑。

曹鼎抹了把臉：「不玩了！不玩了！都是一群廢物，就這兩下子還敢說是沛國人，想當年高祖爺為博太公一笑，在沛豐修城專為蹴鞠，你們這點兒手段真給咱沛國爺們兒丟臉！當初我們老哥們裡最不濟的都比你們強，真是一代不如一代！」說著啐了口痰，順手接過曹洪為他捧來的水袋，飲了一口又道：「孟德，你還行，這個倒掛金鉤踢得漂亮，到底是洛陽市井長起來的娃娃。」

曹操這才拍拍身上的土，過來躬身請安。

「聽說老七病得利害？」

「七叔已經無大礙了。」

「哼！他那個臭脾氣啊，你越遷就他就越放肆。總以為天底下除了他就沒好人似的。」回頭叫過曹洪：「子廉，遼西太守贈我兩棵上等人參，回去拿了給你七嬸子送去！」

「諾。」曹洪應聲要去。

「且住！」曹鼎叫住他，「以後孟德走了，你們得好好孝敬老七，他無兒無女的不容易。誰要是敢無故招惹，我剝了他的皮！」曹操聽得哭笑不得。一見面就打，私下裡卻是相互掛念，天底下卻真有這樣不可理喻的兄弟。

曹鼎瞧他笑了，誤會道：「你曉得什麼？體弱之人當需人參補氣。南陽張仲景精通醫術，謂人參為神草。好好學去吧！」

曹操實在是驚詫，這個四叔雖說為官不正，卻多才多藝，見識廣博，不由稱讚：「四叔您真是多知多懂。」

「哼！學可以無術，但不可以不博。官場上的來往，難免靠一點兒愛好癖性。不會蹴鞠，唱不得曲，不通藥性，下不好棋，再做不出文章來，那朋友還交個屁呀？我瞧你踢球還行，待會兒取一卷《詩經》給你，回去讀讀，大有用處哩！」

「多謝四叔，姪兒一定多下工夫。」

「說點兒正經的吧！」曹鼎繫好了衣服：「你也不小了，這次你爹叫你回京是想看看長進沒有，好給你謀個前程。」

「入仕？」曹操從沒想過未來的日子。

「當然嘍！我曹家也是官宦世家，大丞相曹參之後，你不當官怎麼行？甭學你七叔，比驢都倔……還有，我替你定了一門親事。」

「啊？」這可把曹操嚇壞了。「您怎麼也不和我商量一聲？」

「我跟你爹提了，他挺滿意。」

「他老娶妻還是我娶妻？這樣的終身大事你們也先斬後奏。」

「瞧你那德行！我還能坑了你不成？實話告訴你，就是他們丁家的姑娘。門當戶對，你敢不答應嗎？」

「我沒說不答應，丁家倒是不錯，只是……」

話剛說了一半，就看見一個僕人慌慌張張跑了過來，喘著氣道：「老爺，不好了！」

曹鼎揚手便給他一個嘴巴：「誰他媽不好了？你把嘴裡的柴胡吐了再說話！」

那廝捂著腮幫子哭喪道：「有個大個子，不肯交田納契，提根棍子打過來了。」

「廢物，這樣放肆的人何不給我打死？」

曹操忙插嘴：「四叔您問明了才好，草菅人命豈是兒戲？」

「放屁！窮種地的一條賤命算得了什麼？弄死他！」

曹操心中一凜，方才還見他談笑風生，眨眼間一翻臉竟如此凶殘跋扈。方要再勸，卻見一人手舞棗木棍衝到了這邊。那漢子身高七尺，五大三粗，光著膀子，穿一條破褲子，赤著腳。那條大棍子足有碗口粗細，在他手中竟舉重若輕，舞得呼呼帶風。四個曹氏的家丁拿著傢伙圍著他交手，卻誰也不能近身。

「給我上！」曹鼎一聲喊，一旁又有六個家丁、蒼頭撲了過去。那漢子不敢怠慢，迎面舉棍就打趴下一個，回身一掃又是倆。眼瞅著十個人都敵他不過，在場諸人盡皆駭然。唯惱了夏侯淵，他聽說打架，後腦勺都能樂開花，送到跟前的架豈能不打？挽袖子就要伸手，曹操趕忙攔住：「大個子別莽撞，問清楚了再說！都住手！住手！」

眾家丁順坡下驢都停了手，喘的喘，歇的歇，哼唧的哼唧。那漢子將棍子一拄，氣不長出面不更色，嚷道：「你們這些姓曹的，憑什麼你家劃院牆占我的地？」

「占了又能如何？」曹鼎開口就是仗勢欺人的口氣：「有本事你去告呀！」

「呸！你們官官相護有什麼王法？」

「我們收你的地可給錢了。」也不知誰斗膽嚷了一句。

「任你花得千金萬金，窮爺我不願意賣，今天我拚了這性命不要，打你們這一門欺壓鄉里的害民賊！」說罷舉棍又要打。

「打就打！有本事咱兩個單練！」曹操終是攔不住夏侯淵，叫他一猛子躥到了前面：「你報上名來！」

那漢子身量已然不小，可跟夏侯淵比還差一截，把棍子往身前一橫：「行不更名坐不改姓，某乃秦邵秦伯南，你又是誰？」

「你就沒打聽打聽，我夏侯淵的名字鄉里哪個不曉？」

「我耳朵裡面有你，可沒見過。」秦邵又把棍子按下了：「可你不是姓曹的，我不與你打。」

「哼！反正你今天是來打架的，管那麼多幹嘛？」

「我與曹家有怨，與你無仇。」

夏侯淵蹭了蹭鼻子，笑道：「我打架不管有沒有仇，動手吧！」

「不打不打！」秦邵一皺眉：「與你動手有什麼好處？」

「要是打贏了，地他們就不要了。」夏侯淵拍拍胸口。他還真不見外，擅自就誇下海口管了曹家的事兒，弄得曹鼎一臉的不自在，又拿這兩個渾人沒辦法。

「你說話算話？」

「那是當然。可你要打輸了呢？」

「打輸了任你們處置。」秦邵將大棍在地上一跺：「動手吧！」

「我可不欺負人，你打了半天了，先歇歇，省得輸了抵賴。」

「呸！我說什麼是什麼，吐口唾沫釘個釘，從來不抵賴，也用不著歇息！」

「是條漢子！」一旁的丁沖插了話，他渾身酒氣，暈暈乎乎喝道：「壯士，賜之卮酒！」說著把一袋子酒拋了過去。

秦邵今天是玩命來的，也顧不得三七二十一，接住便飲。

「好！好！好！」丁沖醉醺醺拍著手，又從懷裡掏出一個漆皮水壺：「壯士！能復飲乎？」

曹操暗自詫異：「這醉貓身上到底帶著多少酒呀？」秦邵大步躥到丁沖身邊，奪過水壺道：「死都不怕，喝酒算什麼！」說罷仰頭就灌。諸人都是多少讀過史書的，丁沖此番舉動十分詼諧，分明是效仿鴻門宴項羽試樊噲的辦法取笑他，見那漢子渾然不覺，眾人都哈哈大笑起來。

「笑什麼？」秦邵把水壺一扔：「大個子，打了吧！」說罷把棍子一扔，向夏侯淵撲了過去。

這一動手誰都看得出，秦邵明顯不是對手。雖然他蠻力不弱，但畢竟是莊稼漢的笨把式，可夏侯家的人卻是習過武的。果然，沒比劃兩下，夏侯淵一腳將他絆倒，五把鋼構一般的手指頭掐住了秦邵的脖子。曹氏眾家丁見狀一哄而上，將他捆了起來。

曹鼎這才鬆了口氣：「姓秦的小子，你還有何話講？」

「我服的是夏侯老弟的手段，卻不服你這害民賊！」秦邵被眾家丁摁著跪在地上，一邊罵一邊掙扎著要站起來。曹鼎上前，一腳把他踢倒，嚷道：「拿鞭子來，我親手收拾這廝！」

曹操實在是看不下去了，四叔所作所為過分，這等跋扈無理的舉動，哪還像個當朝尚書。料勸他不動，忙向秦邵道：「秦兄你少說兩句，地我們收了，多給銀錢便是，不要再自尋皮肉之苦。」

哪知秦邵坐了起來喝道：「你是曹家的小子？」

「不才，在下曹操。」

「嗯……我也知道你。聽說你讀書明理，為什麼也這樣糊塗？」

「我糊塗？」曹操一愣。

「你以為你多給些錢財買了我們的地，我們就能安生了嗎？」

「此話怎講？」

「我秦邵家裡輩輩種地、輩輩窮人，卻逍遙自在、安貧樂道，靠的就是祖上所留那小小的一片地。而你們買去我的田，逼我們當了佃戶，從今往後就只能跟著你們曹家混飯吃。所給的錢財再多，或是十年，或是二十載，也有花完的那一天。到時候我兒我孫終究看你們的眼色，挨你們的打，受你們的罵！俗話說莊稼錢萬萬年，你們雖是以錢財受田，又與霸占何異？豈不是逼迫我們這些窮人將兒孫都賣與你們嗎？」

他這一席話有理有據，說得眾人面面相覷。尤其是捆綁他的那些家丁，聯想到自己的身世，皆黯然神傷鬆開了手。

「想你們曹家，口口聲聲說什麼名門之後，那我不清楚。我只知道你們靠一個宦官起家，四代以上也是耕種鋤刨的農民。可如今你們發跡了，就要擴田占地欺壓窮人，喝我們的血，吃我們的肉！」秦邵見摁壓他的人鬆了手，就勢站了起來。「姓曹的，你枉自讀書明理，我倒要問問你。聽老人家念叨，你太爺爺曹萌老實忠厚為人和善，而今子孫如此張揚跋扈、欺壓黎民。你們這些人是不是忤逆不孝忘了本呀？」

曹鼎聽罷勃然大怒，一眼瞅見曹操挎著青釭劍，也不言語順手抽出，就要殺人。曹操狠狠攥住他的手腕：「四叔！夠了！他哪句話說錯了？您殺了他，還想叫更多人罵咱們嗎？」眾少年摟的摟抱的抱，把劍搶了下來。

曹操將捆綁秦邵的繩子解開：「聽君一席話，勝讀十年書。小子慚愧，得罪了。」

秦邵本以為自己死定了，不想曹操竟把他放了，抱拳道：「我是莽撞粗人，打了這麼多人，多見諒！我們的地……」

曹操低頭想了想，轉身給曹鼎跪了下來：「四叔，孩兒懇請您收回成命，把地還給他們吧。」

曹鼎氣哼哼斜了他一眼：「呸！沒出息！天底下人都似你這般心軟，那還有王侯將相嗎？跟老七一樣的無用！」

「四叔，話不是這樣講的。我曹家本不以德行著稱，因宦官提攜才有今日之勢，而您更因姻親得封高位，就不應當再張揚行事招人怨恨。倘有一差二錯，被刺史言官上奏朝廷，豈不是要連累一族人受難？」

他這樣講，曹鼎便無言答對了，憤憤道：「罷罷罷，地我不要了，莊園我也不修了！小小年紀輪到你教訓我了嗎？我不與你理論，等回京見了你爹再說！」說罷扭頭便走，行出去幾步又回頭道：「在外面想回家，回了家還不夠受氣的呢！不等後天，明天就走！早把你交給你爹，我也算了一樁心事，圖一個耳根清淨！」

曹操見四叔負氣走遠，才垂頭喪氣地站起來。

丁沖拍了他肩膀一下，打個酒嗝道：「你小子好厲害，我丁家姑娘就得嫁你這樣的！別苦著個臉，明天出發進京，一路上把你日常哄七叔的本事都拿出來，好好哄哄他也就罷了。走！為你餞行，咱喝酒去。秦大哥也一塊兒去！」

曹操無奈地點點頭，又見秦邵高興地向眾人連連施禮，也勉強擠出一點兒笑意。俗話說滴水之恩湧泉相報，曹操當時可沒料到，只因這一次仗義相助，日後秦伯南卻為報此恩，為他喪命！

重歸洛陽

回京的路上，曹操可沒少在四叔跟前費工夫，又是端茶倒水，又是捶腿揉背，使出渾身解數，總算是讓他消了氣。曹鼎消了氣，曹操也就鬆了口氣，總不至於見到父親就被告一狀了。

待到洛陽城，車入開陽門，曹操便覺得一陣暖流湧了上來。這是他幼年嬉戲的地方，車水馬龍的開陽門大街、繁華喧鬧的洛陽金市、莊嚴華貴的永福巷，離曹府越來越近，這一切都承載著四年來的思念，如此的魂牽夢繞。回家了……回家了……不知道自己的「驃騎大將軍」鑽到哪兒去了，不知道蔡瑁那些幼時的玩伴還在不在，不知道弟弟長高了沒有，不知道父親他老人家還恨不恨孩兒？

等到了曹府門前，曹操一切的憧憬幾乎都破滅了。雖然還是那條街、那個宅院，但已經面目全非了。狹窄的院門變成了青漆的光亮大門，曹嵩已經官居大鴻臚，位列九卿了。走進院子，所有的布置都變了，原先院子的圍牆已經換成了青磚，那些低矮的棗樹也已經換成了梧桐，房舍修繕一新，再也找不到當年的親切感了。僕婦家人看見他們的大少爺回來了，紛紛跑來請安，幾位曾經抱過他的婆子甚至拉著他的手落淚。曹操沒有叫大家稟告父親，跟著曹鼎逕自赴了書房。

果如曹操所料，父親正在書房裡翻閱竹簡。曹嵩還是老樣子，沒有發福也沒有瘦弱，臉上的皺紋也沒有多一道，就像四年前一樣，在那裡籌劃著他的仕途。那一刻，曹操產生了幻覺，彷彿被他責罵驅趕是昨天的事情。

「進去啊！」曹鼎推了他一把。曹操咽了口唾沫，亦步亦趨到案前跪倒：「父親大人，不肖兒回來了。」

曹嵩的注意力一直在文書上，猛然見一個大小夥子口稱「不肖兒」，也是一愣。他用力抿了一下嘴角，左半邊臉微微抖動了一下，終於歎了口氣：「唉……起來吧！」

隨著曹操站起，曹嵩仔細打量著四年未見的兒子。身高在同齡人中算矮的，身材倒是勻稱，白淨臉膛，元寶耳，濃眉大眼透出一絲精明，左眉有一顆朱砂痣，那是從小就有的；只可惜塌鼻梁把他的相給破了，再加上厚嘴唇，實在是談不上英俊。

「父子重逢，當慶賀一番啊！」曹鼎也笑盈盈跟了進來。

曹嵩沒搭茬，只道：「元景，有勞你了。」

「自家兄弟，莫說生分話。」曹鼎也不客氣，尋了牆邊一個坐榻歇著。曹嵩沒有再理睬久別重逢的兒子，向曹鼎問道：「老七如何？」

「還是老樣子，倔得像頭驢。」

「人各有志，也不能強求。」曹嵩沉寂了半晌，又微笑起來：「元景，你現在是平地一聲雷，陡然顯貴啊！」

「托了親家宋氏的福，比起大哥您還差得遠呢！這次還鄉我本想修一座莊園，可是……」說到這兒曹鼎似乎無意般掃了曹操一眼：「可是讓一個壞小子給攪了。」

曹操的心都提到嗓子眼兒了，急得汗都出來了，卻聽他父親冷笑道：「依我看攪得好，你要是修了莊園可就惹禍了。」

「哦？惹什麼禍？」

「你快要遭難了，還不知道吧？」曹嵩不知從哪兒摸出一串鑰匙把玩著。曹鼎一愣，隨即笑了：「還沒上任就要倒霉？大哥，你是拿我耍笑吧？」

「你不信？」曹嵩也笑了，起身從身後拉出兩隻上鎖的黑漆大箱子來，用那串鑰匙開了鎖。

霎時間，珠光寶氣自箱中迸出，曹操和曹鼎都大吃一驚。什麼瑾、瑜、璋、璜、琮、璧、瓊、玦，各式華麗的玉器堆了整整一箱。另一個稍大的箱子更了不得，翡翠彈棋、犀角酒杯、胡人陶俑、藤黃石雕、導引金人、馬踏飛燕、大棵的雞舌香，都是價值不菲的寶物。

「這……這是……哪來的？」曹鼎雖在吳郡斂財有術，又於進京路上得了不少饋贈，卻從未一次見到過如此多的珍寶器物。

「這都是在京各署台掾屬送給你的東西。你還沒來，就由我代為收納了。」

「還是京官肥呀！」曹鼎從箱中撿出一隻孔雀投壺來，把玩著道：「真想不到，我一個尚書竟然能受此禮遇。」

「你錯了，受此禮遇不是因為你加官晉爵，而是因為你是宋氏姻親。」曹嵩笑著拍了他的肩膀一下，「月滿則虧，水滿則溢。你能得到這麼多人的孝敬，可就離倒霉不遠了。」

曹鼎聽他這麼說，便把投壺一丟：「請兄長指教，弟願聞其詳。」

「考我朝故事，自從孝安皇帝以來，外戚、宦官多有爭執。當今皇上賴王甫、曹節等剷除竇武才得正位，閹人之勢盤根錯節、根深蒂固。想那扶風宋氏雖門第高貴，卻無寵而為皇后，自身不固，只有大舉提拔保舉親信，所以似你這等資歷的人物，才得以入省中供職。可是你尚未上任就先得此等饋贈，還想在家鄉修建田莊，這不是正觸在王甫他們的霉頭上嗎？」

曹鼎茅塞頓開，又覺得不對：「既然如此，兄長就不該代我收受這麼多東西。」

「你又見識短了。不收這些東西，那些巴結你的官員怎麼好安心呢？他們反過來還會咬你。」

曹鼎有些糊塗了：「那您說我現在該如何？」

曹嵩將兩個箱子蓋上，又掛上鎖頭鎖好，才道：「依我之見，這兩箱子東西你一件都不要動，索性連東西帶箱子都贈與王甫、曹節。只有買通這兩個閹人才可保平安。」

曹鼎面有難色，他實在有些捨不得這兩箱頂蓋肥的寶物：「可惜了。」

「可惜？不捨這筆橫財，你就得不了平安，弄不好還會連累到我。如今什麼年月，不給王甫、曹節送錢，官能坐得穩嗎？看長遠一點，以後來錢的道道還多著呢，不要因為這些流水錢財壞了前程。」

曹鼎一咬牙：「我聽你的。」

「這就對了！」曹嵩拉起曹鼎的手，把鑰匙塞到他手裡：「從今往後，我與王甫、曹節周旋，你和宋酆虛與委蛇，宦官和外戚都要顧及。咱們腳踏兩隻船！」

曹操瞧他們聊得投機，不聲不響起身出了書房。他覺得這四年裡父親一點兒都沒變，關心的僅僅是家族前程和仕途走向。如今身為大鴻臚，位列九卿，卻還是只想著職責以外的事情。加之方才他對自己愛答不理，更添了一分寒意，便不再聽他們說話，慢慢踱進了後院。

「帝高陽之苗裔兮，朕皇考曰伯庸。攝提貞於孟陬兮，惟庚寅吾以降。皇覽揆餘初度兮……」一陣悠揚的吟誦聲傳來，是屈原的《離騷》。曹操駐足傾聽，那華麗的辭藻加之抑揚頓挫的聲音實在是美，一定是弟弟！他順著聲音去尋，果然到了弟弟房前，還是當時兄弟倆共住的那間房。

他探手揚起紗簾觀看。曹德正背對著他搖頭晃腦讀書，似乎聽見些動靜，把書一撂，頭也不回抱怨道：「怎麼連老規矩都忘了？我讀書的時候任何人不許進來干擾！有事一會兒再講。」

曹操一笑，心道：「還是這等怪脾氣，準是把我當成下人了。」他也不說話，邁步走了進去，接著弟弟的詞句吟道：「皇覽揆餘初度兮，肇錫餘以嘉名：名餘曰正則兮，字餘曰靈均。紛吾既有此內美兮，又重之以修能。」

曹德詫異地回過頭來。曹操發覺他長大了，四年的光景，這個小胖子已經出落得一表人才了，相貌實比自己俊美得多。見他未認出自己，又說：「德兒，四年不見，你好比那屈原，可謂內美修能啊！」

曹德眼裡頓時閃出了淚光，喜出望外地道：「你是……阿瞞？」

「嗯。」

曹德一頭撲在他懷裡：「哥哥啊……你可回來了……德兒做夢都想你。爹爹他好狠心啊……你總算回來了……」說罷便泣不成聲了。

曹操拍著弟弟的背，也流下了眼淚。這一刻他總算是確定到家了，真的到家了……

第四章

在酒桌上結識袁紹

俗務擾夢

當曹鼎一把掀開被子的時候，曹操還呼嚕陣陣做他的春秋大夢呢！

曹鼎可管不了許多，一把揪住他的耳朵，使勁兒一擰。

「哎喲喲……」曹操立刻睜開了眼睛，疼得差點兒蹦起來，「鬆手，快鬆手！」

「呸！什麼時辰啦？太陽早他媽曬屁股了，德兒都念過書了，你還在這兒欣賞枕頭呢！真等著你爹賞你兩嘴巴嗎？快穿衣服！」

「我起啦我起啦！鬆手！鬆手！」

曹鼎卻沒有鬆開的意思，反而憋著笑道：「快起！今天有事兒交代你去辦。」

「鬆手！只要您鬆手，您說什麼我辦什麼！我服啦，服啦！四叔您快鬆手吧！」

曹鼎這才撒開手，捂著肚子笑出聲來：「哈哈哈……瞧你那狼狽樣兒，哪兒還像個官宦人家的子弟？快穿衣服，別不嫌害臊了。」

「還說我不像官宦子弟，您也沒個長輩的樣兒……」曹操哼哼唧唧地咕噥了一陣，打了個哈欠，瞇著眼信手在榻邊摸索衣裳。這會兒他腦子裡亂著呢，想的還是昨晚和弟弟對弈的棋局。就算早起又有什麼意義呢？回京將近一年了，曹嵩根本沒有讓他辦事的意思。他瞇著眼睛抓來抓去，好不容易抓過衣裳就往身上套。

「嘿！你幹嘛呢？弔孝穿錦繡的衣服？想叫人家打出來啊？」

「弔孝？給誰弔孝啊？」曹操又打了個哈欠，揉揉眼睛。

「胡廣昨晚上薨了，現在滿朝文武都忙活著發喪弔孝呢！」

曹操磨磨蹭蹭又把錦繡衣裳脫下來，嘴裡吭唧著：「什麼老殺才？他死不死關我什麼事兒，我又不認識他，非得叫我去弔孝，攪了好夢……爹不想去，四叔您辛苦一趟不就成了嗎？」

「我是我，你們爺們是你們爺們，不在一條船上，別往一塊兒摻和。」曹鼎看他彆彆扭扭怪有意思的：「你還不著急，你爹可在前堂等著你呢。可是他吩咐叫你去的！」

「真的？」曹操一愣。

「這還有假？他嗔怪你還不動身，讓我來催你。」

這句話一出口可熱鬧了。爹爹生氣那還了得？只見曹操嚇得一猛子蹦起來，好歹把鬆開的髮髻攏了攏，慌裡慌張拿衣穿袖，急得像熱鍋上的螞蟻。直裾的中衣拿過來，慌得兩條腿就往一個褲筒裡伸，「咣當！」摔了個大馬趴。

「哈哈哈……」曹鼎笑得肚子疼，心中卻想：「大哥做事也太過分，生生把兒子扔給別人四年，這心腸實在是硬得可怕。」

曹操也顧不得摔疼了沒有，趴在那裡又蹬又踹把中衣套好，又叫小廝幫他梳頭。有什麼主子就有什麼奴才，小廝這會兒也慌神了，木梳拿在手裡顫顫悠悠怎麼攏也攏不順溜。他也管不得許多了，匆匆忙忙就把簪子別上了，躋上履，也沒淨面，橫起袖子往臉上抹上一把，拉著曹鼎就往前堂奔。

曹嵩在京師的府邸，原是老內官曹騰的休沐（休假）宅邸。從那時候起，該府邸就承載著特別的任務——宦官與部分外臣互通消息的場所。後來曹騰過世，曹嵩為官又延續了這種做法，今早在座的侍中樊陵、議郎許相便是這裡的常客。雖然幾年前他們的聚會因為竇武的干擾停滯了一段時間，但現在早已經風平浪靜。

「聽聞段熲入京師為官，是得巨高兄提攜，想必您此番得了不少實惠吧？」樊陵胖墩墩的，一臉紅潤，說話的時候總帶著頗為自然的微笑，所以這廝的官場諢號叫「笑面虎」。與他形成鮮明對比的是坐在身邊的許相。那個人修眉長鬚相貌不俗，但素來不多說話，只靜觀別人言語，他的諢號叫「不開口」。

「笑面虎，你少提這些沒用的。」曹嵩對樊陵十分熟稔，說話頗為隨便：「有事快說有屁快放，別瞎耽誤工夫。」

「曹兄好直率！」樊陵還是不忘奉承一句：「我想到一件好事不敢自專，特意來請你們二位出頭。」

「哦？好事？」曹嵩來了精神兒。

「如今皇上的位子穩了，竇太后也被軟禁多年，我想上疏請皇上的生母入宮再掌中事。」樊陵得意地說：「怎麼樣？兩位一同和我上這個奏章嗎？」

曹嵩聽了微然一笑。好個滑頭的笑面虎，這獻媚取寵的辦法都想絕了！皇上年紀尚小，無依無靠自然想親娘，見著了娘能不念他笑面虎的好嗎？而且皇上的生母慎園貴人董氏一旦入主禁宮，也要感激他——這就叫兩頭兒買好！將來皇上、太后做後盾，他樊某人能不升官嗎？虧他想得出來，不過這件事……

「不好！」不開口的許相卻突然開口了。

「為什麼？」樊陵不解。

許相卻不肯講出理由：「要幹你自己幹，我等著給你買棺材。」

樊陵一臉迷惑。

「你這人也是！多說一句能害死你？告訴他又怎麼了？」曹嵩明白了許相的想法：「笑面虎你想岔了，這事兒咱們絕對不能幹。王甫、曹節扳倒竇家才幾年的光景，抱著皇上還沒熱乎呢，你公然倡議再弄一個太后來，這不是要給他們找婆家嗎？這事兒要辦，也得王甫、曹節自己辦，這個好得他們自己買。別忘了竇太后還活著呢，又沒有明詔廢后。你光想著升官，惹惱了王甫，他扣你個『訕謗太后，妄尊藩妃』，你滿門的腦袋就都搬家啦！」

「哈哈……可能是我脖子癢癢了吧！算了，這事就當我沒說。」這就是樊陵的過人之處，無論心裡怎麼想，臉上的笑是始終不變的。「咱還說眼前的吧。如今胡廣那老滑頭這一死，可就再沒有人為王甫、曹節兩個人抹稀泥了。我看他們倆貌合神離，早晚要生分。到時候咱們是保王還是保曹？」

「保王也好，保曹也好，總得走著看，看誰能給咱們……」

話說到這兒，只見曹操慌裡慌張跑了進來。不知是被門檻絆了一跤還是沒站穩，一趔進屋就摔了個大馬趴，他靈機一動順勢跪好，忍著痛強笑道：「孩兒拜見父親。」

曹嵩見兒子慌慌張張一副狼狽相，而且旁邊還有兩個同僚瞧了個滿眼，心裡很是光火，又不好當眾發作，只訓斥道：「慌裡慌張像什麼樣子！眼睛裡面沒人嗎？還不快給兩位大人見禮？」

曹操這才發覺樊陵、許相一臉尷尬地坐在客位上，忙施禮道：「姪兒給二位大人見禮。」

曹嵩還沒來得及說話，卻聽樊陵插了話：「賢姪，你抬起頭來。」

「啊？」曹操莫名其妙抬起了頭。

樊陵憋不住「噗哧」一聲笑：「我的姪兒呀！你天天就這麼梳頭嗎？還不打盆水照照去！」

曹操這才發覺，一大綹頭髮根本沒梳起來，鬆鬆垮垮在耳朵邊上耷拉著。曹嵩的臉早臊得跟大紅布一樣：「不成器的東西！滾！到院子裡跪著去！」

「巨高兄何必生氣呢？」許相趕忙打圓場：「賢姪匆忙跑來必定有急事，你當著我們的面管教兒子，我們臉上也不好看啊！」

「是是是。」樊陵也收住了笑。

曹嵩乜斜了兒子一眼。真不知道這小子是怎麼回事兒！小時候雖固執頑劣，但相貌可愛，骨子裡還透著些靈氣，如今大了，那點子聰明勁兒都哪兒去了？老七這四年究竟怎麼替我管教的，且不說散漫無狀，相貌也越來越平庸。人皆言少年俊秀的人長大了便不如意，想來此言非虛……他心裡跟吃了蒼蠅一樣不痛快，又不好駁樊陵、許相的面子，悻悻道：「若不看二位大人的面子，今天非教訓你不可。」

「諾。多謝二位大人。」曹操說完後，連忙把那綹子頭髮掖到耳朵後面。

「你大早晨無緣無故跑到客堂來幹什麼？」

聽爹爹這一問，曹操跪在那裡可懵了：「不是你叫我來的嗎？」忙順著腋下回頭瞅了一眼站在外面的四叔，見曹鼎這會兒捂著肚子樂得跟個彎腰大蝦似的，才明白自己又被他戲耍了。

「我問你話了，東張西望什麼？」曹嵩氣哼哼拍了一下桌案。

「孩兒……孩兒聽四叔說……」這事兒可怎麼學舌呢？當這倆外人的面把這等玩笑的事情道出來，不但失面子，還照舊逃不了一頓罰跪。

「快說！別吞吞吐吐的，礙了我們的大事。」曹嵩不耐煩了。

曹操眼珠一轉已然打定主意：「剛才聽四叔說當朝太傅胡公病逝，我朝少一忠厚老臣，孩兒不勝……不勝悲痛……」這違心話真牙磣，「所以趕來向父親請命，孩兒要去胡府弔喪問候。」

「哎呀，這孩子有心呀！」樊陵一拍大腿。

曹嵩的火氣慢慢消了，點點頭：「嗯……這還像句人話。胡公乃我朝幹國棟梁，論情論理你是該去見個禮。不過胡公府上是頗講禮數的，你到那裡要言行得體，即便遇見朋友也不可胡亂聒噪。不早了，要去就趁早準備吧！」

「諾。」曹操起身規規矩矩打了個躬：「小姪向二位大人告假。」

「嗯，懂規矩。」許相連連稱讚：「巨高兄果然教子有方。」

曹嵩長出一口氣：總算是沒給我丟臉。

曹操也長出一口氣：總算是對付過來了。他謹謹慎慎退出客堂，出去老遠，直走到聽不見客堂裡說話聲，才一把揪住跟在後面兀自大笑的曹鼎：「四叔啊！沒有您這樣開玩笑的，要出我一身汗來！」

「挺好，挺好！」曹鼎雙挑大拇指，「你小子腦子還真快！快準備東西往胡府去吧。」

「我還真去給胡廣那廝弔孝？」曹操滿心不痛快。

「令你都請下來了，不去成嗎？」

「您算是把我算計苦了。」

「誰算計你了？我聽得清清楚楚，你自己要去的。」曹鼎訕笑道。

「我不那麼說行嗎？」曹操白了他一眼。

「瞧你那一臉倒霉相，還跟我抻脖子瞪眼！我如此行事也是為你好呀，成天跟一幫狐朋狗友廝混個什麼勁兒？你也多走動走動官宦人家，今兒要是碰上別家的子弟，多與其盤桓盤桓，也套套交情。以後出仕做官有用的哩！」

曹操無可奈何地點點頭。出仕做官？在他腦子裡那還是八百年後的事兒呢！如今四、五十歲舉孝廉的有的是，家裡又不是揭不開鍋，這麼早往官場鑽，有什麼意思呢？再說這等家世為官又豈能有什麼好名聲？做個瀟灑公子暢遊吟詩，豈不更美？

「四叔，我要是回來得早，咱找幾個小廝蹴鞠如何？」

「你這腦子裡就知道玩呀！德兒這會兒都能做長篇大賦了，你也多留心些功課吧！」

「我現在正讀孫武子十三篇呢！」

「讀了多少遍了，還能有什麼長進？想上戰場也得輪得到你呀！兵法倒也是門學問，不過這經籍詩書……」

「行啦行啦！」曹操一擺手不叫他說了，「姪兒記著用功就是了。哪個叔叔見了都說，耳根子都磨出泡來了。」

曹鼎也沒計較，拍了他一下：「行，孩子大了有主見，我不說了。你去準備東西吧，我跟樊陵、許相他們還有事情要談。」

「一個『笑面虎』，一個『不開口』，再加上您，這名聲好的官兒都湊一塊兒了。」

曹鼎聽他這樣戲謔，無奈地笑了笑，卻瞧他怏怏往後宅去，問：「嘿！你倒是置備弔喪之物呀，還幹什麼去？」

「幹什麼去？穿襪子去！大早晨就誆騙我一頓，急急忙忙的，我連襪子都還沒穿呢！」

同病相憐

曹孟德面對滿桌爽眼的菜餚，卻還是提不起興致來。一大早就被叔父攪了好夢，打發出來往胡府弔喪。到了胡府，人又多氣氛又亂，官員、士大夫還有那些百無聊賴的各府掾屬們，打著官腔、說著空話，他從心底感到厭惡，只想把這頓飯快快打發了，趁早回去和四叔蹴鞠。

胡廣字伯始，身經安、順、沖、質、桓、靈六朝，只因在孝順皇帝議立梁皇后的事情上有功，受到梁氏青睞而飛黃騰達，染指公臺三十餘年，把太尉、司徒、司空當了個遍，還在陳蕃死後被尊為太傅，終年八十二歲。屈指算來，縱橫官場五十五載，宦海沉浮之間唯他巍然不動。但這個人也是官場滑頭的典型，素無剛性、秉性圓滑，一直在皇帝、外戚、宦官、黨人各方勢力之間抹稀泥，施展他的中庸之道。民間有諺：「萬事不理問伯始，天下中庸有胡公」，可窺一斑。如今他死了，諡封為文恭侯，並賜葬原陵，滿朝官員都礙於他聖眷極高，前來弔唁。

少時喪禮已畢，胡府又張羅著留所來官員及子弟親屬們用飯。曹操來得憋屈，抱著不吃白不吃，吃罷抬屁股回家的心思，也入了席。因為他沒有入仕，只得在院中的几案就座。可就是這院中的席位也分三六九等：公侯子弟及經學世家子弟在最前面列席，然後是九卿郡守子弟，再後面才是諸郎官、地方清流以及部曹從官的親屬。曹操因為父親榮任了九卿之一的大鴻臚，所以也被請上了二等席位。

他原本還興致勃勃的，但坐下後就有點兒後悔了——附近沒有一個熟人，那些陌生的公侯子弟，又怎麼會主動張口向他這個宦豎遺醜打招呼呢？現在算是體會到父親當年的尷尬了。

這時幾個僕人伺候著一位衣著不凡的青年公子走了過來。曹操抬頭一看：此人生得身高八尺、肩寬體壯，頭戴黑色通天冠，身穿青色蜀錦深服，腰繫嵌玉繡邊的金線絲帶，足蹬厚底黑色雲履，一身裝扮頗顯莊重素雅。細往臉上觀看，其人生得寬額白面，一對又粗又濃的眉毛直入鬢角，雙目炯炯大而有神，鼻直口闊，大耳朝懷，齒白唇紅，微微三綹細鬚——好一位英俊秀麗人物！

曹操一愣：這不是袁紹嗎？他怎麼也被讓到次席來了？

這汝南袁氏可非同尋常，乃代代研習《孟氏易》的經學世家。袁紹的高祖父袁安是章帝時期的司徒；曾祖父袁京為蜀郡太守，袁敞得梁冀信服曾任司空；他祖父袁湯又擔任過太尉——算起來袁家已經連續三代位列三公了。袁紹之父袁成英年早逝，他現隨叔父生活。如今兩個叔父袁逢、袁隗在朝中也炙手可熱。

按理說袁氏乃經學世家，又屬三公之後，應當居於頭等席位，袁紹怎麼會坐到他身邊呢？

「能與本初兄為鄰，小弟三生有幸！你近來可好啊？」曹操與他本不熟，僅是點頭之交，但今天既然坐到身邊就難免得客氣一番。

「是孟德呀！好好，不過我這人生來運道就差一些。」袁紹陰沉著臉不冷不熱地說。

曹操聽這分明是話裡有話，一頭霧水，不知他是怎麼了。莫非恥於與自己坐在一處？但又一琢磨，袁氏為人甚是和善，講究禮儀，斷然不會公然取笑他人，因而問道：「怎麼了本初，你心情不好嗎？」

「怎麼會呢？好得很，好得不能再好啦！我又不是什麼正正經經的袁氏後人，怎麼配鬧情緒？」袁紹越說越叫人不明白。

曹操聽這話頭不對，便不好再和他說話了，只管拿起筷子吃自己的菜。沒滋沒味地挾了兩筷子，卻見袁紹乾坐在那裡菜都不碰一下，只是怒氣沖沖望著那邊的頭等席位。曹操覺得好笑。這袁本初平日為人倒也大度，沒想到今天卻為沒坐到頭等席位生氣，可見也是小心眼兒的人！

「孟德！」袁紹突然開口了：「你認識我那個兄弟嗎？」

「哦？」曹操從沒聽說過他有兄弟，順著他手指的方向望去。只見頭等席位中有一案前坐著兩個人：一個是袁逢的長子，現任議郎的袁基，另一位是個與自己年齡相仿的消瘦的年輕人。

「就是那個瘦得像骷髏的小子。」袁紹竟然這樣形容自己的堂弟。

「不知令弟怎麼稱呼？」

「袁術袁公路，他可與我不同，乃是地地道道的袁門後人！」袁紹這話陰陽怪氣夾帶諷刺。

曹操這才意識到，袁紹的堂兄和堂弟都坐在頭等席位，偏偏只有他一人坐在這兒。

「你怎麼不和他們坐在一起呢？」

「坐在一起？」袁紹冷笑一聲，「我配嗎？」

「怎麼了？」

「剛才胡府家人招呼我們就坐，就剩下那一席的兩個位子了。我剛要坐，我那好兄弟竟把我推到一旁，當著僕人的面兒說：『人家要招待三公子弟。你不過是袁家小妾所養，又是過繼之人，算什麼正正經經的袁氏後人？』你聽聽，這還是人話嗎？我那大哥也不管教他，還勸我息事寧人坐到這兒來，真是欺侮我這個死了爹的！」說著袁紹差點兒掉下眼淚來。

曹操見他動了心事，忙解勸道：「本初兄莫難過，公路兄弟也許是句戲言而已。」

「戲言？平日裡不知擠對了我多少，住在他家裡，連多吃一口飯他都要計較！真是一點兒情面都沒有，我爹爹要是活著他敢這麼作踐人嗎？」曹操聽他這麼一說也有些動情：他沒爹我沒娘，都是一樣的苦。又望了一眼坐在上面的袁術，那袁術天生面黃肌瘦，又長著一副容長臉，細眉塌鼻，尖嘴猴腮，雖然服色穿戴與袁基、袁紹一樣，卻一點兒名門之後的風度也沒有，坐在那兒嬉戲說笑，叫人看著不喜。同是一家人，竟有這樣的天淵之別。料他們是叔伯兄弟，也不好說什麼親疏遠近的話，乾脆笑了起來：「本初呀本初！人都說你機靈，我今兒才看出所言非虛。」

「此話怎講？」

「你連哭都會找地方呀！這弔唁的席上落淚，知情的明白你是哭家事，不知道的還以為你哭的是胡廣呢！」

「嗐！」袁紹被他逗得破涕為笑：「我才不哭他呢！」

「哭誰不是哭？好歹他也是位列公臺、榮加太傅的人。」

「榮加太傅？論才幹不及橋玄，論名望不及我祖父，論人品更跟陳蕃差之千里！他這個太傅說著都牙磣。」經剛才的一番說笑，袁紹的語氣親近了不少。「孟德，有時我在想，世風之下，官員明哲保身，現在的士大夫以何為要呢？」

「這個……」曹操覺得這個問題似乎太深奧了，即便自己再閒也不會去想，隨口道：「事君以忠，待民以仁。」

「我不是這個意思。我是說，文武相較，哪個更重要呢？」

「小弟愚鈍，本初兄有何見解呢？」

袁紹放下筷子：「我朝自光武帝中興以來經籍盛極，雖武人也多近儒術。僅論雲臺眾將：鄧禹善誦《詩經》，受業長安；寇恂修鄉學，教授《左氏春秋》；大樹將軍馮異通《左傳》、《孫子》；膠東侯賈復熟讀《尚書》；耿弇知《老子》之道；祭遵乞資學經、投壺為樂；李忠好禮易俗；劉隆遊學長安……」

曹操聽他如數家珍地列舉著雲臺二十八將[①]的事蹟，心裡已經歎服：這人如此精通本朝名將史事，莫非有意效力疆場？

「所以武者亦文，所為守業，這樣息兵事也可治理民政、宣揚教化。所以武者修文至關重要，上繫國之安危，下關身之榮辱。反之文人也應通武事。」一番有理有據的言論戛然而止，至於通武的用處他卻絕口不提了。

「聽本初一論受益匪淺。」曹操原本只是覺得袁紹風度瀟灑，這會兒才意識到此人見識非凡，補充道：「馬援棄學隨軍、班超投筆從戎，皆成一代俊傑！」

「所以我最近在研習兵法，以備不時之需。」

「哦？」曹操對他真有點兒知己的感覺了。他已經於兵法一道諳熟於心了，但與袁紹不同，他當年學兵法為的是淘氣打群架，現在再讀不過是圖個消遣罷了。

兩人的距離不知不覺間拉近了許多，說話也不那麼客套了。他們從兵法聊到西北的戰事，從游獵騎術談到朝中好武之人，從家族瑣事說到世態炎涼。一個本宦豎遺醜遭人冷眼，一個乃侯門孤子飽受欺淩，同病相憐，惺惺相惜，彼此間皆有了點兒相見恨晚的感覺，後來乾脆以兄弟相稱了。

等宴席已畢，袁紹也不願去尋袁基他們，拉著曹操的手一個勁兒地說：「孟德老弟見識非凡，人不可貌相呀！日後請常到我家裡來聊聊，我那裡常有幾位朋友，可以介紹給你認識。」曹操連連點頭。

他們倆邊說邊走，就邁出了胡府的大門，只見外面車水馬龍，大大小小的官員各自散去。他二人的家丁小廝皆在遠處，在擁擠的人群裡堵了半天，才尋到為袁紹牽馬的家人。

袁紹來至近前翻上馬身，又拱手道：「今日還另有他事，暫且別過，孟德改日有空一定來舍下盤桓。」說罷打馬要走。

「本初，且慢！」

意想不到的事情出現了，為袁紹牽馬的家丁竟然插了話！自古沒有主家與客人談話僕人一旁插嘴的道理，更何況他竟還直呼主人的表字。曹操愣住了，袁紹也是一驚。只見那家丁伸手一把抓住了曹操的佩劍：「青釭劍……青釭劍……」

「你怎麼會識得我這把劍？」

---

① 雲臺二十八將，指的是漢光武帝劉秀麾下助其一統天下、重興漢室江山的二十八員大將。漢明帝永平年間，明帝追憶當年隨其父皇打下東漢江山的功臣宿將，命繪二十八位功臣的畫像於洛陽南宮的雲臺，故稱「雲臺二十八將」。後世民間傳說，雲臺二十八將對應上天二十八星宿，是天上的二十八星宿下凡轉世。

「賢弟啊，」那人顫顫巍巍道，「你不認得愚兄了嗎？」

曹操這才仔細打量這個家丁。只見他形容憔悴、面色枯黃，但眼神中流露出一種特別的氣質。這種感覺似曾相識，那是在五年前一個漆黑的夜晚……

「伯求兄！是你嗎？」曹操簡直不敢相信自己的眼睛，這個衣著樸素、形容猥瑣的家丁，竟然是那個當年英俊瀟脫、才氣出眾、受人敬仰的何顒！他因闖宮失敗負罪而逃，得曹操相助逃離京師，不過才五年，當初的桀驁英氣全然不見，變得如此滄桑愁苦，方三十歲鬢角已經有不少白髮了。更奇怪的是，他怎麼會當了袁府的家丁呢？

「愚兄這些年一直記掛著你啊！」何顒感歎了一聲。

袁紹見他倆相識，趕忙下馬道：「二位切莫多言，這裡耳目眾多，萬一被人認出就麻煩啦！你們隨我來。」說著把轡繩拉過，若無其事背手便走。何顒低頭牽馬，小心翼翼地跟著。曹操這會兒才明白，原來袁紹早知道他是誰，故意將他改扮家丁掩人耳目。想至此，也顧不得自己的馬匹小廝了，隨著他們走下去。

藏匿逃犯有罪，而藏匿何顒這等被朝廷緝拿的黨人重犯，更是涉嫌謀反的大罪，搞不好就惹得抄家滅族。

這個時刻，袁紹最難辦，眼見他二人相識，需找個地方敘談敘談。但若在大街上太過張揚惹眼，酒肆之處難免隔牆有耳；有心回府，曹操又沒去過，進門引薦寒暄必定是場麻煩。也虧他心思細膩辦法高，帶著兩人繞了兩圈，索性由北邊出了洛陽城。

洛陽北臨穀水邙山，城外幾乎沒什麼行人民宅。三個人直行到渺無人煙的地方才止步。何顒早就忍耐不住，對著曹操撩衣便跪：「恩公在上，受何某一拜。」

「折殺小弟了！我可擔當不起。」曹操趕忙攙起，道：「兄長無礙便好。」

袁紹這才明白：「早就聽伯求兄言道，當年他賴一少年俠士相助才得脫虎口，原來就是孟德啊！愚兄佩服佩服！」

「本初兄說得哪裡話來？敢將伯求兄帶在身邊，在洛陽城大街上招搖過市，小弟佩服你才是！」

「咱們坐下講話。」何顒一手拉一個，席地而坐，緩緩道：「二位賢弟都是我的恩人，何某人有一日大仇得報，定不忘你們的恩德。」

曹操這才發覺五年未見，這個何顒竟還是傻乎乎的，說話還是那麼慷慨激昂：「何兄無須客套。這幾年您一直在袁府冒充家丁嗎？」

「哈哈哈……」袁紹笑了：「伯求兄何等人物，豈能再屈尊我府與那等下賤奴才為伍？這些年他輾轉河北聯絡義士，又在東平張孟卓處寄居了一陣子。」他所言張孟卓，名張邈，素好結交朋友，因為揮金如土仗義疏財，名列黨人「八廚[②]」之列。

何顒卻不無神傷道：「愚兄我實在是無能的廢物！進不能捨生取義與眾兄弟共赴死命，退不能扭轉時局為大家報仇。只落得苟且偷生、殘喘度日，想速求一死，又有何臉面見九泉之下的陳老太傅？我好恨吶！恨王甫、曹節這幫誤國害民的歹毒閹賊，恨胡廣、段熲那些諂媚宦官寡廉少恥的小人！胡廣老兒死得好，他早就該死！」最後這兩句幾乎是咬碎鋼牙喊出來的。

曹操沉吟道：「何兄此番冒險回來，意欲有何作為？」袁紹多少還是不太信任曹操，忙道：「何兄回來見一見故友罷了。」

「本初忒小心了！孟德對我有活命之恩，他要是想賣我，當初追兵迫命時就把我賣了，哪會有

② 《後漢書・黨錮傳序》：「度尚、張邈、王考、劉儒、胡毋班、秦周、蕃向、王章為『八廚』。廚者，言能以財救人也。」

今天？」何顒白了袁紹一眼。「實不相瞞，我此番回京是要聯絡太學的各位賢弟，大家聯名上書保奏黨禁之人。」

「何兄已有成算了？」

何顒點點頭：「現今皇上已經親理政務，想必有意振作朝綱，借著這個勢頭定可以剷除閹人。」

對他這種觀點，曹操可不敢苟同。大漢皇帝自肅宗章帝以下皆是幼年即位，長於深宮之中、養於婦寺之手，連連積弱，並不能摒棄宦官、外戚的控制。近百年來只有孝順皇帝獨斷乾綱，惜乎早亡，後即者又受控於閹人、外戚。指望這樣的皇帝們怎麼能成事？但曹操瞧何顒、袁紹都是信心滿滿，也不好潑他們冷水，只道：「此事何兄還要慎重，成則可，不成還需速速離京，免生後患。」

何顒將胸口一拍：「保奏若是不成，我就潛入皇宮，手刃王甫、曹節、張讓這幫狗賊！」

「刺殺？」曹操著實嚇了一跳。「皇宮之內羽林層層，何兄豈能以身犯險？」

「不入虎穴焉得虎子！況且我還有友人在宮中策應，既然當年我能逃出來，就能再溜進去。」

袁紹也勸道：「刺殺之舉有駭視聽，一旦失手不但何兄殞命，上下牽連受害者必多。伯求兄還要三思呀！」

何顒無奈地搖了搖頭，歎道：「我能等，只怕有些人命在須臾，不能再等了。」

「哦？命在須臾？」曹操心中一凜，與袁紹對視了一眼。

「我自河北而來，聽吏民私下傳聞，王甫那廝向勃海王劉悝勒索賄賂。想那勃海王爺乃是先帝同胞，又廣有賢名，怎肯諂媚小人。王甫又派人至河北，羅織王爺的罪狀，要以交通諸侯之罪將其置於死地。」何顒恨得咬牙切齒：「王甫這千刀萬剮的閹狗，迫害士人還不夠，又要戕害宗室。不殺此賊天下不寧！」

他說出這件事情，曹操、袁紹都嚇了一跳。朝廷受閹人左右雖有數代，卻從未有一個宦官跋扈到陷害宗室王爺，王甫的罪惡已過前人。

「既然如此，小弟願助一臂之力！」袁紹立刻表態。

「我也願效犬馬之勞。」曹操一時衝動也跟著附和。

「不可！」何顒連忙擺手，「本初乃是公門之後，孟德一家現又得閹人信任，二位賢弟皆是前程似錦。萬一愚兄遇難，洗雪黨人冤枉的重任，就要落到你們這些人肩上！我不過是亡命徒一個，而你們不一樣。日後還指望你們入仕為官，匡正社稷，怎能與我共同赴險呢？」

這麼一說，二人便不好再請纓了。曹操解下青釭劍道：「小弟本才智平庸之輩，不配擁有此劍。懵懂無知之時受賢兄信賴，將其暫留五載。如今正當物歸原主，助你手刃國賊！」

「孟德，當年若不是你仗義相助，焉有兄長我這條命在？我已將它送與你，你就無須推辭。英雄出於少年，你若自稱不配此劍，天下哪個能配？」

曹操第一次聽到別人稱自己為英雄，心裡美滋滋的。

驚弓之鳥

曹操與袁紹、何顒計議良久，才各自分別。他速速往胡府尋到自己的馬匹回家，路上緊趕慢趕，總算到家不晚。剛邁進院子，又見曹鼎正要離去，連忙一把拉住：「您可不能走，一大早把我折騰起來，可得陪我和德兒蹴鞠以表補償！」

曹鼎齜牙一樂：「好吧，今天也沒什麼公務，玩玩倒也無妨。但你小子不要急，按老規矩先去見你爹。」

出門回來先要彙報所見所聞，這是自家鄉回來後曹嵩新給他定下的規矩。他當年因為藏匿何顯，被父親禁在家鄉四年。有了這麼慘痛的教訓，自然說話有了隱諱，與何顒相見之事絕口不提，只把弔喪事情和席間的談笑稍稍交代。

曹嵩聽聞他跟袁氏的人攀上了交情，樂得鼻涕泡差點冒出來。他雖位列九卿，卻素來不以德才著稱，官場交際實際上步步維艱，像袁家這樣的公門大族更是巴結不上。萬沒想到兒子青出於藍，與袁紹套上了交情。他心裡高興，臉上卻故意矜持：「你能和袁紹混熟是件大好事，只是有親有疏就不好了。那袁術也是袁門之後，以後見面也不能少了禮數，人家兄弟間的恩怨，你切不可糾纏其中。今天你替我弔喪辦得還可以，有勞了。」

曹操起初還提心吊膽的，後來聽到「還可以」三個字心中已是狂喜。分別四年爺倆的感情已經有了裂痕，回京一年以來「還可以」已經是對他最高的評價了，更何況今天從父親口中居然道出了「有勞」二字，這簡直是做夢都夢不到的事。

曹鼎卻不以為然，大大咧咧端起一碗水，慢慢咂摸著道：「好了好了，什麼要緊的事兒呀！你們爺們還至於這麼認真。你曹巨高小時候幹什麼事何時向你爹稟報過？不會當小子，反倒會當老子了！」

曹嵩臉上紅一陣白一陣，兄弟當著兒子面揭他的老底，實在是尷尬。他呵斥道：「你曉得什麼？我是想知道今天大家都在議論什麼，有沒有什麼要緊的動向。」

「喪禮上還能聽到什麼大事呀！」曹鼎笑呵呵道：「阿瞞，德兒，咱們蹴鞠去。」

曹操腦子一轉：王甫意欲戕害宗室之事何不順便說說，或許他們能設法回護勃海王爺也未可知。便又稟道：「父親，四叔，若說大事，還真有一件。」

「哦？」曹嵩倒挺重視，「什麼事？」

「孩兒在喪禮上聽聞，中常侍王甫勒索賄賂不成，意欲羅織罪狀迫害勃海王……」

這句話未說完，只聽「啪」的一聲，曹鼎手中茶碗落地，臉色霎時慘白。

「四叔您怎麼了？」

曹鼎低頭不語，曹嵩也笑意全無，喝問道：「你此言當真？確定是勃海王爺，劉悝？」

「孩兒親耳聽到，不會有假。」

曹鼎騰地站起來，怒沖沖一把抓住曹操的衣襟：「你聽誰講的？」

「我、我……」

「你他媽聽誰講的？快說啊！」

曹操本就虧著心，自然不能道出何顒，含糊道：「那兩個官員我也不認識，好像是……好像是從河北來弔喪的外官。」

「我問你他們是誰！」曹鼎咆哮道。

「姪兒真的不知道。」

曹鼎撒手用力一推，將曹操重重摔在地上。

「你拿孩子撒什麼氣？」曹嵩這會兒想起護犢子了：「孟德，我和你四叔有要事相商，你回房去，順便把門關上。」

「諾。」曹操不敢再看曹鼎一眼，匆匆走出書房把門關好，卻沒有離開，蹲在窗下偷聽他們談話。

只聽曹鼎急急渴渴道：「這下可要出大亂子了。勃海王妃宋氏是宋酆的親妹妹，說是向勃海王發難，其實是衝宋家來的！」

曹嵩卻另執一詞：「我看這也未必，王甫的確向劉悝索要過賄賂，劉悝不給他面子。王甫挾恨報復也是有的，這事兒不會鬧大的。」

「你想得太簡單了！宋后無寵而居中宮，張讓、趙忠前不久又舉薦了一個何貴人，他們是要翦除宋家勢力，進而更換皇后。」

「我看是你想多了。那何氏不過是屠戶家出身，其母又曾改嫁，這樣的家世豈能當皇后？你不要疑神疑鬼，這些話都是風聞，不一定就是實情。」

「還不是實情？」曹鼎很激動：「都從勃海嚷嚷到洛陽了！你抱著王甫的粗腿自然不著急，我可在宋家的船上呢！要是鬧出廢后的事情，宋家弄不好就要族滅，到時候我跟著死無葬身之地，你也好不了！」

「你瞎嚷嚷什麼？都是自家兄弟，誰願意你倒霉？從劉悝到宋妃，到宋后，再到你，中間隔著好幾層呢！你不會有牽連的，誰能治你什麼罪呀？」

「你這話去哄騙三歲頑童吧！欲加之罪何患無辭？這等事情牽連最快，一旦屬實，禍在須臾之間。我正值壯年，可不想早早中箭落馬。」

曹嵩也被他鬧煩了，冷著臉道：「好啦！好啦！你跟我喊有什麼用？一會兒叫老二也來，咱們仨好好想想對策。實在不行，再給王甫、曹節塞點兒好處。」

「這不是錢不錢的事兒，要是皇上從心眼裡打算廢后，誰也幫不上忙，說不好王甫還是順著皇上的意思辦的呢！」曹鼎依舊氣哼哼的。

「那你說怎麼辦？」

曹操蹲在外面聽他們爭吵，心中一陣陣反思：「天下正義之士無不對宦官、外戚干政痛心疾首，可我曹家卻還抱著王甫、宋酆的粗腿恬不知恥。更可笑的是，明明一家人還腳踏兩隻船，人家還沒打起來，自己家裡先吵得不可開交！一個時辰之前何顒還說我是英雄，這英雄夢也太容易醒了吧！」

第五章

冒死營救政治犯

搜捕何顒

熹平元年（公元一七二年）六月，一個雷雨交加的夜晚，皇太后竇氏淒涼暴死在洛陽皇宮。

竇氏自父親大將軍竇武兵敗，便被遷往南宮雲臺居住，實際上就是軟禁。皇帝劉宏下令，將自己生母董氏接進永樂宮。雖然依照朝廷制度，藩妃不能立為太后，但私下裡她已經被宦官稱作「永樂太后」了。竇氏雖形同囚犯，但董太后對她頗為感激，畢竟當初沒有她的慧眼，自己兒子劉宏也當不上皇帝。於是，東漢王朝曾經出現了一段兩個太后相安無事的時期。

但是王甫、曹節卻依然對竇太后心存怨恨，時常有加害之心。當時有黃門令董萌屢次為竇太后鳴不平，勸說皇上為其解禁。曹節生怕竇太后一旦恢復權力會追究前仇，於是煽動親信上書，以「訕謗永樂宮」的罪名將董萌下獄處死。而事情蹊蹺得很，就在董萌被處死的當天晚上，竇太后就離奇地暴死在南宮中了。雖然當時有人在檢查屍體時懷疑是中毒，但還是對外宣稱她是感疾而終。

竇氏作為失勢的皇后，淒涼慘死其實只是個遲早的問題。但出人意料的是，她的死引發了一連串重大風波。

竇氏暴亡後的隔天清晨，守宮宦官忙著打掃皇宮庭院裡所積雨水。一個小黃門抬頭擦了擦汗，卻發現禁宮朱雀闕上被人用刀刻下一行大字：「天下大亂，曹節、王甫幽殺太后，公卿皆屍祿，無有忠言者。」

這行話本來是想引起皇帝的深思，從而諷諫他擯棄宦官。沒想到適得其反，在得知這個消息後，劉宏這個外表溫順的小皇帝第一次拍案大怒！他覺得有人若可以無聲無息潛入皇宮，那自身安全就會受到威脅，嚴厲斥責羽林衛士，把衛尉、光祿勳罵了個狗血淋頭。王甫、曹節火上澆油，借機煽動劉宏向太學生發難，指出留下「謗書」者欲為竇武、陳蕃翻案，請求搜捕太學生。劉宏在盛怒之下立刻責令司隸校尉施行。

司隸校尉劉猛本儒林人士，聽說抓捕太學生，他堅持不肯奉詔。劉宏三次下詔，劉猛三次不受，對峙了一個月，最後竟發展到君臣二人當殿爭執的地步。劉宏一氣之下，將劉猛及支持他的官員全部罷免。

正在這個緊張的時候，剛剛因軍功調入京師的段熲主動請纓，願意出面辦理此案，於是他立即被任命為司隸校尉。

段熲與曹嵩一樣，皆依附於宦官王甫的勢力。他接手後親自帶兵徹查太學，短短數天內將一千多名太學生鎖拿入獄。

在這段時間裡，曹嵩兄弟一直在暗中活動，以書信的形式為段熲獻計獻策，實際上許多太學生是在曹氏兄弟的煽動下才被段熲下獄的。但審問太學生是件極其麻煩的工作，一則人數眾多，二則其中也有許多權貴家族的子弟。審問進行了數日，仍然毫無收穫。曹氏兄弟絞盡腦汁也想不通，究竟是什麼人吃了熊心豹子膽會潛入皇宮呢？他們甚至開始懷疑，宦官勢力當中有內鬼。

事實往往十分可笑。就在曹嵩與曹熾、曹鼎坐在書房裡，討論捉拿罪人的時候，一牆之隔的曹操卻在想方設法保護罪人。他對整個事件的真相盡皆知曉。

兩個月以前，在何顒的聯絡下，許多太學生紛紛上書，請求懲治宦官。但是皇帝劉宏置若罔聞，在他眼中宦官個個是好人，即便稍微參與一些政務也不是大錯。既然合法手段失敗，何顒就開始展開刺殺計畫。就在那天夜裡，他不顧袁紹、曹操的勸阻，趁著大雨潛入了禁宮。

何顒的計畫不能說不完備，他甚至想了許多應對緊急事件的策略，可是萬萬沒想到竇氏會在那個夜晚突然暴亡。太后駕崩非比尋常，王甫與曹節都要陪同皇上到南宮雲臺守靈，那他們居住的寺社自然就空了。何顒當時真有心捨命殺上雲臺，可是羽林衛士眾多，恐怕見不到王甫、曹節的面，就被亂刃分屍，即便送了性命，也不會對那些閹賊有絲毫的損傷。萬般無奈之下，何顒在朱雀闕上刻下了那幾行字，趁著暴雨的掩護逃離皇宮，又藏匿到了袁紹家中。

但由於宮裡人發現及時，第二天城門還未開，朝廷的盤查令就先傳到了，嚴格審查出城人的身份。這樣一來，何顒就被困在洛陽城裡了。

眼瞅著太學生一個個被抓，城裡的搜查越來越嚴密，曹操急得團團轉，可是屋漏偏逢連夜雨，曹嵩又不准他出門。

「為什麼？」

「現在城中正在嚴厲緝拿逃犯，你若是出去難免招惹是非。」曹嵩的口氣不容更改：「雖然此案與咱們毫無瓜葛，但這年頭盯著咱們爺們的人有的是。多一事不如少一事，這個節骨眼上，不准你和任何外人見面。萬一你那些朋友中有哪個牽涉其中，火就會燒到咱家頭上。你給我老老實實在家待著，什麼時候此事風平浪靜，什麼時候准你出門。」說罷轉回書房接著議論他們的計畫。

曹操急得像熱鍋上的螞蟻，他恨不得撞開大門跑到袁紹家。但如果那樣做，勢必要引起父親的懷疑，只好在花園裡踱來踱去想對策。

就在這時，只聽有僕人大呼：「有官兵進府來了！」

曹操身上的血都快凝固了：「完了！一定是何顒被拿住，招出我了。此事有刺王殺駕之嫌，不但我死定了，整個曹家都被我毀了，全完了……」他癡呆呆癱坐在樹蔭下的青石上，腦子裡漸漸地變成一片空白。

「大少爺！大少爺！您在這兒呀，怎麼也不應我一聲呀？」一個小廝顛顛跑了過來：「老爺叫您速速到前堂去，來了個大官，還帶著許多兵，想要見見您。大家找您有會兒工夫了，您快去吧！」

這還能有錯嗎？一定是來拿人的，這是無常迫命啊！曹操心灰意冷，但又一想，到了這會兒萬事皆空，還在乎什麼？他挺了挺胸膛又提了提氣，把青釭劍緊緊攥在手裡，昂首闊步往前堂走去。

從花園到前堂不過是短短的一段距離，可曹操卻第一回覺得漫長無盡。眼瞅著小徑兩邊漸漸站滿了軍兵，一個個盔甲鮮明，兵刃閃亮。曹操恍恍惚惚往前走，一步一思量，思量著自己死後會不會有人替他收屍，會不會有正義之士為他寫詩作賦，會不會有一干太學士給他斟酌墓誌銘……

「啪！」正在曹操順便醞釀自己墓誌銘的時候，後腦勺被人狠狠打了一下。

「你個小兔崽子！」四叔曹鼎出現在他面前：「叫你到前堂會客，怎麼還在這兒不緊不慢邁四方步呀？」

「會客？」

「是啊！段熲現在正得寵，好不容易到你家來一趟，你爹想叫你見見他。這是為你的前程著想，將來有機會，好托他提攜提攜你，瞧你這不緊不慢的！」

「哎喲我的媽呀！」曹操不由自主叫出聲來，隨即抱住四叔大笑，「哈哈……好！好！」

「你小子這是什麼毛病啊？是不是魔障了？」

曹操也顧不得一臉詫異的四叔了，連蹦帶跳奔到前堂。到堂口一個箭步就跳了進去，還順勢打了一個飛腳。

屋裡還坐著客人呢！曹嵩、曹熾正陪著段熲其樂融融聊著家常，猛然間見曹操連躥帶蹦進了屋，幾個人都嚇了一跳。

曹嵩氣得臉跟大紅布一樣：「小畜生！你怎麼回事呀？怎麼這般失禮呀！也不怕驚嚇到段大人。出去出去，到當院給我跪著去！」

段熲卻哈哈大笑：「算啦！算啦！我打了半輩子仗了，還能叫這點兒小伎倆嚇到？」

「愣著幹什麼，快行禮呀！」曹熾也趕緊訓斥道。

「諾。不知段大人駕到有失禮數，小姪給您陪罪了。」

「不必客套啦！」段熲親自起身攙起了曹操。

曹操這才注意打量，原來這個名震羌人的段熲生就一張細長臉，白淨臉龐，細眉小眼，還有倆酒窩！真無法想像，這麼個樂呵呵的人物，怎麼能出塞千里大破敵軍呢？

「犬子不才，叫段兄見笑了。」

「賢姪活潑好動，這也是好的。」段熲臉上一直綻放著笑意。

曹嵩氣哼哼地盯著兒子，直到他規規矩矩站到一邊，才扭過臉來對段熲客氣道：「紀明兄，你今天為何帶了這麼多兵丁來至我府？」

「剛剛請了聖諭，准我在京師大小官員宅中搜捕。現已在太學搜出諸人與當年餘孽何顒往來的書簡，想必何顒就在洛陽城中，因此要搜檢所有官員府邸。」

糟了！已經查出伯求兄了！曹操剛放下的一顆心，又提了起來。

可曹嵩考慮的卻是另一回事：「好個段紀明，你不過一個兵痞出身，要不是我掐著耳朵提攜，哪兒有今天的位子？當年對我何等恭敬，如今王甫的大腿還沒抱熱乎，就不把我放到眼裡了。我們兄弟還給你出主意想辦法，奉旨搜府竟然第一個先來我家，這不是吃裡扒外嘛！」

想至此，曹嵩換了一張冰冷的面孔，訕笑道：「那想必段兄是來搜查我府的了？」

「不敢不敢！曹兄家我一萬個放心。不過……」段熲口風一轉，「我既然奉了皇上旨意，也不好玩忽職守，叫士兵隨便看看就走。巨高兄若肯開這個頭，日後我的差事也就好辦了。」

所有人都明白，他這不過是兩句場面話。段熲請王命而來，說破大天也還是要搜的，其實曹嵩門戶嚴謹，也自信不會容納什麼罪人。可是曹嵩心裡氣不過，天底下任何人都能奉命搜查他的府邸，唯獨段熲不能，想當年若不是他壓制張奐暗中支持，段熲這會兒恐怕還是個普通邊將呢！他也不理論，反對著兒子說道：「孟德，你頗喜兵書，所以我才叫你來見見段大人。怎麼樣，受教頗多吧？段大人這手『明修棧道，暗度陳倉』，夠你學一陣子的吧？」

這話實是不折不扣的挖苦，臊得段熲臉上熱辣辣的。但畢竟曹家對他有恩，也不會發作，強笑道：「卑職可擔不起您這樣的誇獎。」段熲身為司隸校尉，對曹嵩自謙為「卑職」，這已經是客氣至極了。

哪知曹嵩仍不理睬，繼續教訓兒子，極盡挖苦之能：「今日你受了段大人的教誨，日後記得要好好報答。莫要做那以怨報德的小人，叫天下人笑話，說你沒肝沒肺沒良心！」

莫看段熲一張和氣臉，卻是戰場上殺人不眨眼的魔王。他雖討下徹查京師官邸的聖諭，也明白洛陽城天字一號的人物太多，必要先拿一個厲害的作法。尋思自己初來乍到，在京師唯獨與曹嵩熟稔，所以才先至曹府做做樣子，實際上是裝給別人看的。這會兒見曹嵩如此指桑罵槐，當著晚輩的面實在無地自容，他惱羞成怒，騰地攥起了拳頭，但是強壓怒火，冷笑道：「巨高兄，您這話說得有點過了吧！」

曹嵩一點都不急，似笑非笑地瞥了他一眼：「我教訓我兒子，輪得到你管嗎？」

「你這是指桑罵槐！」段熲憋不住了。

「哼！您真可人！天底下有拾金的、拾銀的，沒想到還有拾罵的，今天算是開眼界了！」

段熲一介武夫出身，論鬥嘴十個綁一起也抵不過曹嵩。氣得在屋裡繞了三個圈，依舊無可奈何。曹熾的心眼比曹嵩多，忙陪笑道：「我兄長與段大人玩笑，您不要當真。巨高，紀明既來你府，那是信得過咱們。搜就搜唄，你少說兩句。」

曹嵩也真是得寸進尺，根本不理睬曹熾的話，繼續挖苦道：「我說段大人呀，您這練的又是什麼？不帶著兵搜查，在這兒推開磨了。你不打穀草改磨糧了是不是？」

曹嵩也是口不擇言，這句話萬不該提起。段熲平生治軍之所以能得到官兵擁戴，所靠的皆是打穀草的訣竅。他出身涼州寒族，本是極受官場排擠的，想混出一番天地比他人難得多。所以段熲在竭力巴結宦官之餘，發瘋般地設法積累軍功，其方法很是卑劣。當時與漢人戰爭最頻繁的就是羌族，段熲便縱容士兵打穀草，叫他們劫掠羌人部落，所獲牲口財物盡皆歸士兵所有。一來給士卒些油水，收買了人心，二來劫掠久了，就會把那些羌人逼反。等羌人反了，他再領兵堂而皇之去平叛，打贏了就算做是自己為大漢朝靖邊立下的功勞！

段熲本已經氣憤到了極點，聽到曹嵩用他最在意的事情剜他的心，再也忍耐不住了，獸性大發拉出佩劍：「老子宰了你！」照準曹嵩胸膛便刺。

這可把曹嵩嚇壞了，眼看劍芒子已到身前。情知自己必死無疑，把眼一閉。耳輪中卻聽鐺地一聲響，睜眼再瞧，段熲掌中佩劍斷為兩截。

原來曹操就站在父親身邊，恍惚見段熲抽劍在手，不及多想馬上也出劍隔架。劍刃碰劍刃，可曹操的青釭是萬裡挑一的寶傢伙，兩刃相搏，竟把段熲的劍折為了兩截。饒是如此，也震得曹操手腕發麻。

段熲手裡攥著半截斷劍，腦子頃刻間清醒了下來；曹嵩若無兒子相救，早喪命於他劍下了，也不敢再說什麼了。兩個人尷尬地對視著，誰都沒有再動。

「好個大膽的段紀明！」隨著一聲斷喝，曹鼎邁大步走了進來。

曹操寶劍還匣，長出一口氣：最不省事的來啦，這回好辦了。

「你他媽吃了熊心豹子膽，敢在九卿府中拿刀動杖！你是不是要造反呀？」曹鼎可不管誰是誰非，開口便罵，「你手裡還攥著兇器，大夥可都看見啦！」

段熲聽他搬出謀反大罪，趕緊把那半截寶劍扔了。

曹鼎兀自不饒：「你拍著胸脯想一想，我曹家哪點對不起你？你不過是朝廷的一條狗，別忘了你當的誰家的官兒！我跟宋家是什麼關係？要你的命就跟碾死個臭蟲一樣！」

段熲情知今天時運不好，先被曹嵩挖苦，再被曹鼎罵，連劍都叫人家毀了，再在這裡待下去只能是自取其辱。趕忙傳令收兵，惡狠狠掃視一眼這屋裡的老老小小，灰頭土臉地去了。

「這次可把段熲給得罪苦了！」沉默許久的曹熾這才說話。

「早晚也得跟他翻臉。」曹嵩沒好氣道。

「非也非也。」曹熾搖搖頭：「雖說以利相交者，利盡則散。但你們做得實在有些過了，讓他搜一搜又能如何？」

「事都行出來了，再說這種話有什麼用？兵來將擋，水來土掩，他有什麼手段，我接著他的！」曹鼎仍舊不服不忿。

「你拿宋氏壓他，他未必會服。」曹嵩就跟沒事兒人一樣：「找王甫收拾這條狗。」

曹操是沒有閒心再看這仨老傢伙鬥嘴了，眼下最重要的是通知何顒趕緊轉移。瞧他們三個還在各執一詞，便躡手躡腳溜了出去。父親不允許他出府門，家院小廝緊緊把著，那怎樣才能通知袁紹他們呢？曹操絞盡腦汁，終於有了一個險招。

他匆忙鑽進弟弟屋裡，道：「德兒，哥哥有事求你，你管不管？」

曹德一愣：「什麼事呀？這麼認真。」

「你不要多問，就答覆我一句話，你信任不信任你哥哥？」

「當然信任啦！」

「好，你幫哥哥辦件事情，哥哥感念你一輩子。」

曹德被他的一臉嚴肅逗樂了：「什麼大不了的，你就說唄！」

「我要出去一趟。」

「什麼？爹爹不准咱們出去。」

「可是我現在有件重要的事要辦，必須得出去。而且絕不能叫爹爹知道。」曹德遲疑了一下，還是道：「這個……行！你只管去吧！」

「你一會兒告訴家人們，就說你要在房裡讀書，你的脾氣大家都知道，誰也不會去擾你。然後你就偷偷到我屋裡，把被子蒙上假裝睡覺，這樣誰都會以為咱倆都在家呢！」

「那你怎麼出去？」

「小時候的辦法！」

「又翻牆呀？」曹德白了他一眼。

「五年多沒翻咱家的牆了，今兒我也找找舊日的感覺！這邊的事就交給你打發啦！」說罷便解下佩劍闖出門去。他躲躲閃閃又來到後院柴垛，趁僕人不注意，爬上柴堆利索地翻了出去。

待至街上，也顧不得好看不好看了，把衣襟一兜，撒腿就往袁府跑。漢人頗講求禮儀莊重，可今天洛陽城大街上，一個衣著華麗的貴族公子，不騎馬不坐車，撒開腳丫子奔跑而過——這也算是一景了！

曹操也真了得，拐彎抹角一會兒的工夫就到了袁府。只見門廳廣闊，儀門高出普通官員家一倍，絳紫色大門半開半掩，門口是上馬石、下馬石、拴馬的樁子，看門人的家丁衣著考究垂手而立。袁隗前幾日剛剛升為司空了，這四世三公家族的氣派規矩，自非尋常可比。

曹操也顧不得許多，邁步就往裡闖。看門家丁一把攔住：「什麼人？敢擅闖公府！」曹操眼睛都紅了，急中生智揚手就是一巴掌：「瞎眼的畜生！你他媽連我都不認識了！」把看門的打了一個趔趄，理都不理就往裡跑。看門的見開口就挨了一巴掌，料是親眷不敢再問了。他便堂而皇之闖到院中，二門上的也瞅見來者不善，但大門上不管，他又何必出頭？就這樣糊裡糊塗被他唬進了內宅。

穿房過院間，丫鬟、婆子端湯送水正忙，眼見一個年輕人緊鎖眉頭橫衝直闖過來，嚇得手裡東西都扔了，杯盤盞爵摔了個稀爛。

曹操一概不理，急衝衝就跑到了袁紹內房，把門一踹。

袁紹正在屋裡看書呢，嚇了一跳：「你、你……怎麼了？」

曹操把門一關，顧不上緩口氣兒：「段熲查出何兄了！」

「什麼？」

「他已經開始帶兵搜府啦！第一個先去了我家，只怕過不久就要搜到這裡了，快叫伯求兄速速轉移！」

袁紹也嚇壞了：「他扮成馬夫，正藏在馬廄。」

「快告訴他！」

「你小些聲，他在這兒的身分是馬夫頭何大，除了我，合府上下沒人知道。你冷靜點兒隨我來。」說著出了門溜溜達達似閒逛一般往馬廄去，曹操擦著滿頭大汗緊隨著。

其實兩人都有心事，固然袁家是待不下去了，可是出了這個大門他還能躲到哪兒去呢？曹家雖是勉強搜過了，可曹家門戶極嚴，曹嵩又一心要置何顒於死地，隨曹操過去豈不是與虎謀皮？

但到了馬廄倆人都傻了眼，何顒已經不聲不響走了，只在袁紹馬鞍下塞了一張帛書。說他有心為當年受難者報仇，不料天時不與，反連累了更多人下獄，沒有臉面再給朋友添麻煩了，就此告辭。可到底逃到哪裡去了，卻不得而知。

袁紹見他已經走了，心裡反倒輕鬆下來，捧著這張帛書愣愣發呆。

「太學生就是因為文書洩密。」曹操提醒道：「快燒了它！」

「好！」

「我是偷偷溜出來的，得趕緊回去。」

「瞧你滿頭大汗，騎我的馬走！」袁紹趕忙解韁繩。

「不用啦！馬不會翻牆啊！」他丟下一句袁紹半天都想不明白的話，翻頭又往回跑。

丫鬟、婆子摔碎的東西還沒撿乾淨呢，拿著掃帚正掃，見那個不速之客雄赳赳氣昂昂又回來了，嚇得又把掃帚扔了。

曹操哪裡管得，穿房過戶只管往外跑，兩處看門的全弄懵了：這是他媽哪門子親戚呀？進去跑了一圈，沒半刻時辰怎麼又出去了？偌大一座三公府邸，竟叫他隨隨便便跑了個來回。

曹操一路上奔跑如飛，直等到翻牆進院，倚在柴垛上就不動了，這一趟實在太累了。守著後廚，忙喚庖人端水來，連著灌了兩碗，才算鬆口氣。

「大少爺！您這是怎麼了？」庖人問。

「我練劍練累了。」曹操的瞎話張嘴就來。

涼爽下來，曹操又開始擔心何顒。論人品他是絕對靠得住的，即便被抓也不會招出自己。但是這樣一位了不起的才俊，就真的要命喪奸臣之手嗎？看他給袁紹信上的口氣，會不會自己去投案呢？會不會又闖進皇宮尋死呢？

他在柴垛邊想了許多許多，直到天色轉晚才意識到：忘了！德兒還在房裡蒙著被子呢！

兵法之辯

何顒不辭而別之後，許久都沒有消息。曹操再沒有偷偷離家，而是一有空就躲在曹嵩書房窗下偷聽，可是卻毫無消息。看來他已經安然逃出洛陽城了。剛放下心來兩天，就有一件驚天大案震驚朝野。

尚書令廉忠在王甫的唆使下，誣告勃海王劉悝謀反。劉悝被冀州刺史收監，被迫在獄中自殺，其妃妾十一人、子女親屬七十餘口、侍女二十四人皆死於獄中，勃海國就此被除，自勃海相以下所有官員都以「導王不忠」的罪名全部被處死。何顒費盡力氣想要阻止的事情，還是發生了。

對於曹氏家族來講，受到衝擊最大的當然是曹鼎。他與宋酆結成兒女親家，剛得意了沒幾天，就被潑上一盆冷水。更有甚者傳言，皇帝劉宏有意廢宋氏而立屠戶出身的何貴人為后。這一連串可怕的消息搞得他滿腹怨言，他就是搞不明白，大漢的那些外戚，諸如竇憲、鄧騭、耿寶、閻顯、梁冀都威風凜凜，竇武也曾煊赫一時，為什麼輪到自己依靠的宋家時，卻這麼不成氣候。曹嵩和曹熾也有一些擔心，不過好在他們所依附的是宦官王甫，正是迫殺勃海王的罪魁禍首。所以曹家總的來說是不賠不賺。但是自熹平元年（公元一七二年）七月起，外戚勢力一蹶不振，劉宏一朝開始了宦官王甫、曹節主宰一切的時代。

通過捕殺太學生和誅滅劉悝一族這兩件事，司隸校尉段熲用他頗賣力氣的行為，博得了王甫的信任，不久被晉升為太尉，超登三公之列。此事公布後，朝野立刻譁然。一者段熲涼州寒族出身，按照當時的慣例是不得授以公侯高官的；二者段熲本一武夫，資歷又較張奐淺，沒有資格擔當這麼重要的官職。因此百官自然要爭辯，鬧得最凶的，自然是剛剛與之反目的曹家人，跟皇上爭又跟王甫爭。無奈有錢能使鬼推磨，段熲把多年來在涼州積累的錢財，往太后和宦官兜裡一塞，誰反對也是白說。

這樣一來，朝廷上下為了太尉任免一事鬧騰了半個多月，段熲還是照樣升了官。抱怨的抱怨、慶幸的慶幸、咒罵的咒罵，劉宏一門心思在享樂，董太后一門心思在撈錢，大家就把追捕何顒之事丟到一邊，再沒人管沒人問了。

朝廷裡的紛爭暫且停歇，而曹家的家事卻鬧得很厲害。不知為什麼，曹嵩又開始考兩個兒子的學問了。他先把大兒子曹操叫到身邊，命他誦《禮記》、《中庸》，哪知曹操卻不以為然。

「孩兒如今很少讀這些書。」

「為什麼？」

「不喜歡。」

「你好大的口氣！」曹嵩一聽就來氣：「虧你還是跟七叔念書念出來的，竟這樣輕狂！你以為學通孫武子十三篇就了不起了，是不是？」

「不敢。」曹操仗著膽子道：「兒子讀的是真正有用的書。」

「哼！自負聰明，剛愎自用！」曹嵩冷笑道：「那我倒要問問，什麼才是有用的書？」

「《孫武子》十三篇、桓寬之《鹽鐵論》、揚雄之《法言》、桓譚之《新論》、王符之《潛夫論》、王充之《論衡》、班孟堅的《白虎通》。」

曹嵩不禁一愣，卻道：「君子不器的道理你可知道？」

「君子雖不器，亦當有一技之長。」

「哼！狡辯！」曹嵩似乎真的發火了，指著曹操道：「我不問你了，你給我出去！」

俗話說蝨子多了不咬，挨罵挨多了，曹操也不當什麼事兒了。只苦於不能出門，便像往常一樣在花園中與小廝們蹴鞠。剛玩了一會兒，便見四叔曹鼎跑來「應卯」，忙叫住他一處玩。

曹鼎滿腹牢騷：「去去去！被你爹訓斥了一通，誰有閒心哄你？我還煩呢！」

「姪兒實在是悶得慌，德兒天天就知道看書看書看書，爹爹又不叫姪兒出門。」

「你想出門嗎？」

「當然想。」

「那跟我走吧！你煩我也煩，陪我一處解解悶兒吧！」

曹操自不明白曹鼎叫他如何陪，便隨他去了。哪知曹鼎帶他回府，擺下酒席，叫來兩個歌姬。一邊飲酒一邊聽她們唱曲。剛開始還好好的，唱到一半曹鼎竟拉過一個歌姬，抱在懷裡就親嘴。曹操哪裡見過這陣仗？汗都下來了。曹鼎卻不以為然，硬將另一個歌姬推到他懷裡。

曹操動都不敢動一下，只覺得被那女子摸得心頭暗顫，熱血沸騰，癢癢的實在難受。最後實在受不了，推開歌姬，也不顧曹鼎了，跑出門騎馬便跑回了家。待回到府中，心頭仍在怦怦亂跳，索性找弟弟讀書穩穩心神。

「阿瞞你可回來了。」曹德瞅他進來還挺高興：「正有事有勞兄長指定迷津。」

「幹嘛這麼攥文假醋的？有事兒就說！」曹操瞧他文謅謅怪可笑的，暫把自己那點兒荒唐事放下了。

「我雖學不及三墳五典八索九丘，然四書五經也是了然於胸的。」曹德口氣頗為自傲，晃了晃手裡的竹簡，「唯這兵法怎麼也看不透！」

「哦？還有你小子看不懂的書？竟然開口問我了，說說吧！」曹操撩衣坐下。

曹德隨意舉起一卷說：「就拿這《孫武子》第一卷的〈計篇〉來說吧！『兵者，詭道也。』你聽聽，詭詐欺人豈不有違君子之道？而且『親而離之』明明就是小人所為！孫武何以教人詭道？你還在一旁批什麼『兵無常形，以詭詐為道』，這都是什麼用心嘛！」

曹操瞧他一臉嚴肅的樣子，真是從心裡覺得弟弟既可氣又可笑。「德兒，你的《論語》、《中庸》是不是讀得太多了呀？兩軍交戰是你死我活的拚殺，怎麼能講什麼君子小人呢？」

「不對呀！君子以仁德取信於天下，所以不欺君、不欺民、不欺心，亦不欺敵！仁德所在惡者望風而靡，何用詭詐之術取勝？昔日周武王會諸侯於孟津，牧野一戰殷商兵卒望風倒戈，不正是這樣的道理嗎？」曹德越發認真起來了。

「德兒，你為什麼不說孟子的『盡信書不如無書』呢？依他的話講，武王連兵都沒用，商人就降了！」曹操不屑地說：「仁德的話斷不可全信！孟子說：『無道齊桓晉文之事』，可他推崇的周武王卻是以殺戮奪取天下的。難道不是嗎？」

曹德一時無語了，孟子確實有失語之處，這是無可爭辯的。

「你還沒想明白嗎？打仗是不得已而為之的事，必要速戰速決，才能使國家少受損失。以詭計取勝、用智謀對敵，可以很快戰勝敵人，使百姓安定，你想想，這就不算仁德嗎？而且當初周武王會師孟津合諸侯之兵，也是以多攻少、以強取弱，還不單單是仁德的原因。」

曹德搖搖頭又說：「雖說是這樣，但古人用兵紛紛約定時辰、地點，攻殺戰守皆有定制，互不相欺，那不也是君子之戰嗎？」

「德兒，你為什麼句句不離『君子』二字呢？」

「難道君子不好嗎？」

「並非不好，我不是說了嘛，兩軍爭鬥之時不能分什麼君子、小人，也不能刻意追求信義。宋襄公就是因為在戰場上講君子信義，不肯偷襲渡河的楚軍，才在泓水戰敗禍國殃民的。」曹操不知不覺也認真起來了。

「話雖如此，但宋襄公不也名列春秋五霸之中了嗎？正因為他講求信義、寬而待人呀！」

曹操反被他問得一時說不出話來。

「我寧學宋襄公之仁，也不以詭詐之術待人。」曹德一臉嚴肅。

「你可真是讀書讀呆了！」

「另外還有這一段……」曹德又拿起〈九變篇〉：「這裡說：『故將有五危：必死，可殺也；必生，可虜也；忿速，可侮也；廉潔，可辱也；愛民，可煩也。』你聽聽，必生、必死、忿速倒還罷了，怎麼連廉潔愛民也成了危險之事呢？」

「你能舉個例子嗎？」

「你只知其一未知其二！」曹操道：「將帥廉潔愛民原是美德，但過於看重名節或一味注重百姓，就會被敵人利用。孫武的意思是要將帥明晰利害，放寬眼光，方能在戰場上隨機應變。」

曹操想了想，接過竹簡放在桌案上，隨手拿起一支筆在「愛民，可煩也」的原文旁寫道：「出其所必趨，愛民者，則必倍道兼行以救之，救之則煩勞也。」曹德點點頭，覺得似乎有些道理：「你寫了這麼多，都快成注解了！」

「咱們生在太平年間，自然不必非學這等兵書戰策，我也不過是消遣消遣罷了。你若有興趣，我房裡還有《司馬法》、《尉繚子》，只管取來看。」

「我可讀不透，還是算了吧！」曹德擺擺手。

「嗯。我看你這輩子也當不成將軍了！」

曹德也笑了：「我雖不成，但你認識那麼多朋友，把你所批註的這套兵法拿去給他們看看，一起討論為將用兵之道，縱然沒什麼裨益，博眾人一笑又有何不可呢？」

這倒是提醒了曹操：袁紹很喜歡探討兵法，何不拿去給他看看？

「你說得對呀！可惜咱身在城裡，最多是紙上談兵，若在家鄉，倒可以模仿一下戰場。」

「模仿戰場？」

「是呀！在譙縣老家時總看見夏侯元讓（夏侯惇）、曹子廉他們這麼玩。把大家分為幾隊，就用木棒石塊當兵器，打得還很熱鬧。」曹操暗想，自己就是因為打群架，才有機會明白自家的真實血緣的。

曹德聽了似乎頗為神往：「譙縣什麼樣，我都快忘了。上次回去我還太小，只記得那時娘很年輕、很漂亮。」

曹德與曹操並非一母所生。曹操之母是曹嵩的正室夫人，曹德卻是小妾所生。但他倆母親都已過世，曹嵩連喪三子又失妻妾，就只剩曹操、曹德相伴，所以對兩人不分嫡庶一樣看待。

曹操見弟弟憶起傷心事，忙道：「咱的娘親雖然不在了，可還有嬸娘，她很想你呢！還有子廉、元讓、妙才他們。」

「等再過兩年，我也要自己回鄉看看，像你一樣。」

「傻小子！」曹操撫摸弟弟的頭：「那次我何嘗想回鄉，是因為保護了何顒，才被父親處罰的。」

曹德眨著眼睛，追問道：「你前些日子偷偷翻牆出去，也是為了救何顒吧？」

曹操大吃一驚：「你、你……」

「你真以為我是個書呆子嗎？自段熲那日搜府，你動不動就藏在父親書房窗下，為的什麼還不清楚嗎？」

曹操聽得目瞪口呆了，他從來只把弟弟當成七叔曹胤那等人物，從沒想過這老實孩子也有心計。

「你覺得我幫助何顒對嗎？」

「當然對啦！既然讀書就當明是非。黨人宦官誰是誰非，我心裡能不清楚嗎？」曹德冷笑道。

「你千萬不可告訴爹爹，不然我就慘了！」曹操一咧嘴。

「那是自然。」曹德壞笑一陣：「不過……」

「不過什麼？」

「哥哥你必須答應我一件事。」

「什麼事？你可不能亂出主意呀！」曹操開始對弟弟小心了。

「你陪我去見爹爹。」曹德說著拿起竹簡。

「見爹爹？你這還是要告訴他啊？」曹操急得都要給弟弟跪下了。

「你胡思亂想什麼呀？我叫你陪我見爹爹是想回稟兵法的事情。今天他讓我誦讀你平日看的兵法。他的脾氣你還不知道嗎？現在我讀得亂七八糟，一準得挨罵。有你在我身邊，我好應對啊！走吧！」

曹操這才鬆了口氣，但心下疑惑：對啊！我怎麼沒想到，爹爹今天讓我誦讀的，卻也是德兒平日看的東西。他為什麼要我們換著來念呢？

兄弟兩個乖乖來到曹嵩房中，曹德戰戰兢兢地將兵書舉給父親。

「讀得怎樣？」

「孩兒愚鈍，不能領悟。」曹德低著腦袋實話實說。

不料曹嵩沒有發脾氣，只是凝視小兒子，好半天才長歎一聲道：「德兒呀，你叫為父我失望了。唉……讀不懂就無須再看下去了。」說著接過竹簡。

曹操忙打圓場：「德兒年紀尚小，讀這等兵法或許早了一點兒。」

「非也，非也。人各有志，也不能強求。」曹嵩連連搖頭。

曹德聽他這樣說，反倒笑了：「這倒也是，哥哥就對此道精通。七叔給他那套兵書被他批批改改，好像那鄭康成注經書一般。」

「哼！你還真抬舉他，」曹嵩瞥了眼大兒子：「鄭玄乃一代大儒，他算個什麼東西？」曹操咽了口唾沫，禁不住問：「爹爹為什麼要叫我們看對方的書？」

「為什麼？我的傻孩子們，我倒想看看你們誰能融通文武，誰能承繼好我曹家的家業。結果呢？兩個都不中用！」曹嵩似乎很生氣，一擺袖子：「都出去吧，別在這裡煩我了。」

天色漸晚，曹操回到自己靜悄悄的房裡，心不在焉翻著自己注解的兵書，不由得胡思亂想起來：「我能成為一名將軍嗎？就像衛青、霍去病一樣，還有皇甫規、張奐不也很傑出嗎？統領千軍萬馬，馳騁疆場為國效力，是什麼樣的感覺？父親不是和段熲很熟嘛，我可以向他請教……不行！段熲不是個好東西，黨附王甫、賄賂宦官，為了捉拿伯求兄殺了上千名太學生，血債累累，將來一定沒好下場！可是父親不也和宦官交好嗎？不過他一心為了振興曹氏家業，或許世人都誤解了他，他絕對不是向宦官獻媚的小人！光讀兵書不行，要想成為真正合格的將帥，還是要像父親說的那樣多在經史上用功才行。不過，像德兒那樣讀成書呆子就不好了。怎樣才能算頂天立地的大英雄呢？是造福一方百姓，還是奮勇於行陣間，為震懾一方的將軍？衛青、霍去病、虞詡、班超，他們算得上英雄嗎？」

從來不考慮明天該如何的曹操，第一次對未來產生了憧憬。他合上竹簡，信步來到窗前望著天空：漆黑寂靜的天空闃闃無垠，縹緲的雲間隱約露出月亮和點點星辰。曹操突然想今天被歌姬撫摸的感覺，真是怪怪的。不知為何又記起四叔給他相中的那位丁家姑娘，她長得好看嗎？曹操轉身和衣躺在床榻上。一會兒想父親、一會兒想段熲、一會兒想四叔、一會兒想七叔、一會兒想不知蹤跡的何伯求、一會兒想未來的新娘，不知不覺便睡著了。

袁府會友

也不知過了多久，曹操覺得身上冷，睜開眼才發現天早就亮了，他就這樣睡了一夜。伸了懶腰後，曹操趕忙爬起來喚小廝伺候洗漱。

「昨兒就這麼睡了，你也不叫醒我。」

「大少爺！老爺說您累了，沒讓叫。」那小廝答道。

「父親昨晚來過？」曹操一愣。

「是呀！老爺在您房裡待了半天，還看了會兒您那些書呢！」小廝指了指桌案上的《孫武子》，「老爺昨晚可高興呢，看了您那些書回去又喝了點兒酒。這半年多頭回見老爺那麼高興。」

曹操心中歡喜，只矜持著不露笑意：「行了！少要囉唕，你忙你的去吧！」用過早飯，他匆忙跑去向曹嵩問安。哪知曹嵩還是板著那張苦瓜臉，就好像昨晚什麼都沒有看一樣，只問道：「昨兒你四叔叫你幹嘛去了？」曹操臉都紅到耳根子了：「沒、沒什麼……」

「哼！我也管不了你，不願說就算啦！」曹嵩狠狠瞪著他：「我算是瞧透了。你在外面待得心野了，也關不住你了。謗書的案子也差不多了，願意出去就出去吧！少在家裡沉著這張臉。」

話雖然是橫著過來的，但曹操大喜過望，總算是能去見袁紹了。

他把十三卷兵法仔細捲好、捆牢，放進布袋子裡。都整理好了，喚家人備好馬，把布袋子往鞍上一搭，也不叫從人跟著，單人獨騎往袁逢府上去了。

袁府門前車水馬龍，京官、門生、故吏紛紛來拜謁，遞名刺各自等候。見此情景，曹操正發愁怎麼進去，一個守門人竟恭恭敬敬迎了過來：「您快請進！」

「我？」曹操沒想到這麼多有身分的人都要等待，守門人卻單迎他：「你認識我嗎？」只見守門人猛地捂住腦袋：「又問這個！別打我，大爺您快請進吧！」

原來正是一個月前曹操闖府門時打的那個家丁，曹操當時心急如焚自然不記得，可那家丁恐這輩子忘不了他！這次到了二門，忙說明來意，有家丁報知袁紹。袁紹聽說後親自迎出二門，見他沒帶一個從人，腋下還夾著十幾卷書，忙上前接過書來往側院自己書房讓。

「本初兄問也不問就把書接過去了，莫非算定這書是給你看的？」

「孟德還是那麼愛開玩笑。」袁紹笑道。

曹操一片心思還在何顒身上：「本初兄，何伯……」

「河伯娶妻，西門豹除巫，此事載於《戰國策》。該書甚是詭道，賢弟還是少看為妙。」袁紹連忙岔開話題。

一直走到書房前僻靜處，袁紹才壓低聲音道：「剛才人太多了，裡面也有兩位客人。此事不忙，以後再議。」

曹操應了一聲，果見屋裡已經坐著兩位客人了。

「孟德不認得嗎？」袁紹說著指向其中穿大紅衣服的人說：「這位賢兄乃廷尉崔大人之子崔鈞。」

曹操聽是與父親頗有交情的廷尉崔烈之子，已有親近之感。又見他人高馬大，虎背熊腰，面紅耳赤，目若朗星，從頭到腳一身大紅，帶著一股尚武之氣，更起了愛慕，遂拱手道：「家父現任大鴻臚之職，與令尊甚是交好。我也久聞兄長大名，只恨無緣相見。操有禮了。」

崔烈忙還禮道：「原來是曹孟德呀！這也算得父一輩子一輩的老世交了，咱們多親多近。」說罷四個人都笑了。

袁紹又拉過另一位介紹道：「這位賢弟姓許，名攸，字子遠，與我是同鄉。他可是橋公的門生。」

曹操不禁舉目細看：許子遠身高不足七尺，挽著髮髻外包方巾，身穿白粗麻長衣，腰繫玄布帶子，外罩白中透黃的氅衣，毫不出奇的裝扮。臉上看，一對稀稀疏疏的肉梗子眉毛，小巧玲瓏的元寶耳朵，齉鼻子大厚嘴唇真是醜得出了奇，但生就一雙又圓又亮的大眼睛，眼珠子滴溜溜亂轉，透著一股靈光秀氣。

許攸開口便道：「兄台可是當年司隸校尉府裡壁上留妙筆、堂中溺瓊漿、房上挑青瓦的曹阿瞞？」

曹操一愣，心道：「他怎麼會知道我的小名兒？這也罷了，可連我小時候牆上畫畫、堂上尿尿、上房揭瓦的荒唐事都曉得，也真是奇了！而且這小子好厲害的口舌，橋玄的門生果然與眾不同。」

「正是在下，子遠好厲害的口舌！」

四人入座，說話投機，沒多久已混得爛熟了。

崔鈞也是個好武的，年齡也最長：「列位兄弟可知道，會稽郡有人造反了！會稽郡出了個叫許韶的土豹子，在鄞縣附近拉了一支隊伍，現在都自稱『陽明皇帝』了！」

「哼！白日做夢。」袁紹冷笑道：「這些土豹子都是癡心妄想，什麼樣的出身就想當皇上！人命天定，好好種地才是！發的什麼狂呀？」

不知為何，他們這兩句話極不入曹操的耳朵。他在譙縣家鄉多見窮人被欺，早有同情之意。更兼與秦邵交了朋友，早就沒了門第之見。可畢竟自己是客，又與袁紹相交甚厚，不好說什麼。

崔鈞笑道：「你們可別小看這個許韶，還確實有兩下子。」

「怎麼了？」許攸問道。

崔鈞兩眼放光道：「他帶著烏合之眾，竟然打敗了官軍！你們想想那揚州刺史是誰？尹端！一輩子帶兵放馬的老將，竟然敗在他手裡，這還了得？」曹操不禁感歎：「雖然戰敗，恐罪不在尹老前輩身上。」

「此話怎講？」崔鈞面露疑惑之情。

「尹端乃是西北名將，輔佐老將軍張奐戰無不勝、攻無不克。可畢竟只是打羌人的好手，要鬥南人就不一定了。再說揚州多少年沒有過戰爭了，武備早已經鬆懈了。」

袁紹又補充道：「最要緊的實際不在戰場上。段熲與宦官勾結陷害張奐，尹端也跟著倒霉，表面上看是當了揚州刺史，實際上是被從原來的軍隊調離了。兵不識將，將不識兵，這仗還怎麼打？」

「哼！說到底還是宦官可恨，天下竟沒有一件壞事跟他們沒關係。」曹操咬咬牙：「尹老將軍兵敗，朝廷可有斥責？」

袁紹道：「被革職了。要不是他手下功曹朱儁賄賂宦官，買了他一條活命，就被段熲整死了！」

崔鈞道：「現在朝廷又派臧旻去打許韶，還未知勝負呢！聽說臧旻得了個鄉導叫做孫堅，是孫武子之後。」

「什麼孫武子之後呀？說得神乎其神的，我看也是平平，未必有什麼真本事。」曹操當時並沒把孫堅放在眼裡。

袁紹所考慮的一直是朝裡的事情，對打仗並不甚關心，轉移話題道：「剛才你們說段熲，那樣的人哪裡配當太尉呀！太學如今都被他搜刮一空了，太學生以後都是朝廷的官員，這樣被抓了、殺了，以後朝廷依仗什麼人？」

「依仗咱們呀！」崔鈞倒是很自負。

「嘿嘿！你想得倒是美，當今皇上有自己的人要用。聽叔父說，他正盤算著讓以前陪他玩的那些人都當官。什麼唱曲的、寫字的、畫畫的、博弈的，甚至鬥雞走狗之徒，如今都要做官了。還美其名曰叫什麼鴻都門學，要任芝、賈護、樂松那等宵小之人管轄。真是……」袁紹還是嘴下留情，沒敢亂說皇上壞話。

「難道數年寒窗、連年戰功，還不及畫工的一幅畫嗎？」曹操有些不信。

「你別當笑話，鴻都門的畫工江覽，皇上要讓他當侍中！」袁紹苦笑道：「叔父為了這事兒跟皇上諫了好幾次，不管用呀！人家江覽跟張讓的關係硬著呢，誰也扳不動。」

三公之貴竟然扳不倒一個畫工，這也真是奇聞了。曹操不禁思量：何兄入京時還打算聯繫官員上書感動皇上，現在看來，當今萬歲行事還不及先帝呢！先帝雖不理政務，但總不至於亂施政令，而當今天子卻是餿主意一大堆。當然，這樣不滿的話是不能明說的。

「阿瞞兄！阿瞞兄！」

「唔。」曹操回頭來，見許攸正手捧著他的兵書，怪不得這半天不見他說話。

「這套《孫武子》批註斑斑，可是你所為？」

「是。」

「小弟大開眼界啊！」許攸拱了拱手。

「不敢，不敢！」

「你是想讓本初兄過過目吧。在下有一不情之請，可否先借我觀覽幾日？」

「這……子遠若不嫌棄，拿去看就是。」曹操雖這麼說，但心裡不太高興，畢竟初次見面，拿給袁紹看的東西他先要走，真是不見外。但曹操恐怕做夢都想不到，正因為他把書借給了許攸，才引出他人生中的第一位大貴人！

第六章

曹嵩出馬為曹操鋪路

賄賂王甫

漢家在董仲舒上書漢武帝宣揚「天人感應」以後，但凡國家發生叛亂、災荒或施政有重大過失，就要更換太尉、司徒、司空這三公。

而至熹平三年（公元一七四年）三月，漢靈帝劉宏坐上龍位僅七載，染指三公的大臣就有胡廣、周景、宣酆、王暢、劉矩、劉寵、聞人襲、許訓、劉囂、郭禧、橋玄、來豔、許栩、李咸、袁隗、宗俱、楊賜、段熲等十八人之多，為後漢以來宰輔更替頻繁之最。你方唱罷我登場，而且派系紛呈、賢愚畢至，真好似走馬燈一般，也足見局勢之動盪。

這一日，曹操在後花園練劍，正練到興起之處，弟弟曹德跑過來說：「孟德，父親叫你去前堂會客。」

曹操擦了把汗道：「又是什麼勞什子的人物，樊陵、許相那兩個老貨？我都快看吐了。」

「王甫來了。」

「他來做什麼？」曹操耳朵裡已經灌滿了王甫的劣跡，但從沒想過他會出現在自己家裡。

「這些年你不在這裡不曉得。王甫時常來咱家，每次都是乘坐小車，偷偷摸摸的。」

「背人沒好事兒——那他見我做什麼？」

「依我看，你要交好運了。當初他在咱府裡見了樊陵，沒幾天的工夫，樊陵就從一個散秩郎官升到京兆尹了；許相也是一樣。今天他要見你，必定是福不是禍。」

「是禍可躲不過。」曹操立刻想到了何顒的事。

「你只管大大方方去見，叫老閹人見識一下咱曹家後生的風度。」

「那是自然。」

話雖這樣說，但真見到王甫時，曹操卻怎麼也瀟灑不起來。閹人作為不完整的男人，過了三十歲便衰老得很快。王甫已經年近六旬，一張白淨的面皮皺紋堆壘，但卻慈眉善目、和顏悅色、白髮蒼蒼，就像一位和氣的老太太。曹操甚至有點兒懷疑：這樣一個和藹可親的人，真的會是專橫跋扈、不可一世的大奸臣嗎？

「孟德小子出落得越發體面了。」王甫越笑皺紋就越多：「當年你過周歲，我還來抱過你哩！」

曹操真不曉得這樣的話該怎樣回覆：「小可依稀記得，依稀記得。」

「你還真會順藤爬。那時才一歲，能記得什麼呀？」曹嵩打趣道。

王甫被逗樂了，哈哈大笑起來。那笑聲尖厲高亢、陰陽怪氣，好像夜貓子的叫聲：「今天是我休沐的日子，特意來看看曹兄弟。您真是客氣，還叫令郎公子來拜見我。老朽深感榮幸呀！」

他說到這裡突然話鋒一轉，「咱們都是老交情了，有什麼事兒，老弟你可以直說。」

曹嵩摸了一把兒子的肩膀：「我這小兒今年一十有九了，自幼研讀詩書，還略通兵法，有志為朝廷效力。您老看看，可不可以稍做疏通，讓他早早入仕呢？」

曹操這會兒明白了，為什麼在自己府裡見到王甫的人都交了好運，原來父親一直是以這種方式向他「推舉」人才。其實他本心並不急著為官，因為本家七叔曹胤的影響，甚至還有一點兒抵觸的情緒，但這會兒可由不得自己了。

王甫點點頭，卻道：「俗話說：『子孫自有子孫福，莫為子孫做罪人。』現如今五十歲的明經、孝廉車載斗量，賢姪還不到二十，你就忙著為他的仕途操勞，是不是太心急了？」

「這可不算心急，孩子現在雖小，一晃可就大了。趁著我們老兄弟們都在，好好扶持一下他，不為了他，還為了我曹家祖上留下來的名聲呢！您說是不是這個道理？」曹嵩陪著笑臉：「我也不求什麼高官厚祿，只望他早日當個孝廉，以後的事情就看他自己的本事了。」

王甫卻不理他的茬，兀自感歎：「依我說，近些年這察舉之事也太過草草了。甭管有沒有本事，只要攀上關係，什麼人都能當官，這也太失朝廷的體面了。你知道老百姓街頭巷尾都是怎麼說的嗎？舉秀才，不知書；舉孝廉，父別居；寒素潔白濁如泥，高第良將怯如雞。你聽聽，這都是好話嗎？處在我們這等位置上，到處都是人情，管不管都不合適，難啊！」

朝廷用人不明，根子不就在你身上嗎？曹操聽他打官腔，情知父親是要白費心機了。

「曹老弟，我沒有別的意思，不是說孟德這孩子不好。咱只是就事論事，談談這些年的弊政。」王甫不動聲色，又上上下下打量了曹操一番，突然道：「賢姪，你肋下佩戴的那柄寶劍看起來不錯呀！」

一句話出口，曹操差點兒沒趴在地上。他只知自己的叔父曹熾心思縝密，有過目不忘的本事。難道王甫也識得此劍？

卻聽王甫笑道：「想必那就是隔斷段紀明兵刃的那把劍吧？」說著似乎毫不在意瞄了一眼曹嵩。

曹嵩這會兒已經明白了八九不離十。如今段熲比自己炙手可熱得多，又更敢不顧臉面為王甫辦事；前番令段熲受辱，他必定到王甫跟前添油加醋，詆毀了自己一通，所以王甫才會故意不管兒子的事。想至此心中暗罵段熲，也後悔自己一時衝動無故結仇。眼見得不拿出點兒真東西撼不動王甫了，便笑道：「王大人您說得對，我們孟德就是孝順。那次要是沒有他相救，我這條老命可就斷送在段熲之手了。這樣的孩子要是當不了孝廉，豈不委屈死了？慢說是陪上幾句好話，就是叫我破費萬千家財又有何妨？」

王甫之所以推三阻四，要的就是他這句話！

曹操有生以來第一次親眼目睹賄賂這種行為。只見這個剛才還信誓旦旦冠冕堂皇的老閹人，倏然止住了笑顏，一臉嚴肅道：「哦？聽你這麼一說，這孩子還真夠得上當個孝廉的，老夫也愛惜他這點孝心。了不起，了不起。這事兒我就試著替你辦辦吧！」

跟宦官辦事，只要錢一出手，立刻水到渠成。曹操還在詫異，這個人怎麼能變臉這麼快，曹嵩卻連忙催促道：「你還愣在那兒幹什麼？還不謝謝王大人！」

曹操趕緊跪下，違心拜道：「多謝王大人栽培！」

「你們太過客套了，咱們是什麼交情呀？」王甫訕笑著。

什麼交情？錢的交情唄！若不是老曹騰富可敵國，留下這片花之不盡的家財，他王甫豈能好心好意提攜他曹家？曹操這會兒算是把官場上的事態人心瞧明白了。不過還沒當官，就先要靠王甫這等臭名昭著的閹賊提攜，這滋味實在是酸酸的。

曹嵩是多少年摸爬滾打出來的，可不像兒子那麼臉皮薄：「交情歸交情，辛苦歸辛苦。您既幫了我們小子，您就是我家的大恩人，以後孟德有出息，也不會忘了您老人家的恩典。有什麼不順之處，我們父子自當效勞。」

王甫點點頭：「這也是你們父子厚道呀！賢姪想必還有些功課，就先忙你的去吧！」

曹操知道他們要談錢了，趕緊再拜而出，卻尋自己的老地方，蹲下來偷聽他們說話。

只聽父親娓娓道：「如今劉悝也死了，礙眼的太學生也殺完了。您老人家可以高枕無憂了吧？」

「唉……話雖如此，但我這邊還是很難呀！」王甫的口氣似乎比剛才放鬆了不少：「你不知道，如今宮裡那幫小崽子們不安分，打著我和曹節的旗號，四處招搖撞騙、受人錢財，可沒少給我添麻煩。就說前幾天吧，幾個小子偷了宮裡幾件寶貝，跑到河南地面去賣，結果犯了案，叫人家鎖拿在監。這幾個小人也太不厚道，硬說是我支使他們偷的，還說賣了的錢還要孝敬給我。這不是不白之冤嗎？賊咬一口入骨三分……」

「就是就是，您老人家是國之棟梁，怎麼會行那等下作之事。」曹嵩順著他說：「還不叫人趕緊殺掉這幾個小人？」

「唉，曹兄怎麼這樣說？那些小子畢竟剛入宮，都是窮苦人家的孩子。好歹叫我一聲爺爺，我能忍心弄死他們？」王甫假模假式慈悲道：「所以，我想還是把他們保出來，多少破費點兒錢有什麼要緊的。」

曹操在窗下聽得明白，心道：「想必那幫小宦官定是受他唆使，不然他豈會發這等善心？身為宮中主事，竟私自販賣國寶，這老東西也真是貪婪至極。」曹嵩卻是誠惶誠恐，道：「您老人家真是好心腸，以德報怨，佩服佩服！」

「別佩服我，我雖是這樣想，卻是有心無力啊！老弟想想，這裡面牽涉國寶，豈是尋常？我至少也得跟京兆的官員破費一番，不能叫人家說我仗勢欺人，私縱囚犯。再說了，上上下下那麼多辦案的人，人家受了苦擔了責任，又是為朝廷辦事。怎麼也得一人混雙鞋穿吧？可這全都算下來，少說也得花幾千萬錢吧？」

曹嵩當然明白這是給自己「開方子」，接過話茬：「您不用說了，就衝著您這點兒善心，我掏三千萬給您，咱得把這件好事辦成。」

「喲！」王甫假意推辭，「拿您的錢，這合適嗎？」

「有什麼不合適的？能為您老人家解憂，豈不是我的福分？這不是今天您老提到這兒了嘛，若換做平日，想為您辦點事兒豈輪得到我？」

曹嵩頗爽快：「再說您老人家為我們孟德操這麼大的心，幫幫您也是應該的。」

曹操一陣陣不滿：父親也是位列九卿的人了，對王甫也太過屈媚，有失大臣的威嚴。這時又聽王甫道：「也難為老弟一片赤誠，那老朽我就笑納了。咱還按照老規矩，你差人送到我休沐宅子去就成。」

「您老放心吧！」曹嵩趕忙應承，舉孝廉這段事兒才算完。「王大人，最近宮中可有什麼見聞？」

「董太后正在生氣呢！」

「怎麼了？」

「都是橋玄那個老東西招惹的，董太后的兄長董寵貪了點兒小錢，就被橋玄彈劾了。其實人家好歹是皇帝親舅舅，何必這麼嚴苛呢？董太后本就是藩妃，名分原有些不正，他這麼一攪，太后的臉往哪裡放？」王甫哼了一聲：「咱們這點兒事，切不可走漏風聲讓橋玄知道，不然又要惹出麻煩來了。」

「您還怕他不成？」曹嵩笑道。

「自然是不怕，不過當今萬歲很倚重這老兒。他年歲高、功勞大、資歷又深，倚老賣老的，滿朝文武卻都得給他面子，就連我和曹節也是撼不動他的。別的且不論，單說段熲搜拿何顒，京城裡外哪個官員敢不讓搜？就連袁家、楊家不也搜了嗎？哪知到了橋府，那老傢伙站在門口把眼一瞪，硬是沒人敢往裡面邁一步。」

曹操暗地裡叫聲好：「好一個厲害的老臣，對付宦官和段熲那等小人，就該有這等氣魄！」

「這等乖張之人目前還不少呢！」曹嵩借題發揮：「就比方現任的沛相師遷，這個人骨頭就硬得很。如今我家孟德要舉孝廉了，郡裡的事情若無此人點頭，很是難辦。」

「師遷算個什麼東西？我治不了橋玄還治不了他？」王甫一陣冷笑：「你只管派人給他遞句話，賢姪的事情他若管便罷，若是不管，留神他項上人頭！」

「好！有您老這句話，我就心安了。」

曹操實在是覺得此事不光彩，自己這個孝廉是拿錢換來的，還要仗勢壓人。等到自己當了官，還不知道要挨多少罵呢！聽他們又說起別人的是是非非，有些話實在不堪入耳，索性不再聽下去，起身躡手躡腳回了房。

曹德笑嘻嘻地等候著兄長：「怎麼樣？去了這麼久，你是不是要交好運呢？」

曹操搖了搖頭：「唉……好運是有的，但來得卻不甚光彩。」

兄弟還鄉

過了半個月，在一個陽光明媚的早晨，曹嵩忽然把兩個兒子叫到了身邊。

「什麼？父親又叫我還鄉？」曹操不太理解。

「你還是回去吧！」曹嵩的口氣簡直就是發號施令：「孟德，你今年已經十九歲了，也該成家立業了。姓丁的那個姑娘家世還不錯，跟咱們也算門第相配，又是同鄉。我已經寫信吩咐家裡準備迎娶了，你趁早完婚。」

「諾。」曹操對自己的未婚妻還是充滿了憧憬的。

「另外成親之後別忙著回來，郡國的官員已經答應我了，保你當上明年的孝廉。」

「這麼快？」曹操沒想到王甫和父親辦事如此迅速。

「錢花到位了，還能不快嗎？」曹嵩沒好氣兒地說：「以後你當了官就身不由己了，恐怕想還鄉也是難事。趁現在多往家鄉的親友處走動走動，莫叫人家說咱們爺們兒生分。回去後言行要多加謹慎，管教好族裡的晚輩。聽說你那個堂弟曹洪在家鄉很不安分，你得照管好他們，千萬別在這個節骨眼兒上捅樓子，耽誤了你的前程。」說罷曹嵩又看了看小兒子：「德兒，你也和阿瞞一起走吧！」

「是！」曹德高興地應道。

「從今以後你就住在家鄉，不要再來洛陽了。」

「什麼？爹爹……您不要我了嗎？」曹德嚇壞了。

「傻孩子，爹爹怎會不要你？你如今也大了，我將鄉里的產業交與你打理！咱們曹家雖說出了宦官，但自你太爺爺那會兒就是頗受稱道的和善人家，以後你要安安穩穩管理家業、教養子弟。爹不指望你當官，只要能照管好咱的門戶，我就知足了。你愛讀書又明事理，將來還指著你教育族裡的孩子們呢！」

曹德明白父親不像看好哥哥那樣看好自己，從那一次他不能誦讀哥哥的兵法時，他就已經察覺這一點了。但這十幾年來，父親對他的關愛遠遠超過了對哥哥的。手把手教他寫字，一句一句教他朗讀詩賦，抱著他在花園裡逗喜鵲，深夜裡為他掩好衣被……霎時間所有的情感都湧了上來：「爹爹……以後孩兒不在您身邊……您要保重身體……爹爹……」一句話未說完，已哭得淚流滿面。

曹嵩被他這麼一鬧，也莫名其妙地傷感起來，但實在是覺得不雅：「好孩子，不要哭了，這成什麼樣子！這是怎麼話說的，又不是生死離別，你提前給我送終不成？」說著扶起跪在地上的德兒：「以後等我辭官不做了，就回家鄉終老。你們快去準備東西吧！」

「諾。」兩個兒子抹著眼淚，輕飄飄晃悠悠地走了。

看著他們慢慢離開，曹嵩長歎了一聲：「總算把他們教養成人了，我也快老了……我生下來就為父親而活，後來就是為了孩子們，現在差不多該放手一搏真正為自己而活了！難道我真的只能卑躬屈膝做奴才？難道真的只有楊家、袁家那樣的人才能被人敬仰？我一定要問鼎三公！到時候那些曾經恥笑我的偽君子們，你們還有什麼可說！」

曹嵩沒有為兒子們送行，只是打發幾個家人把他們送出洛陽。曹操和一個老家人騎馬在前引路，後面跟著三駕滿載著行李家資的馬車。曹德則坐在最後一輛車上，瀏覽著四處的景致。

曹德自幼時入都，僅回鄉過一次，而且還在懷抱的時節。平日裡他悶在府裡念書，極少出來走動，更何況出城遠行了。待車馬過了明堂、太學，看見道旁綠油油的田野、遠方無盡的山林時，便有了說不完的新鮮感。只恨自己沒多長幾隻眼睛，不能把這鄉間的一切都看過來，扯著身邊的小廝問這問那，念叨起來沒完沒了的。才走了一陣兒，前面的車忽然停了，曹德不知出了什麼事兒，連忙跳下來往前張望——原來是哥哥的朋友來了。

曹操也沒料到許攸會來為他送行，畢竟他們只有一面之交呀！他連忙下馬施禮。許攸忙回禮道：「聽聞阿瞞兄還鄉，有心到府上探望，又恐唐突叨擾，所以攔了兩位學友在此恭候。」

曹操聽他直呼自己乳名，覺得好笑：看來這許子遠是認定只叫我小名了！

「來！我為阿瞞兄引薦一下——這個大個子是南陽樓圭，字子伯；那個生得像姑娘似的是汝南王儁，字子文。我們仨現都在橋公門下習學《禮記章句》。」

曹操雖覺他言語輕佻，但細觀這兩個人倒覺得很恰當。樓圭身高九尺有餘，龍眉鳳目，攏髮包巾，身著絳紫色綢衣，頗顯魁梧，舉止瀟灑氣派。那王儁中等身材，身穿雪白的長服，外罩一件別致的貂衣，格外俏；再往臉上看，這男兒面如冠玉，齒白唇紅，眉若彎月，耳似元寶，目含秋水，顧盼神飛，勝過子都，不讓宋玉，比畫畫失色，比玉玉黯然，真真比畫中西施、屏上嫦娥還秀美三分。

曹操暗自稱奇。這橋公果然與眾不同，雖然不收名門望族的子弟，但這幾個門生卻個個一表人才，僅這三人一高一醜一俊就是世所罕見。

「久聞曹孟德大名，才略過人，今日一見三生有幸呀！」樓圭話語十分恭敬。

「孟德兄的才華我等已經領教，日後必是國家棟梁之才。我等由心敬佩，特來相送，還望兄長不棄，日後多加親近。」王儁也隨著道。

曹操不明白他們為什麼這樣客套，自己素來沒什麼名氣，而且「宦官遺醜」的家世更是毀多於譽，遠不能與袁紹、楊彪之流相比。這兩個人半路送行也還罷了，言語這般謙遜，真令人不解。

許攸見他一臉狐疑忙解釋道：「阿瞞你莫要見怪，他們是看了你注的《孫子兵法》，從心裡服你，才特意前來的。」

曹操這才憶起：先前自己注解的兵書被許攸借走了，原來他拿著與同門一起玩味去了。也多虧這卷書，竟引來這兩位朋友。他頓時升起知音的親切感。

「哦！實是慚愧，叫幾位見笑了。」

「曹阿瞞你別忙！還有一位大人物要見見你呢！」說著許攸拉著他，指點他往遠處一棵大樹附近看。

只見驛道附近停了一駕馬車，車夫從人十多個在樹下肅立，正當中有一榻一案，坐著位衣冠華貴、鬍鬚飄逸的老者。曹操一見此人如此氣派，馬上意識到——這人若不是大名鼎鼎的橋公還能是哪個？

他的胸口頓時怦怦直跳，這才真叫受寵若驚呢！趕緊拉著弟弟一路小跑，搶步上前跪倒在地：「晚生拜見橋公！操兄弟何德何能，勞煩橋大人來此相見。死罪！死罪！」

「沒這麼多虛禮，起來吧！」橋玄的聲音很厚重。

曹操如履薄冰，拉著弟弟緩緩起身，緊低著頭始終不敢看一眼橋玄，真連呼吸都不敢出聲。

「你抬起頭來。」

「是！」曹操微微抬起頭來，正見橋玄望著他，那雙眼睛真好似帶電一般，直懾人肝膽，使人不寒而慄。他不禁一陣心慌，又趕緊把頭低了下去。

「怎麼了？抬起頭來，叫老夫看看你嘛。」

曹操又抬起頭來，只見橋玄面容清癯消瘦，骨骼分明，一雙鳳目，眼睛閃著嚴峻犀利的光芒，薄嘴唇緊閉著，頸下留著修長的花白鬍鬚——不怒自威貴人之相。

「你叫曹孟德？」

「是。」

「大鴻臚曹巨高之子？」

「是。」

「哼！你可沒我想像的那麼威武呀！我原以為你必是個身高體壯、膀闊腰圓的漢子，沒想到你個子矮小，遠不像個精通兵法的好武之人。」橋玄邊打量他邊笑：「哈哈哈……你長得也不怎麼像你父親，你弟弟倒是很像他。你父鼻直口闊、厚唇長鬚，乃是富貴榮養之相；可他的福相你卻一點兒也未隨上，恕老夫說句不中聽的話，你的相貌恐還在中人之下。不過，你左眉之上有一顆朱砂痣——眉上生朱砂痣，乃大慧之相！」

曹操聽他給自己相面，心裡一陣冷一陣熱，最後聽到自己也算好相貌，才壯著膽道：「小人之貌確實有礙大人觀瞻，不過所謂『不見無鹽之美，是為無心也。』」

「哦？哈哈……你說得好！這部《孫武子》十三篇是你批註的？」橋玄說著拿起了案上的竹簡。

「是。」曹操本想謙虛兩句，但實在摸不清他的脾氣，話到了嘴邊又咽了回去。

橋玄聲音忽然提高，厲聲問道：「《孫子．行軍篇》有云：『軍行有險阻』，我且問你，『險』與『阻』有何不同？」

曹操明白這是考教，忙趨身回答：「險者，一高一下之地。阻者，多水也。」

「我再問你：『凡地有絕澗、天井、天牢、天羅、天陷、天隙之別』，你可知其意？」橋玄緊接著問道。

曹操不假思索答道：「絕澗者，前後險峻，水橫其中。天井者，四方高峻，中間低下。天牢者，三面環絕，易入難出。天羅者，草木茂密，鋒鏑莫出。天陷者，土壤泥濘，漸車凝騎。天隙者，道路迫狹，地多坑坎。」

眼見橋玄不住點頭，曹操以為他問完了，剛緩了口氣，忽又聞他厲聲問道：「所謂『軍貴勝，不貴久』是何意？」

曹操也漸漸放開膽了，趨身走到橋玄案前，隨手拿起筆，在自己那卷書上補充道：「久則不利，兵猶火也，不戢將自焚也。」

「用兵不速如有引火燒身，這句話補得好。」橋玄抬起眼皮盯著他，「孟德，你覺得應當如何用兵呢？」

「這個……」曹操微一猶豫才道：「小可不敢謬言，不過孫武子說得很好：『其疾如風，其徐如林；侵掠如火，不動如山；難知如陰，動如雷霆。掠鄉分眾，廓地分利，懸權而動。先知迂直之計者勝，此軍爭之法。』」

「風林火山，懸權而動，這就是洋洋《孫子》一書最重要的主旨，孟德好眼力。」橋玄忽然站了起來，踱了幾步又道，「我也看了半輩子兵法，只有一事未曾參透，何為『霸王之兵』呢？」

曹操這會兒真是徹底放開了手腳，朗聲道：「霸者，不結成天下之交，不養天下之權，故己威得伸而自私！」他說完這番話，連自己都嚇了一跳，這等言語離仁義禮教似乎太遠，也忒張狂跋扈了。但那一刻曹操絕想不到，這席話將來會親自實踐，他只是怯生生看著橋玄。

橋玄似乎也聽著有些扎耳，但僅僅是面部抽動了兩下，隨即仰面大笑：「哈哈哈……你這小子很好！精闢入裡，言簡意賅，這哪裡像沒上過戰場的人寫出來的！當年老夫統度遼營征討胡虜，要是當時讀了你的書，全殲胡虜豈用得了三年？」

曹操做夢都夢不到橋玄會給他這麼高的評價，誰人不知橋玄當年因為征討有功名滿天下，鬆了口氣忙推辭道：「橋公過譽了！在下實在是……」

「我從來不說過頭的話！」橋玄打斷了他，「好就是好，用不著謙虛客套。」

關於橋玄為人古怪的傳言，曹操耳朵裡都灌滿了，今日一見果然名不虛傳。他眼珠一轉連忙改口道：「我是想說，我所注兵法實在就是專為橋公這等慧眼所作，若他人愚目拙眼怎值一觀？」

「哈哈哈！」橋玄放聲大笑起來，一拍他的肩膀：「好小子！跟你爹一樣的聰明！」

曹操看得有些愣了，這麼大的一個角兒，竟站在大道邊跟一個後生大說大笑，莫說位列公臺之人，就是莊稼老漢也沒幾個這樣的呀！還沒等他醒過盹兒來，橋玄就一把拉他坐了下來——這越發沒個體統了！曹操實有些哭笑不得。

「老夫自知秉性孤僻，雖在官場摸爬滾打了半輩子，卻沒什麼朋友。那些客套的禮節我瞧著彆扭，唯獨愛和年輕人交往，你看子文、子伯、子遠他們仨在我府裡學經，私下裡也是說說笑笑和朋友差不多！你們都來坐！都來坐！」

曹操對這番情景真是聞所未聞，見所未見！這老爺子竟和學生論起朋友來了，還叫他們圍坐在一處！心中琢磨：「他真是研學《禮記》的嗎？」曹德在家一向受管教甚嚴，哪兒見過這等陣勢，早愣在原地，王儁一把拉他也坐下。

「莫見怪，老夫性情如此！」橋玄已沒了剛才那份威嚴：「實不相瞞，子遠把書拿來我一看，當天就想見見你。可一琢磨，怕惹人閒話，說橋玄和曹家的人怎樣怎樣了，京師之地嘴雜呀！」

「今日能得相見，小可實是萬幸。若橋公不棄，我也願隨子遠、子文、子伯他們同在您門下習學《禮記》。」

「嗐！有什麼好學的？這門學問不過是塊敲門磚！世上有幾人能學到馬季長、鄭康成那種境界？」橋玄倒是直言不諱：「說實話，我不過是因為族裡世代相傳而不得不學罷了！子文他們仨名義上在我府裡習學，其實每天都是沒事兒幹了才看兩眼書，大多數時間不過是閒話消遣而已。你小子可跟他們不一樣，家裡有個當大官兒的爹，還有一門子和皇后沾關係的親戚，你自己又有本事注解兵書戰策，還學《禮記》幹嘛？別瞎耽誤工夫了！」

「哈哈……您說的這些真是時人不敢言之語。」曹操從小面對時刻板著臉的父親和拘謹保守的七叔，今兒是有生以來第一次見到這麼直爽的老人，也明白了怪不得許攸言語輕佻，真是有什麼樣的師傅就有什麼樣的弟子。

「孟德呀，當師生咱恐怕是沒緣分了，咱就算是忘年交吧！」

橋玄是隨口道來，卻把曹操兄弟嚇得不輕：六十多歲的老人家竟和不到二十歲的小夥子稱起忘年交來了，需知他們老爹見了橋玄還得以長輩之禮相待呢！

「不敢……」

「有什麼不敢的？別跟袁家的小子們那樣假正經，率性而為才是真丈夫！」橋玄似乎對袁氏一族有些成見。

「是！」曹操呵呵一笑：「不過我還沒娶妻，這次回鄉娶了妻才是真丈夫呢！」

橋玄聽了仰面大笑，許攸撫掌稱妙，樓圭沒聽出來，一個勁兒扯著許攸問：「怎麼了？怎麼了？」饒是王儁文雅矜持，也掩口而笑。曹德已樂不可支了，他從沒見過哥哥與外人這樣玩笑過。

哪知橋玄笑了一會兒，突然收斂起來，一把攥住曹操的手道：「小子！咱們既然已成了朋友，是不是當無所隱晦，推心置腹呢？」

「哦？」曹操一愣：「蒙老大人器重，小可敢不盡命。」

橋玄點點頭，壓低了聲音道：「孟德可識得此人？」說著指了指站在遠處樹下的一個家丁。

曹操不解，自己怎麼會認識他家一個僕人呢？但只看了一眼，便大吃一驚——正是自己日夜牽掛的何顒！

「那是伯……」

橋玄見他呼之欲出，趕忙一伸手捂住他的嘴：「莫要聲張，這裡只有我師徒知道此人來歷，其他家丁尚不知曉，不要泄漏。」

「是是是。」曹操連連應聲，「小可奇怪，他怎麼到了您府上？」

「說來話長，我與陳蕃神交已久。」他所言神交，可見並不熟識，而是互相仰慕。「那一日我乘車出朝，竟見他怨氣沖沖要到省中投案。趕緊派子遠、子文暗暗把他攔下，藏到府裡。」

曹操道：「怪不得段熲搜他不到，原來是橋公救下了，您的府邸他豈敢搜？」

橋玄捋著他的長鬍子，臉上泛起一陣得意：「哼！我當度遼將軍那會兒，他段紀明不過是我帳下一個別部司馬。後來他當到度遼將軍，老夫我已經是太尉了。他一路走來，每每在我手下任職，我叫他幹什麼，他焉敢說一個不字？」

「哈哈……何兄藏到您府，算是找到全天下最穩妥的地方了。」曹操說著瞥了一眼許攸：「子遠，你還真是嘴緊，有這樣的好事，卻不告訴我。」

「當時我不知道你與他相厚，所以只得三緘其口。不料那日將兵書拿回去一說，何兄竟然也認識你，還說你曾經救過他的命。這才曉得大夥都是一路的人馬。」許攸也笑了，「總之多虧了你的兵書。」

曹操似乎明白了，原來橋公今天來找他，絕不單單因為看了他批註的兵書，必有要事相囑。又見老少六人所坐之地離家丁僕人頗遠，才明白他剛才叫大家過來坐是有意回避手下。曹操暗自感歎：「人說橋公粗率乖張無大體，卻不知他粗中有細，城府極深。」

只聽橋玄又緩緩道：「此事萬萬不可聲張！何伯求之事可憫。當初蒙闖宮怨罪，現又有干宮闕劾書之事。昔日陳蕃取義，八十多名太學生，只此一人生還；眼見他一時衝動又要枉送性命，老夫焉能不管？實不相瞞，自那日到今天，他一直都未曾離開過我府。但洛陽終究是虎狼之地，不可久留。此番他計劃往南陽避難，順便聯絡各處的朋友。可這一路上州城關隘盤查嚴密，所以有勞孟德將其混在從人當中，順路護送他至南陽。」

「沒問題。此事有我們兄弟一力承當，您就儘管放心吧！」曹操爽快答應。

「好！能通兵法者果然亦明是非。」橋玄又笑了：「不過此事僅可咱們六個人知道，切不要傳揚出去。就是你爹、你叔父，乃至你那些朋友袁紹、崔鈞，都不可告知。」

「行！」曹操轉頭又囑咐弟弟：「德兒聽見沒有？你也要記住。」

「兄長放心吧！弟弟從小到大，什麼事兒不幫你藏著掖著？」曹德笑了。

「你們也不必緊張，由他混在從人之中，應該不會有什麼枝節。」說著橋玄已經起身，「想必孟德舉孝廉，過不了一年半載還要進京來，那時你只管來府裡找我吧！我還有些公務要辦，就讓子文他們再送送你們吧！」

曹氏兄弟就此向橋玄拜別，許攸三人也跟隨橋玄上車離去。哥倆長揖到地，直到橋玄的車馬走遠了，再也看不見了，才緩緩起身。扭過頭來，又見一身家丁服色的何顒過來問安：「小的橋府管家，奉我家大人之命往南陽公幹，順便一路上伺候二位，望公子不棄。」

曹操知道他這是故意演給眾隨從看的，便大模大樣道了句：「知道啦！你暫且在我身邊，也給我講講你家大人的軼事。」

「諾。」得了這話，何顒便可以大模大樣，不離曹操左右了。

就這樣，何顒跟著曹家的一行人，順利混出了司隸之地，直到沛國才分手。

臨行之時，曹操勸他要保重自己，切不可再行險。

何顒拉著他的手羞愧不已：「大恩不言謝，兄弟兩次救我出水火，實在令愚兄慚愧。本指望皇上能夠振作朝綱、掃除奸徒，哪知他偏聽偏信不辨忠奸。不但沒能給陳太傅報仇，反又害了千餘名太學兄弟！昏庸啊！我大漢有此昏君，天下豈能安穩？愚兄此番又要奔走逃亡了，不知何年何月才能相見，也報答不了你的救命之恩了。願賢弟日後為官能匡扶社稷，為我正義之士揚眉吐氣！」

第七章
入仕前夜失手殺人

桓府赴宴

這個清晨天氣格外晴朗，特別是在譙縣的鄉間，氣息清新，花草繁茂，越發把天空襯托得蔚藍無邊。曹操和夏侯淵信馬在空曠的原野上前行，其實他們也不知道要去哪兒，只不過是出來遛遛罷了。夏侯兄弟可為曹操的婚事幫了不少忙，這兩日才歇下來。可夏侯淵是個穩當不住的，哪管曹操是不是新婚燕爾，剛一得閒就把曹操叫了出來。

曹操臉上帶著還未睡醒的倦容，看著又高又胖的夏侯淵騎著大白馬在眼前來回馳騁，卻怎麼也提不起精神來——他還在為新娘的不如意而感到失望。

曹鼎當初把她誇得像朵花，可新婚那天曹操一見到新娘就洩氣了，他心儀的是那種恬靜幽雅的女人，而他的這位丁氏夫人明顯不是。她比孟德大一歲，龐大的身軀甚至將孟德襯托得格外矮小，再加上姿色毫不出眾，稍黑的一張大圓臉，還嵌著一雙瞇瞇細眼。總之一切美好的辭藻都註定與她無緣，她雖稱不上十分醜陋，但也只不過是那種讓人產生不了愛慕的平庸女人。曹操心中不悅，乾脆借酒消愁，與送親來的酒鬼丁沖你一杯我一盞，喝了個酩酊大醉，躺在洞房裡時，腦海中浮現的竟然是隨妻子陪嫁來的那個美貌丫鬟。

「孟德！」夏侯淵勒住馬：「別一副愁眉苦臉的樣子！不就是婆娘長得醜嗎？」

曹操低著頭苦笑了一聲：「你說得容易！她又不是你婆娘，你當然不覺得寒磣！」

「有啥寒磣不寒磣的？」夏侯淵是個沒念過書的粗人，什麼話都往外道：「人家好歹也是丁氏的大家閨秀。你說寒磣，要到了夜裡把燈一吹往懷裡一摟，還不都一樣？」

「少貧嘴。罷了！不與你講這個！」

「說到你心坎裡去了吧！」夏侯淵憨著臉道：「等你當了孝廉，在外面做了官兒，將來再討個漂亮的小老婆不就成了嘛！」

曹操被他這麼一攪，心裡頓覺那陣陰霾一掃而光，也開玩笑道：「那可就不勞你費心了。」說著打了個哈欠：「我真想不通，你們整日在這裡廝混有什麼意思？難為你們也不膩得慌。」

「待膩了就習武，你跟我練練如何？」

「我可不敢和你練武動手。」曹操可知道夏侯妙才的本事。

「對啦！」夏侯淵停下馬，「今兒倒是有個熱鬧。」

「什麼熱鬧？」

「桓大老爺家宴客，咱們去走走！」

「河西的桓家嗎？」曹操有過風聞：「人家又沒請我，我不去。」

「沒關係，請我大哥了。」

「哦？元讓和桓家很熟嗎？」

「也不熟，他才懶得理桓大老爺那樣的土財主呢！只不過那桓家曉得大哥有名聲，想往自己臉上貼金。我大哥那人你又不是不知道，哪裡看得上他們家？反正他不去，我去也一樣！」夏侯淵擺弄著韁繩說。

「你去倒說不出什麼，可那人家又沒請我呀！」

「沒關係！你是大官的兒子，桓家想巴結你還怕巴結不上呢！你要是去了，桓大老爺還不得美得躥上房？」

「那我也不去。」曹操說著又打了個哈欠：「元讓瞧不起這等土財主，我也不給他臉上貼金。」

「你這人跟我大哥一樣，都是他媽死腦子！桓家今天預備了美酒好菜，說不定還有些歌伎、舞娘什麼的，有吃有喝有玩有樂，為什麼不去？放著清水還不洗船？不吃白不吃，不喝白不喝！由得他們吃香的喝辣的，好東西全便宜了狗肚子不成？」

曹操早聽得樂不可支了：「好好好！衝你這幾句痛快話，我陪你走上一遭。」說著往馬屁股上狠著一鞭，兩人一前一後都馳騁在荒原之上。曹操也不回家，隨至夏侯淵家中換洗一番，也沒知會夏侯惇一聲，便奔桓家去了。

譙縣桓氏乃光武帝時名臣桓譚之後。那桓譚相貌俊雅、暢曉經籍、精通音律，在當時的名聲僅次於揚雄，卻因為不信讖緯頂撞劉秀被罷免官職。此後該族人始終不得志，人口也逐漸凋零。然而即便桓氏雖家道衰退，卻仍是譙縣首屈一指的大地主，如今雖沒有族人當到縣以上的大官，但論及田舍產業，卻不亞於曹氏、丁氏。特別是一座大莊園修得格外氣派，手下佃戶也有一百多家。桓大老爺錢財富裕，也培養出幾個讀書的子姪，卻總是對自己家族名望日益衰退心有不甘，一直想結交名士圖個好名聲，無奈曹家、丁家卻始終不買帳。

偏巧附近的寒族裡出了個夏侯惇，十四歲那年有人侮辱他老師，他竟將那人給殺了，從此大名可就傳揚開了。桓大老爺於是動了心思，一心要和這夏侯惇攀上點兒交情。怎奈這夏侯惇也不買帳，幾年來桓大老爺今兒請明兒請，他總是藉故推託，弄得桓大老爺都有些心灰意冷了。

今天桓大老爺心情相當不錯，只因沛相師遷的外甥周旌，游獵從桓家莊園經過，討碗水吃的工夫，桓大老爺打聽清了底細，軟磨硬泡，費盡心思，把人家留下來招待，還拉來了鄉里的三老一同奉迎，這就免不了又給夏侯惇送了請帖。桓大老爺本沒料到夏侯家會有人來，可下午家人來報，說夏侯公子到了。他美壞了，親自出門一迎，才知道來的不是夏侯惇，而是什麼族弟夏侯淵，還另帶了一個白吃的，心裡就有點兒彆扭。但聽夏侯淵一介紹，那個其貌不揚的年輕人，竟然是當朝大鴻臚曹嵩家的大公子，他心裡忽地一驚，真覺得露臉都露到天上去了！

桓大老爺連忙恭恭敬敬把他們讓進屋，親自把曹操、夏侯淵以及師遷的外甥周旋一同讓到上賓之位。酒宴一開始，又是叫家人布菜，又是吩咐姪子桓邵敬酒，真忙得不亦樂乎，好半天才落坐。

「今日三位貴客至此，老朽不勝感激，甚覺蓬蓽生輝！久聞幾位公子的大名，今日才得相見，真是、真是……」桓大老爺搜腸刮肚地尋思著讚頌之詞，臉上帶著不自然的笑。曹操和周旋見他誠惶誠恐的樣子，甚覺好笑，相互對視了一眼。

「桓大老爺忒客氣了！」夏侯淵倒是滿不在意，只管低著大胖腦袋緊盯著桌上的菜說，「本來我兄長今天要親自來的，全都準備好了，誰知要出門了卻犯了腹痛的毛病。您老想想，要是腹痛這麼好的酒菜消受不了，豈不浪費了？兄長一回頭，正看見我身寬體胖的，就打發我來了。」

這話帶著諷刺，曹操聽了越發覺得好笑。可那桓大老爺似乎美過頭了，絲毫都沒聽出來：「夏侯公子病了？要緊不要緊？我這倒有些治胃氣的好藥，只是不知對症不對症，公子不嫌棄的話……」

一旁的桓邵聽不下去了，猛然起身，滿滿斟上一盞酒，三步併兩步走到夏侯淵近前，肅然道：「久聞二位公子大名！夏侯元讓曾有一面之交，妙才兄是初次相見，觀君食可兼雙人，氣死酒囊，不讓飯袋，真乃不俗之人。」

曹操聽他這話也帶著譏笑，剛要開口，那桓邵卻把臉一扭對他說：「曹公子乃名門之後，祖父就在宮中享有盛名，令尊及兩位叔父在朝中官聲極好，與那王甫老常侍、段熲段太尉都是人人稱讚的一代忠良。我久聞公子大名，今日一見方知……」桓邵話說到這兒忽戛然而止，一揚脖把酒喝了，然後睬也不睬曹操一眼，回自己的位子去了。

曹操心裡大為光火：這分明是罵自己祖父是宦官，說自己父親是奸臣。怎奈他這番話語說得滴水不漏，也不好指責什麼，光火之餘也感歎這桓邵口舌厲害。

這麼一攪自然冷了場，眾人都各自低頭用餐。別人倒猶可，那夏侯淵天生的粗人，一會兒的工夫就弄得杯盤狼藉，時不時還自言自語幾句：「這骨頭硌了我的牙了！」眾人看了各自矜持，唯曹操就坐在他身邊，實在是忍不住笑了起來。

「曹公子無端笑什麼？」桓邵面無表情地問。

曹操見他又來尋釁，不禁咬牙暗恨，決意報復一下，便道：「沒什麼！我想起一件前朝往事。」

「噢？」桓大老爺冷了半天，這會兒終於插上話來：「曹公子博學多才，不妨講出來讓大家聽聽。」

「好呀！」曹操放下筷子：「嘉威侯陳遵為人最是好客。每當有客路過，他總要把客人拉進來，叫家人把大門關緊，並把客人車軸上的車轄取下來丟到井裡。這樣客人想走也走不了啦！」

「哈哈哈！」周旌聽著聽著，聯想起早上桓大老爺死活留他的樣子，不禁大笑起來。

他這一笑，弄得桓大老爺臉上紅一陣白一陣。桓邵再也坐不住了，把杯盞一放，道了句：「小姪告辭了！」說著把衣袖朝曹操一甩，大步流星揚長而去。

桓大老爺更是過意不去了：「這是怎麼鬧的？想必是小姪家中有事，列位不要介意……管家！去把中午尋來的那個歌伎叫來。」

不一會兒工夫，管家就領著一名歌伎和一個童兒走了進來。曹操抬頭一看，頓覺心中爽朗，一陣暖意直襲心底：這歌伎亭亭玉立、身姿窈窕，梳著一把抓的美人髮髻，點綴著亮銀的鳳頭釵，身穿猩紅的錦繡長裙，清水絲線漫繡團花朵朵，下襬拖著地。一雙顧盼神飛的大眼睛，彎月一般的細眉，臉上擦著不薄不厚的胭脂粉，口點著朱紅，耳戴著金耳環，雖一身鮮紅打扮，卻不顯濃豔。

那歌伎上前給眾人一一行禮，曹操細細打量，這女子至多十七、八歲，但舉止卻端莊大方不帶俗氣。尤其是那一雙白嫩似藕的玉臂，未待其唱先有了三分愜意。

「把那熟演的曲子唱上兩段，讓眾位貴客高興高興！」桓大老爺捋著鬍子說。

「諾！」那歌伎微啟朱唇答應了一聲，忙抬手示意童兒起樂。小童兒才十一、二歲，梳著小辮子、穿著藍衫，相貌伶俐可愛，看到招呼便舉起笛管輕吹起來。眾人開始還不甚在意，但細聽來竟如同寒泉滴水、幽咽欲絕一般。那歌伎低聲吟唱：

有頍者弁，實維伊何？爾酒既旨，爾肴既嘉。豈伊異人？
兄弟匪他。蔦與女蘿，施於松柏。未見君子，憂心奕奕；
既見君子，庶幾說懌。
有頍者弁，實維何期？爾酒既旨，爾肴既時。豈伊異人？
兄弟具來。蔦與女蘿，施於松上。未見君子，憂心怲怲；
既見君子，庶幾有臧。
有頍者弁，實維在首。爾酒既旨，爾餚既阜。豈伊異人？
兄弟甥舅，如彼雨雪，先集維霰。死喪無日，無幾相見。
樂酒今夕，君子維宴。

曹操越聽越覺得驚異，這歌伎不唱普通的民歌，唱的竟然是《詩經．小雅》中的曲子，真真與眾不同。

曹操久居洛陽天子腳下，都不曾聞過這等脫俗的曲子，今不想在這窮鄉僻壤之間，竟還有這樣技藝精湛的歌伎。

「不好！不好！什麼兄弟舅舅外甥一大堆的，還什麼死、什麼喪的，多喪氣！」夏侯淵搖著大腦袋。

曹操經四叔點撥熟讀《詩經》，原十分喜歡這曲子，見夏侯淵這樣說，故意附和：「我們倆是山野村夫，可聽不懂這等風雅之曲。可有歡快的，隨便唱一支來！」說著乜斜著眼有意瞅了她一下。

那歌伎聽他道出「風雅」二字，已明瞭他知道這曲子的來歷，但又聽他說要唱世俗歡快的，心知他有意為難自己。於是朝童兒把嘴一撇，童兒的笛音突然陡然一轉變得十分歡悅，那歌伎也邊歌邊舞起來：

將仲子兮，無逾我里，無折我樹杞。
豈敢愛之？畏我父母。
仲可懷也，父母之言亦可畏也。
將仲子兮，無逾我牆，無折我樹桑。
豈敢愛之？畏我諸兄。
仲可懷也，諸兄之言亦可畏也。
將仲子兮，無逾我園，無折我樹檀。
豈敢愛之？畏人之多言。
仲可懷也，人之多言亦可畏也。

她嗓音明快、舞步輕盈，宛如一朵隨風搖曳的牡丹，直引得堂下的管家、僕人都瞪大了眼睛往內觀看；一把年紀的幾個鄉老也都放下筷子用心觀看。周旋不住會心微笑，夏侯淵聽得搖頭晃腦，桓大老爺更是美得拍起手來。曹操見她又是一首《詩經》之曲，心裡也是十二萬分的贊歎，只是故意板著臉，直待她一曲唱完，卻又刁難道：「難得妳還知道這歡快的曲子，只是『人言可畏』終究不是什麼好詞啊！」

「哦？」那歌伎整理了一下裙襬笑笑說，「公子的品味可真高！這還不合您的口味嗎？」

「那就另換一支吧！」曹操有些心潮起伏。

「公子又想換什麼？」那歌伎的語氣裡帶著嗔怪：「我瞧公子的打扮出眾，原料你必定不是俗人，誰知你這麼挑刺兒！難道還要奴家唱世俗淫曲不成？奴家雖然卑微，但也是正經人家的孩子，別看家貧，也沒人逼我們下作！《詩經》三百思無邪，乃是君子之曲，公子你要是不好這君子之樂，不知公子是什麼身分？」

「哈哈……」眾人聽罷齊聲大笑。

「你們瞧！」曹操也笑著說：「我才說了兩句，竟引出她一車沒輕沒重的話來，還繞著彎兒罵我是小人……也罷！隨便唱一曲吧！」

那歌伎也忍不住笑起來，道：「公子既然挑了，我這裡倒有一首很新奇的曲子，唱給你聽吧！」說罷擺了擺手，也不叫童兒起樂，逕自高歌起來：

迢迢牽牛星，皎皎河漢女。
纖纖擢素手，札札弄機杼。

終日不成章，泣涕零如雨。
河漢清且淺，相去復幾許。
盈盈一水間，脈脈不得語。

曹操的心怦然一動！好個貌美又多才的少女，可惜生平多舛淪落為歌伎。想起家中那位糟糠之妻的尊容，簡直是一個雲上一個泥裡。不過丁氏夫人甚是賢德，加之如今他是待舉的孝廉，這個時候得注意言行，所以也只能是把萬千感慨化作一聲無奈的苦笑了。

那歌伎退下後，原先尷尬的氣氛變得十分融洽。曹操發覺師遷的外甥周旋頗有些見識，三老為人很是和藹，就連桓大老爺似乎也是個不錯的厚道鄉紳。

於是大家彼此相敬，酒過三巡，菜過五味，也就其樂融融了。

英雄救美

酒席散去時天已經黑了，桓大老爺親自挑著燈，把曹操和夏侯淵送到莊園大門外，千叮嚀萬囑咐：「下次一定要與夏侯元讓公子一起來！」

「好！您老放心，這事就包在我身上。府上的肉實在是好吃，今後少不了麻煩您老的地方。」夏侯淵有一搭無一搭地念叨了兩句便騎上馬，曹操則與周旋執手而別。

陰暗的鄉間道路很是難行，好在夏侯淵生於斯長於斯，早已熟識，就算閉著眼睛也能摸到家。他一邊在前面引路，一邊哼著亂七八糟的小曲兒，時不時還回頭看一眼在馬上沉默不語的曹操。

「我說你這人千好萬好就是太在意婆娘！怎麼又一臉苦瓜相？」

「妙才！你說這鄉里哪兒來的這麼一個脫俗的歌伎？」

「為了這個呀！」夏侯淵「噗哧」一笑，「你稀罕她？」

「嗯。」曹操羞赧地應了一聲。

「真的？」

「嗯。」

「走！」夏侯淵調轉馬頭叫了一聲。

「幹嘛？」

「搶了來不就成了？」

「這怎麼行？沒王法了嗎？」

「我的大少爺！你還當這兒是你住的那個天子腳下了？搶個歌伎回家，生米做成熟飯，算個屁？就算不妥，也不過是點子風流罪過罷了！誰叫你喜歡她呢？」夏侯淵蠻不在乎。

「那也不成！搶人豈是我等人家做的事？」曹操一把抓住他的轡頭：「再說我現在已經是……」

「已經被郡縣舉薦，要當孝廉公了！所以這個節骨眼兒上不能捅馬蜂窩，是吧？」夏侯淵齜牙樂了：「得！聽你的，都依著你就是了。反正你別心疼後悔就罷了！要不我替你想著這檔子事，今後要是遇見她，我替你求個親，咱們正正經經、三媒六證討回來，還不成嗎？可惜連這妞兒的姓名都不知道，這親可怎麼求呢？到時候我就說孝廉公曹孟德相中了妳，妳快給我當嫂子吧！只怕人家不樂意……」

曹操聽他一個勁兒挖苦自己，忙擺手道：「行了吧！大飯桶！天已經這般晚了，快走吧！」

「怎麼？不求親了？回家？得令呀！」夏侯淵怪聲怪氣地耍了一陣貧嘴便撥回馬來領路，可沒走幾步又哼起荒腔走板的曲兒來。

「我服了你了！快別唱了，荒郊野外你再把狼招來。」

「嘿！連唱都不行啦？」

「你唱得難聽。」

「我是怕你悶得慌，尋思你好聽個曲兒，特意給你唱上兩句，你還說吃甜咬脆三道四得的。早知道不跟你來了！」

「你講不講理？是你硬拉我來的！」

「不拉你來能見著那小妞兒，剛才你……」

兩人正在鬥嘴，忽然聽到後面遠處傳來一陣呼喊聲，還隱約看見幾個火把一閃一搖的。「走！看看去！」夏侯淵也不等曹操說什麼便打馬往回趕。曹操邊跟隨邊思量：難道這地方不乾淨，出了土匪不成？好在夏侯淵一身好武藝，我也會兩下子，乘著酒興鬥鬥他們又何妨？就是不成，憑這兩匹好馬也斷不至於有閃失。

隨著火光漸漸近前，二人勒住了馬細細觀看：只見一群家丁模樣的人，正手持棍棒和火把，圍著一駕驢車叫罵，趕車人早就嚇傻了，哆哆嗦嗦站在一旁不敢吱聲。

「小娘們兒！快點兒出來！別他媽給臉不要臉！」一個身穿黑衣的中年人扯著沙啞的嗓門叫嚷著。曹操向來眼尖，當時就認出是桓府的那個大管家。

「小娘們兒！妳尋思妳還能逃出本大爺的手心兒嗎？大爺我看得起妳，妳還真拿自己當了千金小姐了？再不滾出來老子我撕了妳的皮！鼻子底下有嘴妳也不掃聽（探詢）掃聽，這方圓幾十里誰不知道本大爺的手段……」這管家翹著鬍子破口大罵，還一嘴的淫詞穢語，方才在席間伺候人的那份兒恭敬小心的勁兒全都不見了：「妳他媽還不出來？臭娘們兒，兄弟們給我上！搶回去大夥一塊兒樂呵！」

幾個無賴得令，忙一哄而上掀車簾子拿人，哪知剛一動手從裡面咕嚕嚕躥出一個小孩來——正是剛才為歌伎吹笛子的那個童兒。

那孩子不由分說，拉住一個無賴的胳膊狠狠地就是一口。那無賴疼得直學狼叫，回手就是一巴掌，把童兒打了一個趔趄。童兒還沒站起來，就被那管家一把掐住了脖子。

「阿秉！」車簾又一掀，裡面果然就是那個楚楚動人的歌伎：「無賴！快放了我弟弟！」一句話未說完，就被兩個無賴架住了。

「放了他也行，除非妳把大爺伺候美了！」

「都住手！」曹操也不知從哪兒迸出一陣火氣，立刻喝住這幫人。

這群傢伙只顧搶人，聽到喊叫才發現身後多了兩個人：「什麼人？吃了熊心豹子膽，敢攪大爺我的好事，你活得不耐……哦！是兩位公子呀！怎麼驚動了你們。這是怎麼話兒說的，我該死！該死！」那管家剛要發威卻認出了他們，連忙換了一副面孔。

「為什麼搶人？」曹操跳下馬來。

「曹公子有所不知，我們哪兒是搶人呀！這小娼婦本是我特意找來，給公子們唱曲解悶的，誰想唱完了曲兒給完了錢，他們臨走還偷府裡的東西。這還了得！我這不趕緊領著人追來了嘛！」

「你他媽胡說！」那童兒奮力掙開了管家的手，大罵道：「兩位大哥別聽這老狗放屁！這老王八瞧我姐姐長得漂亮要搶回去做妾！你這狗都不踩的爛屎蛋子，也不撒泡尿照照你那龜模樣！還惦記我姐？癩蛤蟆你就死了這條心吧！回去找個糞坑一頭扎進去，來世托生張體面皮再說吧！」

「哈哈！」夏侯淵聽了這小子一大車髒話竟大笑起來，也翻身下了馬：「你小子笛子吹得不賴，罵人也能罵出這麼多花樣來，佩服！」

「你們別胡鬧啦！」曹操訓斥了他們一聲，又問：「管家！你說他們偷了府上的東西，那東西是什麼？現在又在哪兒？他們偷東西時誰看見了？」

「這、這……」那管家眼珠一轉：「曹公子，這裡的事您就甭操心了，我們幾個拿了人，明兒就送交官府，有縣令老爺做主就是了。二位公子早些回去歇著吧！」

「不行！」曹操還未張口，那童兒見有人幫忙，就叉著腰跳著腳又罵了起來：「別聽他的！這老王八還不死心，以為二位公子是糊塗油蒙了心的不成？你這老混蛋，平日一向仗著主子的勢力翹尾巴，捧著你們老爺那半年不洗的，皴了皮裂了口子的臭腳當寶貝，幹了多少缺爹少娘、斷子絕孫的不義事兒？明兒你們打點官府，沒罪也能判成有罪，以為小爺我不曉得哩！你這掉了腰子沒胯骨的老東西！」

「小兔崽子！」那管家被他罵得火冒三丈，上前又是一個嘴巴。

「你還敢欺負人！」夏侯淵聽了那童兒的罵覺得很對胃口，這會兒見管家又動了手，哪裡還容得他？一個箭步躥上去，劈頭蓋臉就是一馬鞭！那管家「媽呀！」一聲慘叫，打個滾翻起身來，捂著鮮血淋漓的臉，殺豬似地大叫：「打人啦！你們都他媽死絕了麼！管他什麼人，動手呀！」夏侯淵見他喊人，哪裡還壓得住火，把手中馬鞭掄得風響，趕著那管家猛抽。

這麼一鬧，桓家的家丁也都急了，一陣吆喝，十幾個人提著棍棒，也不分說，圍著夏侯淵就打。曹操也怕夏侯淵吃虧，忙撿了一根木棍在手，但哪兒還用他伸手。這夏侯淵自幼與兄長夏侯惇一處習武，身手在這一帶是第一號的；這些惡奴欺侮老百姓是把式，三腳貓的手段，夏侯淵哪兒放在眼裡？他越打越起勁兒，縱橫躥跳，一根普普通通的馬鞭竟舞得宛若蛟龍，恍惚閃搖神出鬼沒，鞭著處無不皮開肉綻。眨眼間打得這些家丁拋下棍棒、火把，也顧不得重傷在地的管家，一個個逃得比兔子都快。就連那趕車的人也被無故掃了兩鞭，嚇得丟下驢車不要了。

那管家見幫手全跑了，掙扎著爬起身拔腿也要開溜，那童兒瞅見了趕上前一把抱住，衝著他的大腿就是一口。「我的媽呀！」疼得他一個趔趄又栽倒在地。

「好小子！你這張嘴還真是不含糊，我給你數著了，會吹笛，會罵人，會咬人，牙口不錯嘛！」夏侯淵甩了把汗取笑道。

「那是！我不光咬人還咬狗，咬他這路仗勢欺人的看家狗！」

曹操心裡明亮：妙才太過莽撞了！這幾十鞭子下去，氣是出了，人是救了，可傷了桓家這麼多人，又把大管家揍得血葫蘆似的，桓家也算是手眼通天的，這可如何收場啊！

想到這兒他趕忙上前扶起桓府管家探問傷勢，誰料那管家挨了毒打心中憤恨，開口便罵：「你們這群兔崽子，真是沒王法了！敢打人！也不掃聽掃聽，以為我們桓家是好欺侮的？我們姪少爺在郡裡也是有頭臉的人物，叫你們吃不了兜著走！看誰的胳膊根粗！狗娘養的……」

夏侯淵上前又是一鞭把他打倒在地。曹操起先還呵斥夏侯淵住手，後來卻聽那管家罵道：「打得好！好一個土匪胚子！仗著有一門子閹人親戚就不知好歹了！祖宗不積德，才養下斷子絕孫、長頭沒長尾巴的太監來！認了老閹人當爹，還敢叫兒子出來行凶，真是一幫老黃鼠狼養下的耗子……」曹操聽到此已覺大不入耳了，強壓怒火勸阻。

哪知那管家早被打瘋了，扯著嗓門叫嚷：「小黃鼠狼子你別假惺惺裝好人！你爺爺就是個閹人，你爹還不知道是哪裡來的野種呢！」

曹孟德心頭一悸：好啊！天下人都道我父子是野種！他順手將管家一推，掄起右手的棍子使盡渾身力氣朝管家砸了下去。

霎時間，好似萬朵桃花開，將那管家打得頭頂粉碎、腦漿迸出！

「不得了！打死人啦！」歌伎嚇得尖叫一聲。

「別喊！」曹操一把捂住她的嘴：「死得好！打死更乾淨！」說這話時他眼裡透出一陣寒氣，面目猙獰得近乎扭曲。

「這可怎麼辦？」歌伎急得哭了起來：「打死人命可如何是好！」

「死了就死了！」那童兒卻滿不在乎：「有什麼大不了的！實在不成咱上山當大王，保著這位哥哥當寨主，姐姐就跟他做個娘娘，誰又敢拿咱們怎樣？」

「你懂什麼？別胡鬧了！咱們姐弟好命苦啊！」

曹操喘了幾口涼氣才緩過神兒來：平日裡就算打死個無賴也算不得什麼，可如今自己已經被舉為孝廉，要是捅到京裡豈是鬧著玩的？這半生的功名全沒了！剛才怎麼一時衝動就把他打死了……

「咱們快走！」夏侯淵冷靜下來：「回去再想辦法，留在這兒罪可就坐實了！」

「對！還有辦法，桓府就是出來找人也得有一段時間，咱們兩家的門豈是隨便敲的？」曹操一回頭，「可他們姐弟怎麼辦？」

月光之下，那歌伎正摟著弟弟啼哭。這會兒她早已洗去了唱曲時的裝扮，穿著簡樸的衣衫，苗條的身段，秀麗出眾的面龐，加之晶瑩閃爍的淚光，更使她顯得嫵媚動人。她見曹操問話，把眼淚一抹道：「此人雖不是我打死的，但此事卻因我而起……我不走！小女就是被拿到官府，也要講明實情，為公子作證！」

曹操見她這麼說心裡頓生敬佩之情，一把拉住她的肩膀問：「你叫什麼名字？家在哪裡？」

「小女子姓卞，這是我弟弟阿秉。爹娘都因為饑荒瘟疫死了，我們從小在外面賣藝，走到哪裡住到哪裡，哪還有什麼家？我只求公子把我弟弟帶走，保存我爹娘這點骨血……」

「跟我走吧！」曹操不等她說完，「把你弟弟也帶上！」說罷抱起卞姑娘就放到了馬上。

「這……」

「我現有功名在身不能打官司，有話回去再說！」說著曹操也翻身上了馬。

「哈哈！」夏侯淵見了一陣大笑，「孟德兄！你這不是搶人也是搶人啦！」

「少說沒用的！你把屍體搭到車上，給那驢來一刀讓牠跑出去，再鋪些土把血蓋好。帶上孩子，咱們走！」

兩匹馬載著四個人飛奔至夏侯家的莊子上，所幸朦朧月色之下並無他人留意。夏侯淵馳騁在前，離著老遠就看見一人舉著燈在門首張望。

夏侯淵趁著火光見此人五短身材，結實強悍，雙目炯炯，一張容長臉被殷紅的火光照得異常威嚴——這不是兄長夏侯惇又是哪個？趕忙緊加兩鞭跑上前去。

「你們倆跑哪兒去了！也不叫僕人跟著，這麼晚才回來！」夏侯惇話裡帶著責備：「德兒兄弟還來找孟德呢！你們也不早點兒……唔？這孩子是誰？那邊還有誰？」

曹操和夏侯淵連忙示意他放低聲音，拉著他進莊園後，才把先前發生的事情一五一十地說了。

夏侯惇聽了神色沒有什麼改變，只是搖了搖頭：「偏在這個時候出事，豈不壞了兄長的前程。」他來回踱了幾步，思索良久才道，「就算把屍首藏了也沒用，這麼大一個活人，挨完打不見了哪兒是尋常事？桓家逃走那麼多家奴，事情怎麼完得了？紙裡包不住火，早晚會驚動官府查到咱們兩家來。」

「那怎麼辦？」夏侯淵乾瞪著兩隻大眼睛看著他。

「除非……」夏侯惇抬起頭來看著他兄弟：「除非你去投案！」

「我？」

「對！只有你去投案才能兩全！聽你這麼一說是你先動的手，而且那些家丁都是你打傷打跑的，他們不在場，聽說出了人命自然第一個想到你。只要你去投案，把罪名往自己身上一攬，孟德就脫了干係了。」

「不行！」曹操馬上反對：「禍是我闖下的，大不了不做官了！」

「我倒覺得這法子行！」夏侯淵把牙一咬：「不就是坐牢嘛！咱們這樣的人家誰敢把我如何？只要孟德當上官，還愁救不了我？老子倒要看看桓家能有多大本事，我去！」

「孟德兄你放寬心，」夏侯惇倏然轉過頭來：「我在這縣裡還是有點子名氣的，他們哪個敢把我兄弟怎麼樣！我出面上下一打點，再把他們搶人的事兒一說，妙才不會吃虧的。」

曹操這會兒已經被這兄弟倆的話深深震撼了，心中一熱，暗道：「莫非天賜這對兄弟與我？」趕忙上前拉住他倆的手，心頭千言萬語竟一句都道不出來。

「孟德！你也要做好準備，過幾個月你就要進京了，你得先知會你叔叔曹熾一聲，如今他兒子，也就是你那個堂弟曹仁，在郡裡有些朋友，有給師遷當幕僚的，也有幾個縣尉，讓他們活動活動。另外，你們今天不是結識周旋了嗎？若能請他再出出力，這官司弄好了也就不了了之啦！」夏侯惇想得很周全。

「好！這事就交給我吧！」

「還有這對姐弟呢！」夏侯惇打量了一眼卞氏姐弟：「要是妙才去頂罪，官府找到他們反倒不好了。編排供詞難免會有疏漏，不如……找個地方藏起來！」

「我有辦法，我家剛置了縣東五十里外的一塊荒地，在那兒起了幾間茅舍，現在天暖，正好把他們送過去安頓。一去一返這一夜足夠了。」曹操已經計劃好了。

「我看行，不過你不能去。你兄弟德兒就在屋裡呢！你去告訴他這些事，叫他替你送這對姐弟去，你得趕緊回家裝作什麼事也沒發生。桓家只要一報官，縣吏連夜找上門也不是不可能，到時候你不在家可就麻煩了。一會兒我叫家丁準備輛車，德兒帶他們去，你速速回家。如有人問起，你就你投案去！」

說我們留德兒住下了，這樣萬無一失。」囑咐完，夏侯惇拍了一下兄弟的肩膀：「走！我現在就帶

「這……大恩不言謝。」曹操深深一躬，暗暗佩服夏侯惇臨危不亂：「妙才！我這一身血跡，咱倆得把衣服掉換一下。」

「行！」夏侯淵笑著脫下衣衫，「孟德兄！你把她藏起來，這也算是金屋藏嬌了吧！」他倆儘管體形有異，但勉勉強強還是能將對方的衣衫套上。

一切打理已畢，曹德也帶著卞氏姐弟匆忙趕車而去。待曹操回到家，已經是將近定更時分了，先往七叔曹胤處問了安，又特意稟明弟弟在夏侯莊上留宿的事，才邁著沉重的步伐踅進自己的臥房。

這一天的經歷真如同做夢一樣！曹操閉著眼斜歪在榻上想心事：這一關應該勉強過了。可下一步呢？得有所防備，案子一出得叫族裡人安分點兒。曹洪平日最能惹禍，不能讓他出去捅樓子。還有，這件事的真相要保密，除了夏侯惇、夏侯淵和德兒，誰都不能告訴！卞家姐倆今後的吃用也是麻煩事，只有讓德兒祕密給他們送東西，好在那地方偏僻，極少有人到那兒去，家裡也不急著用那片地。

曹操忽然想到那卞姑娘，方才臨別時真是依依不捨，難得有這麼一位既多才多藝又漂亮可人的姑娘，金屋藏嬌辦不到，茅屋藏嬌也不錯呀！只可惜過些日子就要上京了，不知道什麼時候才能再見面。想到這兒他不禁歎了口氣。

「別整天唉聲歎氣的！」他妻子丁氏恰巧走了進來：「有話你就直說。我知道你嫌我醜，瞧你天天盯著我丫鬟的樣兒，魂兒都不在身上了。你趁早把她收了房，臨走也好放下這檔子心事。我不是小心眼兒的人，你莫要整日耷拉著驢臉耍小性。」

曹操睜開眼端詳著妻子的尊容，真是感到哭笑不得。

第八章

終於當官了

洛陽縣尉

尚書右丞司馬防憋了一肚子氣。本來到選部曹[1]任職是件好事，用心做兩年差事，再外放做個郡守，或在京兆當個官前程是不錯的；可如今，司馬防偏偏遇上了個不著四六的上司。

眾所周知，選部尚書梁鵠是個不務正業的人。梁鵠，字孟皇，出身不高，但因跟隨書法大家師宜官學藝而名聲赫赫，甚至一手俊雅的篆字不亞於其師。不過他出任選部尚書，根本就是尸位素餐，每天早晨把公務文書往桌案上一攤，甩下一句：「你們看著辦吧！」他就算了事，然後獨自找個清靜地方，練書法去了。

剛開始司馬防作為他的副手還硬著頭皮辦差，後來發現這些差事件件都辦不下來。選部曹掌管著二千石以下官員和孝廉的任免和升降，這官員任命的差事歷來多恩多怨，今天三公下令要征辟某人某人，明天宦官託了人情要升賞某人某人，皇上太后還時不時指定要某人擔任某個職位。人可多得是，但官位卻是有限的，顧東顧不了西。

司馬防一個小小的尚書右丞，哪頭也開罪不起，左思右想下不了決斷，去請示梁鵠，他還是那句：「你就看著辦吧！」這差事真是沒法兒幹了。司馬防有心不幹了，可又沒地方去，橫下心上書彈劾梁鵠還告不動！這梁鵠雖然占著茅坑不拉屎，卻因寫得一手好字頗受人好評，連皇上都很賞識，公卿以下大臣也紛紛求字求匾，因為這個緣故，他人緣走得還特別好。辦差辦不來、辭職辭不了、告狀告不動，司馬防進退不成，光剩下慦氣了。

不久前沛國掀出了大案，沛相師遷檢舉本郡不法，後來不知怎麼得罪了王甫，師遷反而自己壞了身家性命，事後王甫竟要他義子王吉當沛相。司馬防招惹不起只得照辦，誰料這個王吉上任不到一個月就斷出四起大案，有罪的、沒罪的殺了百十多口子，還碎屍街頭、株連九族、懸首城門，殘忍到了極點。朝野上下一片譁然，弄得司馬防跟著王甫、梁鵠一起挨罵，這使得他越發壓不住火了。

這個早晨本就十分燥熱，司馬防心情又非常不好，眼瞅著案前的公文和宦官、貴胄、公卿託人情的帛書，簡直要坐不住了。

他用力拍了拍腦袋，努力讓自己的心緒平和下來，然後強打精神開始參閱公文和這些書簡。取過公文來，頭一檔就是新任太尉段熲為老部下求升職的事。段熲自受王甫提攜擔任太尉以來，已經是第三次為老部下說人情了，他因為大肆捕殺太學生已經臭名遠揚，還不知收斂，一個勁兒保舉親信。司馬防有心駁了，細一琢磨段熲勾著王甫，是萬萬開罪不起的；可要是隨了他的心願，自己免不了又要挨罵。究竟該怎麼辦？司馬防合計了半天不知如何是好，只得把這公文放到一邊待定。

拿起第二件公事卻是王甫關於勃海郡官員的指派書。自勃海王劉悝被處死後，勃海改國為郡，要重新選派官吏。朝廷的公議還沒下來，王甫就先送來一大串名單，都是親信故友送了錢的，甚至

① 掌管官吏任免、升降、調動等事務的部門。

誰當什麼縣令、誰任功曹大吏都擬好了。可是皇上明明發過話，要挑清廉的官員去擔當，說不定以後還會親自幹問。這該如何是好？司馬防一頭霧水，又把公文丟在了一邊。

拿起第三件公事一看——更棘手！乃是大鴻臚曹嵩為兒子曹操當官託來的人情。要是別人倒也罷了，唯獨曹家父子的這件事萬萬不能隨便許諾！

數月前曹操剛剛被舉為孝廉，還未上京就惹出一場大官司。從沛國蹦出個士紳桓邵，告他為爭一歌伎打死桓府管家。正趕上那個酷吏王吉新官上任，不問青紅皂白就立案了。他本是殺人不眨眼的脾氣，可三推六問兩個多月，結果卻是告發無憑無據，此案不了了之。

其實細想就會明白，曹嵩和王甫本是穿一條褲子的，王吉必定是在沒有搞清曹操身分的情況下倉皇立案，引出一場大水沖龍王廟的鬧劇。後來摸清了底細，所以這官司也不用再打了，只找了一個姓夏侯的小子頂罪。可是這麼一鬧，爭伎殺人的事弄得朝野盡知，還怎麼給曹操安排體面的職位？那曹嵩不但不知收斂，還獅子大開口，要讓兒子當洛陽令！這臉皮厚得快趕上城牆了，兒子捅了樓子，還要讓他當天下第一縣的縣令！給還是不給呢？官司是他們自己鬧出來的，如今又是他們腆著臉來要官，天底下的道理都叫他們占盡了。漂亮話說了一大車，還不知道這個曹操是什麼貨色呢！

司馬防實在是看不下去了，他感到天旋地轉，望著桌案上成堆的公文，感覺所有的文書上，都密密麻麻寫滿了「恩怨」二字，那麼的刺眼刺心！忙了半天連一件公務都沒辦下來，卻急得渾身大汗頭昏眼花了，他揉了揉眼睛長出了一口氣，抬頭看了看坐在不遠處的梁鵠——這位大尚書正坐在那兒練他的書法，跟沒事兒人一樣。

「梁大人……梁大人……」

梁鵠恐怕是一門心思都在寫的字上面，根本沒聽到司馬防的呼喚。

「尚書大人！」司馬防終於忍不住了，他提高了嗓門：「這兒有幾件公文，請您過目。」

「哦？」梁鵠連頭也不抬一下：「什麼公文呀？我不是說了叫你看著辦嘛！我這兒忙著哩！手頭這是黃門張讓求我寫的字，後面還有一堆呢！袁公要我寫一卷《尚書．洪範》收藏，永樂太后也叫我寫一副字給她姪子董重，還有楊公、馬公二老的，他們可等了半個多月了。另外老張奐雖然罷了官，但雅興不減，來信叫我抄一首《猛虎行》……」

「大人！」司馬防聽不下去了：「請您將書法之事暫且擱置，這幾件差事一定要您親自拿個主意！」

「什麼事呀？你看著辦吧！」梁鵠頗不耐煩。

「看著辦！看著辦！我可得辦得了！」司馬防真是氣瘋了，他歇斯底裡地大喊著，竟把滿案子的公文信箋都狠狠推倒了地上。漢官講究威儀，大聲喧譁便為失禮，何況此等舉動。他這麼一折騰，滿屋的掾屬、書吏都嚇得一愣，詫異地看著這位平日裡溫文爾雅的上司。

「都看什麼？」梁鵠這才放下筆，厲聲道：「你們都出去，我有些話要和司馬大人單獨談。」

等滿屋的掾屬令史都退了出去，司馬防才意識到自己的失態，抱著腦袋低聲解釋道：「屬下實在是孟浪了！其實……大人……我實在……實在是無能為力，我辦不下這些差事了！」

「那怎麼辦呢？」梁鵠打了個哈欠，依舊是面無表情。

「請尚書大人您給個示下，應該怎麼辦？」

「我也不知道。我只知道我得寫好這些字。」

司馬防見他依然是這副死豬不怕開水燙的架勢，打心眼兒裡膩味透了，冷冷道：「大人！您既然不知如何辦理，為何還不想想辦法，幹點正經事兒呢？」

「這就是正經事兒！」梁鵠的聲音雖然不大卻是斬釘截鐵，這反倒把司馬防嚇住了。「司馬老弟，你以為我就辦得了這些公務嗎？」

「此話怎講……」司馬防低下了頭。

「實話告訴你，這些差事就算是周公在世、管仲復生也辦不下來！」梁鵠無奈地搖了搖頭：「天底下的事本來就沒有人人都滿意的道理，況且現今朝廷風氣不正，黨羽繁雜，根本就理不清頭緒！」

「那咱們……」

「所以我才叫你隨便辦呀！」梁鵠一抖楞手。

「可是這麼處置能交差嗎？」

「甭擔心！你一個四百石的小小尚書右丞，誰還能和你過不去呀？他們才不拿金碗碰你這瓦罐子呢！他們就是有怨氣也得衝我發，有箭也得往我身上射呀！」說到這兒梁鵠摸了摸額頭，長歎了一口氣，玩世不恭的神情霎時間無影無蹤：「所以我只有把公事交給你，我好有時間給這些大人物寫字，儘量叫他們高興。這樣東邊有人放冷箭，咱到西邊找人保咱，等西邊翻了船咱再到東邊躲避。人事安排有人失望，總得有人高興吧！咱們就和他們來回周旋，無論如何雙腳不踏空也就成了！」

司馬防聽了這些發自肺腑的話，真是如夢方醒，他突然意識到梁鵠大智如愚，其實比自己想像的高明得多。

「司馬老弟，你也幹了這麼長時間了，怎麼還沒參透這點子道理呢？你人品不錯，勇於任事，又不輕易多言，這些日子真是辛苦你了。其實你不用多想，只管隨你的心情去做，有了麻煩有我去頂，咱們就這麼一裡一外，兩年下來我保你當個京兆尹，早早離開這叫天不應叫地不靈的鬼地方！」

「這……」司馬防一臉慚愧地俯下身去撿滿地的公文：「沒想到大人有這麼多苦衷，屬下誤解您了。」

「老弟見外啦！不瞞你說，有時候我都想把這些字都撕了、燒了！可是不行呀！要不是還能寫點子好字，像我這樣沒根基沒門戶的，早被貶出京師了！如今這世道，有什麼辦法呢？」梁鵠抹了把臉，顯得格外疲勞。

「您說的是呀……」司馬防也沉默了。

「老弟啊！別耽誤工夫啦！咱們都是掛上車的牲口，只要身在宦海，一刻也不能歇呀！」

「諾。」司馬防聽著他這個比喻笑了，「那麼……就給段熲個面子，為他保舉的人升一級。行嗎？」

「行！」

「那勃海郡官員待選，王甫的人不用行嗎？」

「成！」

「至於曹操這一件，」司馬防不敢再放膽，頓了一下才道：「如果讓他擔任洛陽令也太顯眼了，但是要外放縣令使他們父子分開，又似乎不近人情，畢竟曹嵩的人情託到大人這兒了。」

「那依老弟之見呢？」

「就先讓曹操當個洛陽北部尉[2]吧！」

「沒問題。你就看著辦吧！」梁鵠又提起筆來繼續寫他的字。

曹熾訓教

「在京師做官一定要小心謹慎！」曹熾翻來翻去向姪子重申這句話：「至於家鄉的那件事，你

②管理洛陽北部治安的官員；因洛陽是漢都，轄境廣大，所以分設東、南、西、北四個縣尉管理治安。

不必掛在心上，王吉那裡我已經疏通好了。其實桓府那個管家搶人在先已觸犯律法，只是那個桓邵還不依不饒的。這小子鐵嘴鋼牙咬定不放，好在王吉強橫，硬是把他壓下去了。要是能找到那對歌伎姐弟問明實情最好，但奇怪的是這姐倆怎麼會跑得無影無蹤呢？」曹熾說到這兒眼睛直勾勾盯著姪子。

曹操最懼怕他這個心細如針的二叔。對父親是尊重，對四叔曹鼎是佩服，對七叔曹胤是敬畏，唯獨對曹熾才是地地道道的懼怕。這件事本就有鬼，聽他這麼問心裡直打鼓，強作鎮定地說：「或許是怯官吧！王吉為人殘暴是出了名的，桓家又有錢有勢，哪個平頭百姓遇上這事能不怕呢？」

曹熾不作答，仍舊直盯著曹操，良久才試探道：「我一輩子都忘不了你小時候的騙人伎倆，估計你又在我面前裝中風吧？或許那個人真是你打死的吧！若是你打死的，夏侯妙才投案頂罪，藏住卞氏姐弟，這事兒就能說通了。」

曹操心都快蹦出來了，搜腸刮肚剛要辯解，卻聽曹熾從容說道：「算啦算啦！事情過去也就過去了，頂多讓妙才住幾天牢房罷了。仁兒如今在郡裡還算吃得開，再有我的關照，王吉是不會再刁難他的。」

曹操長出一口氣，懸著的心這才放下。

「關鍵是以後。在京師做官一定要小心謹慎！」曹熾繞了個大彎又回到了原先的話題：「洛陽北部尉不過是芝麻大的官，誰都招惹不起。別說你了，我現在掌管長水營，明面上統領七百多兵馬，風風光光，其實也不過是個打雜的！天子腳下大人物太多，不知哪步走錯就丟了帽子，弄不好還有性命之憂呢！」

「姪兒明白，只恨那梁鵠老兒沒叫我當上洛陽令。」

「傻小子，你還蒙在鼓裡呢！」曹熾斜眼瞅了一下他：「你這麼想……哼！別看我們哥倆託了這麼多人情，其實根本沒打算真叫你當洛陽令！」

「哦？」

「這天下第一縣的縣令哪兒是說當就當的？沒個十年八年的歷練和關係，誰能當得起？小子，實話告訴你，皆因你節外生枝惹出這場官司，我們才故意要個顯眼的官，要不然這會子你早被打發到邊郡小縣任職去了！我們這麼一要，梁鵠、司馬防他們礙著面子不好隨便處置，才僥倖把你留在京師。」曹熾冷笑一聲：「聽說你前天還帶著蔡瑁去拜謁梁孟皇了，吃了人家的閉門羹。也不動腦筋想想，多少眼睛瞅著他了，梁鵠他能見你嗎？」

「原來是這樣……」曹操原只是對梁鵠不滿，聽叔父這麼一講，才明白其中還有這層道理。

「其實在外面歷練歷練不一定是壞事，留在京師未必就是好事，可你老子非要你往京師鑽，我也說不動他……在京裡當官一定要小心再小心！」曹熾又念叨這句話了：「你剛才緊著說你明白，我看你還糊塗著呢！這兩年朝廷已是另一番光景啦！」

「叔父這話是什麼意思？」

「什麼意思？王甫已經不像過去那麼吃得開了，自從扳倒勃海王之後，他就成了過街的老鼠。皇上一天天也大了，永樂太后也算大體上正了位，怎能事事還由著王甫的性子來？如今張讓、趙忠、蹇碩、呂強這幫子小宦官又都起來了，就連老曹節也開始跟他擰著勁。你想想，他的日子能好過嗎？」

「那麼父親他……」

「別擔心！這一年多你爹早就和王甫、段熲沒有瓜葛了，但凡要和他們接洽的事情，比如你這一次的案子，都是我出頭辦。到時候攀扯不上你爹，頂多也就是我把帽子摘了，反正不被一鍋燴了，就還有翻身的時候。」

曹操低頭咂摸著這官場中的滋味，好半天才想起得拍拍他馬屁，於是陪笑道：「這真是……讓叔父您老人家辛苦了，姪兒有愧。」

「你這孩子怎麼也學得如此生分？不是你小時候騎著我脖子撒尿那會兒了？學著吧！以後仁兒、洪兒、德兒、純兒他們長大了，你們也要懂得像我們老哥幾個似的一條心！」曹熾語重心長地說，「說實在的，仁兒不是個當大官的材料，要是混個武差事我看倒合適；德兒是個成不了事的書呆子；純兒年紀還小；洪兒那樣的臭小子，三歲看到老，將來不給家裡惹禍就是萬幸……只有你還像那麼回事。哎！將來曹家還指望你光耀門楣呢！」

「叔父誇獎了！孩兒將來若能發跡，自然不讓兄弟們吃虧！遇事親兄弟嘛。」曹操趕緊順藤爬，咧開嘴笑了。

「別他媽得意忘形呀！」曹熾把臉一沉又嚴肅起來：「我又給你好臉了是不是？小時候我逼你念書是為你好，你還跟我玩花活，又裝瘋又賣傻的。後來你老子的管教不是比我還嚴嘛？四年的教訓全忘了嗎？記住了，到什麼時候都把尾巴給我夾住了！為人處世只要有一點放肆，報應跟著就來！」

曹操連連點頭應允，心裡怎麼想就不得而知了。

「有些事情實在沒辦法預料，一年前你四叔還要風得風、要雨得雨呢！張嘴為你說兩句話，誰敢不從？如今勃海王一門禍滅，宋后愈加不受寵，他也如履薄冰，說話跟放屁一樣，幫不上你的忙了。」念叨到這兒曹熾歎了口氣：「唉！光武爺當年何等英雄，怎麼他老人家辛辛苦苦挽回的大漢江山，現在卻要幾個閹人當道呢！」

曹操看著曹熾一臉感慨、欲言又止的樣子，突然想起七叔說過，他早年間是個膽大心細、善於鑽營取巧的人，現在卻張口閉口叫子孫夾著尾巴做人。看來人這一輩子或許就像塊石頭，年年磨日

「冒認官親？可真有你的……這些日子到哪兒去了？神神祕祕的，問誰都不知道。」

「不提也罷！」樓圭把手一擺，也不等曹操招呼便懶洋洋坐了下來：「我可不像你有當官兒的路子，成天在老師府裡學《禮記章句》也沒什麼意思。這一年老師不當司徒反而更忙了；許攸那小子太貧，好像就靠著拿人尋開心過日子；想和王儁一道讀書做別的學問，卻怎麼也靜不下心來，我可真服了他了，屁股上真是有功夫——抱著書一坐就是一天，我可來不了！」

「哈哈……大個子你可不像做學問的人。」曹操頗感好笑。

「後來我乾脆向老師告了假，獨自往涼州走了一遭。散散心嘛！這一次可真開了眼了。」

「哦？開什麼眼了？」

「自從張奐、段熲擊敗羌人，將將幾年的工夫，西邊那些邊將如今可闊綽了。段熲現在是太尉了，從前跟著他玩命的人全隨著水漲船高，一個個可排場哩！還有一個董卓，最是跋扈，手下的兵多一半是胡人，什麼羌人、屠格、匈奴都有。我算看明白了，手裡攥著兵，腰桿子就硬。那幫子傢伙說是官，其實跟匪也差不多，強占民田、勒索錢糧、結連土豪，殺人就跟碾死臭蟲似的。」樓圭侃侃而談：「這些邊將皆縱容屬下欺壓羌人，依我看，那些外族分明就是叫他們逼反的！逼反了人家再鎮壓殺人向朝廷邀功……當年虞詡、皇甫規、張奐安撫邊族的作風，真是一點兒都瞧不見了！」

曹操聽了連連搖頭：「如此看來，涼州又是戰亂又是土豪，你這一路上必定辛苦不小呀！」

「那還用說！好在結識一位長者——漢陽的閻忠，在他那兒白吃白喝了好多天，臨走還寫了封信給我。嘿！比關防文書都好使，一見閻忠的信，羌漢兩路誰都不敢為難。」樓圭突然話鋒一轉，「我可比不得你呀，縣尉大人！你這官做得瀟灑自在，剛上任倆月就閒得在衙裡睡大覺啦！」

「得了！你別挖苦我了，京官的事你又不是不清楚，這城北能有多少公務？別看南面、西面的差事忙，忙才出政績嘛！升遷才有盼頭！像我這年輕輕的就在這個位子混，什麼時候才能熬出頭來呀！與其這樣，還不如給我個小縣管呢！」

「你別身在福中不知福了，有多少人削尖了腦袋還鑽不到京城裡來呢！你可好，還想著外任，才剛當了倆月官就巴望著高升，你當自己是甘羅轉世哇！天底下當了十幾年縣令的能抓一大把，你一當官就在京裡，他們可都紅著眼呢！如今你爹在朝裡挺吃得開，皇上也挺信任他。還有你那仁叔父，他們哪個官小？你還用得著愁前程？你要是天天發愁，像我和許攸這樣的，還不得找棵歪脖樹吊死？」

「你要是上吊可不能找歪脖樹。你這個頭太高，歪脖樹可吊不上你。」曹操戲謔他道。

「嘿！曹孟德，你也學會拿人開心啦！人說發財不認得老鄉親，還真是一點都不摻假，看明天來個大官到你這衙門口，你還敢嫌他高了矮了的！」

「瞧你這話說的。為官的自然不避權貴，他若是正經的官兒，哪怕一個衙役，任他醜了俊了高了矮了的，我照樣遠接高迎；他若是佞臣俗吏，即便是三公九卿犯到我手裡皆是狠辦！」

「哦？你能有這份志氣？說著倒是挺有底氣的，恐怕真到了那時候就未必了。你現在『歌大風賦猛士』，真有大人物犯到你手裡，你就哆嗦啦！到時候打嘴叫人笑話，可賴不得別人！」樓圭瞥了他一眼：「我要是你，就少說這類中聽不中用的話，咱們兄弟誰能看不起誰呀？」

曹操聽了他這一車不軟不硬的話又好氣又好笑，心裡暗想：「這個人千好萬好，就是愛和人計較個上下高低，七個不服八個不忿的，他早晚會因此吃大虧。」

「好了好了，算我不對還不行嘛。」曹操陪笑道：「咱閒著也是閒著，往長水營看看胡人操練如何？」

「你真少見識！我在西涼待的這些日子裡，羌人見得還少？雖說羌患大致上平了，可西邊的羌人還多的是呢！尤其是枹罕一帶，有個義從羌長首領叫北宮伯玉，手下部族有上千之眾呢！個個弓馬嫻熟，會講漢話的也占了一半，不比你叔叔領的那幫兵強？」樓圭對長水營的胡兵根本不屑一顧：「我說倒不如你陪我到馬市上走一遭，這趟出遠門才體會到沒個好的腳力還真不成。」

「行！」曹操答應得乾脆：「等我安排一下公事咱就走。」

「呸！你這門可羅雀的衙門口，有個屁公事啊！」

公府劫案

曹操換了一身便服，就和樓圭溜出了衙門。兩人也未帶什麼僕從，只各自牽著馬入了穀門。這一路其實不遠，只需經武庫繞翟泉、永安宮，再奔東門外，就可以到馬市。八月裡秋高氣爽，洛陽城內的大街兩旁都栽著桐樹，樹葉雖還未落，但已經是一片金黃，透過樹與樹間的縫隙，還可以看見北宮的城牆和一些兵丁。武庫和永安宮四周皆屬京師重地，執金吾幾乎每天都要巡視一遍，街面上絕少有閒散之人。

可過了永安宮，轉到城東的永和大街，就是另一番光景了。

清一色的高樓廣廈，官員府邸修得鱗次櫛比、雕梁畫棟，一直延伸到城邊。時不時有些個衣著不俗的家丁趕著馬車，從曹操和樓圭身邊經過，他們有的是為主家採買日常用品的，有的是趕車送官眷出入往來的，有的是替主人傳書遞簡的，還有的駕車滿載金銀財寶，要送往何處卻不得而知。曹操突然想起，再往前走拐個彎就是橋玄的府地了，便隨口問道：「橋公現在可好？」

「好著呢！身子骨硬朗得很哩！就是最近一陣子忙極了。誰想到他從司徒位子上退下來反倒更忙了，府裡人來人往的，原來陳球、楊賜這些不常走動的人，也常來拜望。蔡伯喈雖然外放出去了，倒也時常來信。還有司隸校尉陽球、太常卿陳郃最是對脾氣，簡直住到老師府上了。」

曹操不禁思量起來：楊賜對宦官的痛恨更是露骨；陳球是為竇皇后大行據理力爭的人；蔡邕是因為鬥宦官被貶出京師的；陽球酷吏出身，早在地方任職時就公開發過要誅殺王甫的誓言；陳郃是昔日光祿大夫陳倏的親弟弟，傳言他兄長陳倏遭了宦官的忌諱，是被王甫迫害死的……這些人個個都是閹人的死敵。

「怎麼了？孟德？」樓圭見他發愣問道。

「沒什麼。我是在想，自從回京還未過府拜望。」其實曹操生怕橋玄因爭伎之事申斥他。

「還是過些日子再說吧！那些大人物天天來，老師也抽不出工夫說貼心話。況且他們議的都是大事，你這身分多有尷尬……」樓圭說到一半卻不言語了。

曹操卻沒在意，一邊走一邊說：「瞧你說的，我不過是問個安罷了，還礙著他們什麼事不成？」話一出口似乎明白了「身分尷尬」的深意：這些人與橋公所議的，不外乎是對付王甫的事情，而我祖父就是宦官，父親與王甫本人交往過從如同一黨，我跑去公然拜謁，會叫他們起疑，且不說懷疑我是去探聽消息的，弄不好他們還會對橋公失去信任。

他低下頭，表情變得異常傷感，彷彿一把火正煎熬著他的心：「子伯……我在家鄉有一個朋友叫秦邵，他是個窮種地的。莫看他有時連飯都吃不飽，得靠我家接濟，可我打心眼裡羨慕他過的日子。現在我真的看不到一點兒希望。人如果能夠選擇出身，我寧願生在一個普普通通的農戶家裡。那樣的日子雖不富裕，但耕種鋤刨至少不會受別人的白眼……」

「孟德見諒，剛才我是無意的……其實你想得太多了。」樓圭停下腳步一把摁住他的肩頭：「人既然生下來，就必須要面對現實，只要無愧於心也就罷了。王子文沒日沒夜地習學讀書，為的就是找到希望，許子遠整天東跑西躥，到處巴結人，為的也是找到希望，我遊歷西涼其實也一樣……只要你行得正走得直，又何必管人家怎麼說東道西呢？好好當差吧，有朝一日匡正家族的名聲，重振你們曹家曹參丞相的雄風！你現在已經是官了，憑著你的聰明才智，難道那一天還會遠嗎？」

曹操點點頭。朋友畢竟是朋友，說起話來再刻薄，心還是貼得很近的。平日裡雖然不大與樓圭、王儁、許攸走動，但卻總能彼此交心，似乎比袁紹那幫人更近一層。曹操抬頭長出了一口氣，呆呆望著路旁那些庭院幽深的高官府邸。

就在這時，前面一群百姓正在大聲議論著什麼。樓圭最是愛熱鬧，忙拉著馬上前湊趣，曹操也只好隨了過來。

「青天白日竟出了這樣的事！」

「什麼世道呀……」

「大白天就有賊人出來綁人，還敢竄到當官的家裡去！」

「是啊！這可是京師重地，天子腳下呀！」

「唉！可憐那被綁的孩子才十歲多，要是死了豈不是傷天害理？」

「就是就是。快半個時辰了，現在孩子還在他們手裡，不給錢那孩子就真沒命了，真是造孽呀！」

「哼！當官的有的是錢，反正大多不是好來的，打發賊人正合適！走！咱們也瞧瞧去！」

曹操和樓圭聽了對視一眼，都不敢相信光天化日之下，在京師之內竟有人敢闖入官邸劫持人質索要贖金，這真是奇聞！他倆也不吭聲，跟在這群人後面也要去看看，一邊走一邊聽他們議論。

「自古官匪就是一家，當官的破費點兒就當打發窮親戚吧！」

「你別胡說，這可都是掉腦袋的話。」

「什麼呀！你們知道嗎，他們劫的可是好官兒家。」

「好官？誰呀？」

「橋大人！天殺的這夥惡賊，天底下多少貪官惡吏不去搶，偏偏挑那清如水明如鏡的橋公家！」

「什麼？」樓圭聽罷也顧不得禮數了，推開旁人一把抓住那個說話的：「你方才說什麼？誰家遭劫了？」

「是、是橋玄橋老司徒家……」那人被眼前的大個子嚇了一跳：「他小兒子被賊人劫持，就在他府裡的閣樓上。」

樓圭感到腦袋裡轟地一聲，回頭一看曹操——早就變顏變色了。兩人也顧不得說什麼了，連忙翻身上馬，也管不得四下的人群，揮起馬鞭拉緊韁繩，一路揚塵就往橋玄府邸奔去。

距離倒是不遠，曹操他們頃刻就到了橋府門前，正見一大群閒人與家丁圍在門口。樓圭也不開言，一鞭子打散人群，曹操緊隨其後，兩人直跑入大門才下得馬來。這時許攸正指揮一群手執棍棒的家人把著門，他哪還有心思寒暄，一把拉住樓圭的胳膊：「老師就在西閣下，快隨我來，孟德也來！」穿廊過戶間，許攸把事情的經過交代了一番：原來今天有幾個外任官和原先的門生來拜望橋玄，便有三個賊人趁亂冒充從人混了進來，正趕上橋玄的小兒子跑到院子裡玩，三個賊人打倒僕人把公子搶了過去，一起退到西閣之上喊話，要府裡交出黃金並護送他們出城，才肯交出人質。他們個個都攥著大刀片子，不答應就要殺人。

三人匆匆來到西閣下，看見一群家丁已將閣樓團團圍住，王儁正攙扶著橋玄站在一邊。老人家倒不很慌張，只是臉色很蒼白，抬頭望著閣樓上的窗戶，觀察著賊人和兒子的一舉一動。橋玄有兩個兒子和兩個女兒，大兒子橋羽在南邊為官，誰料橋玄老來龍馬精神，側室兩位夫人接連有喜：一位夫人給他生了個兒子，今年算來剛滿十歲；另一位夫人去年產下一對水靈靈的丫頭，通府裡稱作大喬、小喬。女兒可人且不論，橋玄尤其寵愛這個老生子，就把他帶在身邊，親自教他讀書寫字，這孩子和王儁、樓圭他們的感情也很不錯。

「橋公！」閣樓的窗口露出一張猙獰的面孔：「我們也是窮得沒法子了，只有向您老人家求周濟。您只要肯賞我們金子、送我們出城，我們一定放人，連公子的一根寒毛都不會傷！您這娃多漂亮啊，來！再瞧瞧你老爹一眼！」又有一個臉上帶疤的賊人，抱著孩子出現在窗前。孩子還小，不明白發生了什麼，但也曉得危險，扒著窗欞只是哭。

「橋公！您老想好了沒有。我們就要三十斤黃金，您堂堂三公連這點兒小意思都出不起嗎？」那賊說著把手裡的大刀晃了晃。

曹操、王儁、樓圭、許攸都把心提到了嗓子眼兒，卻見橋玄依舊一臉木然，朗朗道：「你們還真是膽大包天，竟然敢在天子腳下幹這樣的買賣，老夫佩服了……就算我給你們錢，京師兵力森嚴，三十斤的玩意你們帶在身上，能逃得了嗎？」

「哦？我們怎麼走不勞大人您費心了，」那賊人咯咯一笑：「大人只要送我們出城，我們自有辦法。」

橋玄點了點頭，突然仰臉大聲呵斥道：「誰指使你們來的？」這一聲喊出來別說樓上的賊人，就連樓下的人都聽愣了。「京師之地防衛森嚴，若無人接應藏匿，就是插上翅膀你們也飛不了！再說你們怎麼知道我今天接待外員？你們怎麼這麼熟悉我府裡的格局？你們怎麼斷定綁的就是我兒子呢？這些事情誰告訴你們的？快說！誰指使你們來的？說出來興許放了你們！」

「不愧是橋公……果然厲害！」說這話的時候那賊人的神色已經有些不對了：「就算你說的有道理，但我們受人之託忠人之事，不會告訴你的。再不出錢我真要殺人啦！」說著他把刀架在了孩子的脖子上。

樓下的人一片慌亂，有的呼喊、有的叫罵、有的哀求。一個家丁從前院跑了過來：「老爺！陽大人領兵到了！」

一言未畢，便有官兵手執刀槍衝到樓前，司隸校尉陽球怒氣沖沖緊隨其後，一到近前便扯開大嗓門嚷道：「哪個狗膽包天的小子在樓裡，快放開公子！官兵已到，還不下樓伏法？現在下來，老子留你們的狗命，若敢負隅頑抗，老子把你們剁成肉醬！」這一嗓子聲若洪鐘，震得人耳朵嗡嗡作響。

曹操久聞陽球的大名，怎麼也不會想到初次見面會在這種場合。一見他這樣的做派就明白外間所傳不虛：陽球字方正，少年時就曾殺死欺侮他家的鄉吏，後來當官出任高唐縣令，時不時動用私刑拷死人犯，升任九江太守，刑殺奸吏反賊動輒上百，賽過郅都、不讓張湯，半生仕途踩著人血過來的，殘忍之名也不亞於王甫義子王吉——真真一個不折不扣的鐵面酷吏！

橋玄回頭瞅了陽球一眼，不冷不熱地說：「方正呀，你來得正好！他們開始算計我了。」

曹操聽了一怔：這話是什麼意思？

「你就是陽瘋子嗎？」賊人似乎也認出他了：「久仰了！我們哥仨都是把腦袋別在褲腰帶上的人物，你那套對我們不管用！放人是不可能的，我們真要落在你手裡，腸子都得叫你刨出來！要是實在沒活路，把孩子一宰，我們仨大頭兒朝下跳下去撞死，好歹是個全屍，也比落在你手裡強！少廢話啦！你們到底給不給金子？」

陽球一皺眉，三步並兩步走到橋玄近前道：「拿人我是有辦法的……不過公子在他們手上，您老可賞我個章程。」陽球雖壓低了聲音，但依然是那麼甕聲甕氣的。

「哦？你什麼時候手軟過？今天怎麼也扭扭捏捏的？怕我捨不得兒子嗎？好吧，我給你吃顆定心丸。」說罷橋玄猛然一抬頭：「樓上的賊人你們聽好了！你們算計錯了！我橋玄一生經歷過多少磨難，從來沒有低過頭，豈會因為一個兒子就放過國賊？今天我豁出孩子不要了，也要把你們繩之以法！」

在場的人全聽傻了，萬沒想到他連兒子的性命都不管了。曹操這次可真見識到他老人家的風骨了；就連殺人如麻的陽球都是一愣。

「怎麼？你還不下令動手？還等什麼？孩子就聽天由命吧！」倒是橋玄提醒了陽球。

「諾！」陽球深施一禮，扭臉嚷道：「小子們，都給我上！衝上去儘量抓活的！救孩子呀！」

他一聲令下，二十多個士兵一哄而上衝進閣樓，霎時間衝殺聲、叫喊聲、孩子的哭聲、踩塌樓梯的聲音、打翻東西的聲音響成一片。樓外看不見情況，眾人都緊張起來，曹操趕忙湊前兩步，與王儁一起攙扶住橋玄，老人家緊緊抓著他倆的手臂，閉著眼睛等待一切結束……

片刻工夫之後，所有的聲音戛然而止。一個兵長噔噔噔跑下樓來：「回稟大人！小的們該死，孩子……孩子沒有保住。」

一句話真好像尖刀剜在橋玄心上，但他只是面部稍微顫抖了一下，就低下頭不再理會了。

「那賊人呢？」陽球問道。

「那三個賊人身手不簡單，負隅頑抗，我們有兩個弟兄被他們砍傷。最後大家一擁而上，他們三個知道突圍無望，擠在一處自刎了！」

「自刎？」陽球一聽頓時火冒三丈，朝那個兵長臉上就是一巴掌，「要你們何用！」

「方正！別怨他們。」橋玄依然是那麼平靜：「這事不怪他們，你帶出來的兵哪兒有孬種？是這孩子命不濟，偏偏投生到了我這兒……那三個賊人分明是受人指使，怎麼會讓咱們抓到活口呢！」說著他歎息了一聲，「唉……叫士兵們把屍體都抬走。方正，今天有勞你了。司隸大人親自捕盜捉賊，我欠你一個人情。」

陽球聽了一個勁地搖頭：「慚愧呀慚愧！」

「別自責了，咱們都盡力了。」橋玄反倒安慰起別人來了：「管家！帶幾個人上去把你們小少爺……接下來吧！」

他這麼一說管家哪裡還忍得住，第一個跪在地上咧開嘴號啕大哭起來，接著家丁、蒼頭、僕婦、丫鬟也哭成一片。橋玄卻一滴眼淚都沒有，弄得曹操想說點勸慰的話，都不知如何開口。

「方正，你也趕緊帶兵上樓，快把那三個人的屍體拖走，我再也不想看見他們了。剩下的事我能處理……孟德！」橋玄扭過頭來看著攙扶自己的這個後生，「你能來幫忙，我很感激。」曹操剛要開口客氣兩句卻聽橋玄的態度一下子變了，「但是孟德，你怎麼能擅離職守呢？」

曹操彷彿被雷轟了一下，連忙低頭。

「你現在已經是官了，管著洛陽北部捕盜事宜，如果今天這事發生在你的轄區後果會怎樣？若賊人劫持我兒出了城北，而你又不在衙門，那是不是也有很大過失呢？」

曹操萬萬沒有想到，這點小事都逃不過橋玄的眼睛。

「我不是有意責備你，只是想請你考慮一下。官沒有大小輕重，關鍵是要公正用心、認真做事。我說的對嗎？」橋玄直勾勾地看著他：「好了，你也趕快回去吧！子伯、子遠，你倆送送孟德。」

曹操低聲道別，便隨著樓圭、許攸灰溜溜地去了。這半日大家都捏著把汗，這會兒才意識到天已經轉陰了，還有陣陣涼風吹過。曹操搓了搓手，又回頭望了橋玄一眼。

橋玄拄著杖還站在那裡，抬著頭仰望閣樓的窗口——那是兒子最後一次向他招手的地方。

第九章
政界大老點撥曹操

曹府賀喜

曹操受橋玄教誨之後，對差使用心了許多，特意命人打造了赤、紫、青、黃、綠五色刑棍，就明晃晃排列在縠門兩側，凡是犯令違律之人，一概當眾棒責。幾日下來果然大有成效，莫說偷盜搶劫這類的案子，就是街面上吵鬧爭執的情形都少了。曹操也不歪在衙裡打瞌睡了，整日裡帶兵丁巡街處處留心。但他心裡還是惴惴的，時刻牽掛橋玄他老人家，一把年紀痛失愛子實在是大不幸。可多少次想去拜望，又敲了退堂鼓，怕再被他老人家訓斥還在其次，更是顧及和他走近了，惹人說三道四。

正在左右為難之際，王儁忽然跑來了，說橋公請他同去郊遊。這一聽就是樓圭他們的主意，分明是要哄他老人家散心解悶。曹操當即一口應下了，還特意提前告假，可是真到了日子，卻出了意外。

那日大清早，曹嵩就把他叫到跟前：「崔家來人下帖子，崔烈得了一老生子，又趕上崔鈞舉孝廉外放了縣令，雙喜臨門擺下酒宴，也請咱們過去。你今天無事，替我去行個人情吧！」

一句話把曹操的計畫全打亂了。父親講話一向是板上釘，更改不得的，他乍著膽子問道：「這麼重要的事，您為何不親自去呢？」

「今兒宮裡幾個熟稔的老宦官要告老還鄉，我得去那邊餞行。你二叔與北軍的列位校尉司馬聚會，四叔往宋酆家探病，只好叫你去了。」說完不等兒子再解釋什麼，就收拾禮物去了。

曹操合計了許久，這老哥仨沒一個忙的是正經事！但當小輩的能說什麼，只得先往崔府應個景，爭取儘早離開。

他心不在焉到了崔府，一進門就見袁紹、袁術、楊彪、楊琦等官宦子弟擠了一院子，難免得寒暄幾句。

「孟德來得恰是時候，我正要找你呢！」袁術見面就拉住他胳膊。

「哦？公路有事嗎？」曹操不太喜歡此人，只冷淡搪塞著。

「你送了本初一套自己批註的孫武子十三篇，什麼時候也送我一套？」袁術哂笑著指向袁紹：「要是別的什麼文章也倒罷了，唯獨這兵法確是我最喜好的。我知道你給他一套，我到他那兒去借。我這兄長慳吝得很，好說歹說，磨破了嘴皮子，才給了我兩卷，我拿去看了不到半日，誰想他又堵著門討回去了。」

「別聽他胡扯！」袁紹一扒拉兄弟手腕子：「我可跟他講清楚了，這書是孟德借我的，看完了得還。他偏不信，拿起兩卷撒腿就跑，那我能不去堵門嗎？今兒正好，你問問孟德是借的還是送的？實在不信，去問許子遠，還有咱們新任的縣令爺也行！」

袁紹口中的「縣令爺」自然是今天的主角崔鈞了，曹操冷眼瞧得分明，袁楊兩家不和，袁紹、袁術與楊彪、楊琦各邀朋友，實際上是在拉幫結派鬥嘴。他無心招惹這些人，接著話茬趕緊打聽「縣令爺」在哪兒，忙隨著僕人離開是非之地，奔客堂尋崔鈞去了。待到了客堂門口，早瞅見崔鈞規規矩矩在堂上垂手而立，正聽他父親崔烈的囑咐呢！兩旁坐的還有劉寬、張溫、樊陵、許相，都是與崔烈熟識的同僚，也俱是自家常客。

樊陵眼尖得很，一眼就掃見了曹操，轉臉對張溫他們詼諧道：「今兒可真是熱鬧日子，我還尋思為何這堂上怎麼霎時間霞光萬道、瑞彩千條吶？原來咱幾個老傢伙在這兒拜謁新任縣令爺，外面偷偷摸摸又來了個鐵面縣尉。有出息的年輕才俊都來了，後生可畏呀！快進來吧！我的縣尉曹大人！又沒有生人，要是得罪了你，日後你拿五色大棒打我這老骨頭可怎麼得了呀！」

崔烈素來喜歡曹操，聽樊陵一說就明白了：「外面是孟德賢姪到了嗎？進來吧！今天沒外人，你既是客又是有官兒在身的人，過來同坐就是了。」

「罪過呀！幾位長輩都在，哪裡有我的座兒？」曹操進來作了個羅圈揖：「聽聞兄長外放了一縣之長，自然要來道賀，也拜望一下世伯和諸位大人。」

「好好好！」樊陵習慣性地捋了捋鬍子憨然一笑，這是他一貫的做派，平時無論想什麼做什麼，臉上總帶著笑，「還有一喜你沒聽說嗎？前不久你崔世伯又得一子，縣令爺多了個弟弟你不知道？」

「再給世伯道個賀吧！」曹操說著又是一拜。

崔烈起身親自相攙：「多謝賢姪掛懷，可惜我老來得子，那幼子崔州平身子孱弱得很，不便抱出來給你們看。」

樊陵笑得更開了：「崔兄，我看曹家這小子有規矩，當官也有一套，挺給他爹露臉的。我冷眼瞧得清楚，孟德和咱們鈞兒是好樣的，既知禮儀又有學問見識，可不像外院那幾個小子，曉得什麼時務，仗著老子的名氣整日吆五喝六的，香的醜的狐朋狗友一大堆……」

他這席話沒說完，坐在他旁邊外號「不開口」的許相生，怕這「笑面虎」說出袁家什麼話來，一個勁兒扯他的衣袖。

「樊德雲誇獎得倒也有理。」倒是穩坐一旁的老劉寬心思靈敏，馬上岔開了話題：「孟德當洛陽北部尉很有作為，尤其是造五色棒維持治安，像這樣不避權貴，連五綬之人都要按律用刑，實是循吏作為啊！」

曹操聽了心裡納悶：這話說我是循吏還是酷吏？劉寬名如其人，是出了名的寬，據說侍女捧熱茶燙了他的朝服，他都先問人家燙到手沒有，自己這樣執法，他怎麼看得慣？

不過曹操假裝沒聽出味道，轉臉向張溫道：「大人，前幾日德珪賢弟身染疾病，我未能前去探望，還請您見諒。」張溫的夫人是襄陽大戶蔡諷的妹妹，蔡諷的兒子蔡瑁蔡德珪幾乎長在他姑夫家裡，是曹操幼年最好的玩伴，兩人都是出了名的淘氣。

「太客套了。」張溫頷首不已：「如今你為官，忙的差事也多了，這些雞毛蒜皮的小事算不了什麼。」

崔鈞早就品出這幾位大人的談話不怎麼自然。劉寬是忠厚長者、張溫是幹練能臣，與樊陵、許相根本不是一路人，卻都與崔烈相交，今天是偶然坐到一起的，四人話不投機，生往一塊兒攏。他尋了個空子，忙拉著曹操出了客堂。「我的天呀！一大早就把我叫來講大道理。劉寬這慢性老頭幾句話翻來覆去說了一個多時辰，我腿都站木了……哥幾個都來了嗎？」

「本初和公路在前面呢！子伯、子文他們恐怕來不了，不瞞你說，我一會兒也有事，今兒原說好了要陪橋公出去走走，他家裡出了事，我們幾個陪他解解悶。你不介意吧？」

「唔？橋公約你？那你只管去吧。」崔鈞很是通情達理，「不過孟德，關於橋公家這次的事，你聽說什麼了沒有？」

「沒有呀！」曹操見他一臉神祕的樣子，「不過當時我就在他家，總覺得這事裡面有蹊蹺，司隸校尉陽球都親自去了。」

「今天『笑面虎』早上頂門來的，一落坐就念叨這事。說是王甫暗地打點京畿的官員，還給洛陽令遞了什麼話，連宋酆都不吭聲了。這事含含糊糊就對付過去了。陽球本來還要深究餘黨同謀，可死無對證他也沒辦法。」

曹操已經不感到意外了。這些年來，朝廷的一丁點瑣事，只要尋根覓源，多多少少都能見到些王甫的影子，這個老閹人說來也是富貴一門、榮及子孫了，卻還是貪得無厭，不肯收手。

「孟德你仔細想過沒有，不覺得害怕嗎？」

「可怕？」他不明白崔鈞為什麼突然冒出這麼一個帶刺兒的字眼：「有什麼事兒值得害怕？」

「你還不知道？」崔鈞搖搖頭：「這實是與你們曹家榮辱有關。現在王甫已經是困獸之鬥，他馬蜂窩捅得太大了，要想平安終老就得冒險捅更大的馬蜂窩！勃海王是死了，可還有……」

「嘿！大紅臉！你在那兒跟阿瞞嘀咕什麼呢？」這一嗓子又尖又突然，嚇了曹操和崔鈞一跳，閃目觀瞧，卻是許攸一步三搖樂呵呵來了。兩人這才長出一口氣，可剛才說了一半的話卻被打斷了。

「醜鬼！你吃什麼不乾淨的了？這一嗓子跟夜貓子似的！怎麼不陪你師傅了？」崔鈞摸摸胸口，白了他一眼。

「我可是奉了師命來給你們老爺子道賀的。子伯、子文可就不來了，我一人可代表我們仨了，一會兒開了席面我可得吃仨人份的！」說著許攸一扭頭又對曹操說：「對啦！前兩天我把你注的兵法給袁紹送去了，他沒在家，我叫袁術轉交了。」

「我才明白！今兒個一見面那瘦小子就來麻煩我，非要我送他一套。原來都是你招惹的。」

「嘿！你還別瞧不起人，那袁公路可比他哥哥識貨多了。」許攸把嘴一撇，「你別看他其貌不揚、大大咧咧的，要知道他可是喝了磨刀石上的水——有內鏽的。像什麼《孫子》、《司馬》、《三略》、《六韜》，多多少少都懂得點兒，也不見得就比你差。」

「哦？真的？」曹操半信半疑。

「行了行了！別耽誤工夫了，師傅那頭兒還等著你呢！」說著，許攸半推半搡笑嘻嘻道：「大不了我委屈一下，再替你吃一份就是啦！」

曹操還掛念著剛才的話題，什麼事與他曹家榮辱有關？有心再問，卻見許攸已經拉著崔鈞去了。

郊遊遇賢

離開崔府，曹操忙出了開陽門，鞭鞭打馬一路向南面趕，過了明堂、辟雍、靈昆苑，直奔太學而去，這是事先和王儁約好的。

正是秋高氣爽的時節，曹操的馬也快，不多時就望見了太學院前停著橋玄的馬車。

饒是樓圭的目力好，大老遠就看見他了，扯開嗓門喊他。曹操趕緊催馬上前，等到車前勒住了馬，卻累得汗流浹背，半天都喘不上氣來。王儁捧過水來叫他喝：「都瞧見我們了還著什麼急！聽他胡喊濫叫的！這倒好，忙得一身汗，好好一身衣服都髒了。」

「衣服髒了算什麼？」樓圭不以為然，「我們不像你，整天打扮得比女人還細緻。」

「怎麼啦？外出時不應該穿戴得體嗎？難道都跟你一樣，一臉大鬍子也不修修？」

「行了！小白臉！我要是你就別拿同伴玩笑，咱們都是恭候縣尉大人駕到的嘛！」樓圭開始調笑了。

「是呀！」王儁對著馬上的曹操一揖，白皙俊美的臉上綻出一絲壞笑：「我與這位水草大王恭候縣尉大人多時了。」這一語自然是嘲笑樓圭不修邊幅，一臉大鬍子活脫脫一個落草的山大王。

曹操聽了一笑，端起水罐來剛喝了半口，卻忽見樓圭對著王儁也是一揖，笑咪咪道：「既然上差大人已經到了，夫人你就不必多言了。」

曹操剛到嘴的水一股腦就笑噴了出來：「好好好！水草大王的這位壓寨夫人，果真是傾國傾城啊！」

這一哄就連周邊的從人也都笑彎了腰。橋玄在車裡聽得真切，也一掀車簾笑道：「貧嘴呱舌的，虧你怎麼想出來的……孟德來了？」說著邁腿就要下車。曹操趕忙湊到橋玄跟前施禮：「我來晚了，橋公見諒！不過今兒可是告了假來的，沒擅離職守。老人家您先上車，一會兒咱們到了好地方再下來說話吧！」說著便與王儁一同扶著他，又安坐在車上。

橋玄吩咐僕人捲起車簾，曹操三人也各自上馬，一行人緩緩往南而去。剛開始還能望見幾片才收訖的農田，後來逐漸行遠，所見就只剩下一片原野了。大夥索性離了驛道，逕往西面開闊的地方而去。又行了一陣子來到一個高坡前面，橋玄一擺手：「這兒好！就是這兒了！」由從人攙著下了車後，他又歎道：「孟德，這兒就是前年你回鄉前咱們坐過的地方……走！咱們還到那幾棵樹下面去。」說著也不叫從人跟隨，只叫曹操、王儁、樓圭跟他上了坡。

老少四人到樹下席地而坐。橋玄終歸是有年紀的人了，鬆開手杖有點兒喘，苦笑道：「老了！不行了！頭十年還另一個樣兒呢！那會兒還抱著兒子滿院跑呢！」

王儁一皺眉，出來散心就為了沖沖這事，可他一張口就是兒子！忙勸慰道：「師傅您可不老，去年您還在這兒跟孟德論忘年交呢！我們大喬、小喬倆妹子可才剛周歲，將來可還等著您給她們張羅女婿呢……這樣吧！我給您說個笑話好不好？」

曹操等人附和道：「好！你說！你說！」

「嗯……話說我大漢武帝年間，朝中有個東方朔，為人最是詼諧風趣。有一日，武帝爺問東方朔：『如今我朝人才濟濟，比如董仲舒、公孫弘、汲黯、司馬相如、主父偃、朱買臣、司馬遷等等，他們學識淵博，才華橫溢。東方朔，你自覺得與他們相比如何呢？』東方朔想都不想就說：『臣雖然算不上什麼賢人，但卻兼有這些人共有的長處。』武帝一聽很是驚訝，趕忙問他與這些人都有什麼長處，誰料那東方朔卻不緊不慢道：『我們這些人的牙齒都長在下顎上，說話的時候要動脖子，走路時彎著身子，兩條大腿都連著屁股，腿一動屁股跟著動……』」王儁本不精於說笑話，但他溫文爾雅不緊不慢，反倒一副東方朔的做派，再加上邊說邊跟著扭脖子動屁股，著實是好笑。

「好！」橋玄笑得挺開心，「這是班孟堅《漢書》上寫的，也算是經典了。東方曼倩能夠隱於朝堂，是後人難以企及的智慧之人吶！我說水草大王，你也來一個吧！」

「行啊！」樓圭坐直了身子一臉嚴肅的樣子開始講：「從前有一隻螞蟻和一隻蒼蠅正在吹牛。螞蟻說：『我們雖小，但出入都有君臣之義，有什麼吃的，我們又能共同分享。如此忠孝仁義，堪稱萬物之長。』蒼蠅卻說：『你們可沒有我們享福。無論公家私人擺設筵席，我們都能飛臨其上，占他們的桌案，吃他們的美味，喝他們的瓊漿。如此榮華富貴，才真是萬物之長。』」樓圭邊說邊煞有介事地搖頭晃腦：「這時候從旁邊飛來一隻蚊子說：『依我看你們都不行！你們瞧我專挑香閨蘭房，夜靜更深燈燭熄滅的時候，我鑽進紗帳之內，停於美女玉體酥胸之上，專揀那些香軟的地方，滿足欲望而止。豈不風流快哉？』」說著他冷不防抓了王儁一把，眾人又一次哈哈大笑起來。

「行了行了！你小子就是耍貧嘴有能耐，我看你比那蚊子也強不到哪兒去。」橋玄邊搖頭邊笑著說。

曹操在一旁搜腸刮肚了半天才說：「我也有了一個。話說宣帝時，京兆尹張敞每逢朝會總能引經據典，侃侃而談，可下了朝卻不拘小節。他平日上街總穿得隨隨便便，回到家裡還總愛親自為夫人畫眉，京城裡盛傳張京兆的眉毛畫得嫵媚。後來有人據此上奏宣帝，說張敞行為不檢點。宣帝問張敞是否有畫眉毛的事情，張敞不慌不忙說：『閨房之內，夫妻之間，比畫眉毛更不檢點的事還多著呢！我給夫人畫眉又算得了什麼呢？』」

王儁、樓圭都笑了，獨橋玄沒有笑，老人家歎息道：「當時宣帝爺是笑了，可張敞始終也沒當上更高的官。這也是班固在《漢書》裡寫到的。可惜那班孟堅從擊匈奴、燕然勒石，著下《漢書》、編纂《白虎通義》，學識膽氣都是一流的，就是能見人卻不能見己，和這個張敞一樣不拘小節，而且更不該依附竇憲，放縱子弟胡作非為，到頭來受囹圄之禍，橫死獄中。叫人惋惜呀……」

曹操碰了個軟釘子，忙道：「您說的也是，不過文采過人之士又有幾人不好張揚？遠如司馬相如，近如張衡之流，不也是如此嗎？班固著成國史，也是為國立下了功績。」

「你說得對，」橋玄點點頭：「不過就在今時今日，我朝就有一位才德雙佳的大才子，而且他還決心續寫國史。」

「哦？這人是誰？」三個晚生不約而同發問。

橋玄微然一笑絲毫不做理會，把玩了一會兒手杖才說：「你們別急，再過一會兒你們就見著了。我今天也邀請他一同來，看樣子他可能是有點兒事，不過老夫開了口，他是必定要到的。」曹操、王儁、樓圭聽後都面面相覷。

橋玄瞧他們的樣子差點兒笑出聲來：「我沒告訴你們，這人是我親自請的……我說壓寨夫人呀！我臨出門時叫僕人把你的琴也帶來了，你給我們彈上一曲如何呀？」

曹操見他故意不道出來人是誰，也不好再多問，抬頭望瞭望碧藍無垠的天空。此時恰有一隻失群的孤雁正徘徊在空中，牠張皇四顧、雙翅顫抖、焦慮悲鳴；曹操倏然想到，自己只因出於宦官之後受人鄙夷，又何嘗不是仕途之上的離群孤雁？低頭來又見遠處雜草間躥過一隻野兔，灰白的絨毛、長長的耳朵倒也可愛，又憶起幼時在家鄉與弟弟一起逗弄小兔子的光景，一切竟彷彿隔世……

轉眼間又見王儁捧著瑤琴走了過來，他吩咐從人放置好琴案，又親手小心翼翼放下琴，接著向橋玄深施一禮道了句「獻醜了」，這才坐在案前。

曹操聽許攸說過，王儁精通音律，能彈一手好琴，卻不曾親眼觀瞻。只見他先用兩手的中指在琴弦上微試其音，待那悅耳的弦聲響起，他側耳傾聽了片刻，便舒展起潔白纖細的十指，向絲弦上滑撥起來。那琴聲猶如和風細雨一般沁人心脾，又恰似春日照耀使人暖意融融。曹操閉上雙眼細細聆聽這琴聲：一時間白雲飄繞、春潮湧動、蜂舞蝶繞、草長鶯飛、鳥聲嗚嗚、流水潺潺，渺渺茫茫之間，感覺雨潤沃土育化萬物，卻又是霏霏不見悄悄無聲，彷彿大地上揚起一陣陣精氣，裊裊蒸騰升上天空……

這時一陣車馬聲打斷了曹操的遐想，睜眼尋找，原來從驛道往這邊緩緩行來一駕馬車。這一定就是橋玄剛才提到的那位才俊了！

車子在坡前慢慢停下來，曹孟德已經顧不上聽琴了，傾著身子仔細打量車裡走下來的人。只見此人身高七尺有餘，身著一件青綠色半新的深服，外披一件絳紫色蜀錦袍子，腰繫著樸素的玄色寬布帶子，兩個針線精巧的紫色錦囊，用絨繩穿著懸在腰間，腳下是一雙簇新的厚底白邊的黑布靴子，這一身裝扮不庸不俗，別有一番氣質。再往臉上看，此人高繫髮髻卻未戴冠，攏髮包巾僅以一根青玉簪子別頂，黑眉筆直，面如冠玉，鼻直口闊，目若朗星，一對元寶耳朵因為離得甚遠倒是不太顯眼，上唇的鬍鬚修作筆直的「一」字形狀，毛茸茸蓋著口，頷下的則修長纖細直垂在胸前。

「我想起來了，」樓圭思索片刻忽然道：「此人不就是大名鼎鼎的蔡伯喈嘛！」

「他就是蔡邕？」曹操自然曉得這個蔡伯喈。蔡邕祖籍陳留郡，曾師事太傅胡廣，但一點兒也不像那個中庸的老師；他好辭賦、能書畫、通數術、曉天文、解音律、讀遍經史子集。前朝桓帝時徐璜、左悺、單超、具瑗、唐衡五個宦官，居誅殺梁冀之功，擅權亂政，舉薦才藝之人獻媚皇帝，蔡伯喈被征，不願屈媚，鼓琴彈劾五侯，半路逃亡，留下洋洋灑灑〈釋誨〉一文，天下傳誦；後被橋玄辟為掾屬外任河平縣長，接著拜郎中，遷議郎，校書東觀，編纂《漢記》——真一代無雙才俊！

蔡邕仔細整理一下衣衫，卻不忙著上前來，只是駐足坡前聆聽王儁的琴聲。此刻那琴聲已比先前歡悅了不少，急急如風，密密如林，高音層層疊疊好似一浪高過一浪，王儁也不低頭下視琴弦，只是望著曹操身後不遠處那棵大樹，由著兩隻靈巧的手自如地撥弄著琴弦。

曹操只見那蔡邕剛開始還頻頻點頭微笑，接著卻笑意全無，接著皺起眉頭詫異地看著王儁，忽又目視了自己一眼，頃刻間變得驚慌失措。就這樣躊躇再三，蔡邕竟遠遠朝橋玄一躬，轉身就往馬車走去。

橋玄也看得分明，忙叫王儁止住琴音，拄著手杖探身喚著：「伯喈！你這是怎麼啦？來了連句話都不講，怎麼轉身就走呢？過來呀！」

蔡邕止了步，規規矩矩就是一躬：「橋公相邀，在下不敢不來……可這幾個年輕人又是誰？為什麼想要殺我呢？」

幾個人聽得一愣：這是從何說起？誰要殺他了？

橋玄也很不解：「伯喈何出此言？這幾個都是我的門生，皆與你素未謀面，你怎麼說他們要行刺你呢？」

蔡邕還不放心，不肯向前邁一步，只是放聲問道：「敢問幾位公子怎麼稱呼？」

「在下是汝南王儁，現在橋公門下習學《禮記章句》，請蔡公萬莫見疑，過來敘話。」

「我叫樓圭，也是橋公的門生。」

「下官曹操，現充洛陽北部尉。今日是受橋公之邀而來。久聞蔡公大名，相見恨晚，在此見禮了。」

蔡邕別的不理，卻問王儁：「王公子，我有一事不明，請君答覆。你未見我之前，琴聲悠揚，雖急切卻明快；既知我來，為何弦音驟變，好似烏雲遮月，利劍藏匣，霎時音韻綿裡藏針又蓄勢待發，儼然一股殺氣泛於琴音之中。你莫非與我有什麼仇怨嗎？」

曹操聽了差點兒笑出聲來：名揚天下的蔡伯喈原來是這樣一個呆人，琴音之中豈會泛出什麼殺氣？但他轉臉一看王儁，王儁已然臉色大異，直勾勾瞪著蔡邕，手指不住顫抖。這是怎麼回事？難道說中了？

「神了！神了！」王儁失聲地叫了起來：「蔡公真乃神人也！方才我撫琴時，偶然見一失群之雁棲於孟德身後那棵樹上，可是那樹枝間正盤著一條蛇。我眼見那蛇扭動身軀，逶迤行到雁的身後，分明是要偷襲獵食，不知不覺間，就把殺氣融到琴音中了。」

曹操與樓圭對視了一眼：天下真有這等奇事？回頭看了一眼那棵樹，枝椏間確有一條灰綠的大蛇，口中正咬著一隻垂死掙扎的雁。兩人不禁豎起了汗毛。

蔡邕見了，卻一下子如釋重負，隨即大笑起來：「哎呀！我今天真是鬧了個大笑話呀！羞得沒臉見人了，諸位見諒，見諒。」

橋玄接茬道：「剛才你沒來時，他們幾個都在給我講笑話，這會兒我又仔細品了品，都不如你這個笑話雅呀！」樓圭也在一旁打趣道：「方才我們都已經向蔡公自薦過了，想必您也放心了，咱這樣隔著大老遠喊話太費氣力了，不知道的還以為咱在這兒唱山歌呢！您快過來吧！」

蔡邕苦笑一聲，邁大步三兩下來至近前，朝著眾人一躬到地。

橋玄把手一擺：「得了吧！這都拜了三拜啦！」說著看了看弟子們：「你們看明白了嗎？這頭一拜是行見面禮，怕的是咱們爺們兒找他的麻煩；第二拜是慌忙告饒，怕咱們殺他；這第三拜是羞愧見禮，怕的是咱們臊他！」

蔡邕又是一揖：「下官服了！人說禮多人不怪，我再給您老人家添一個，只求您老口下留情吧！」這倒引樂了眾人，「剛才我是怕攪了橋公和三位的雅興，想等王公子一曲奏罷再過來。沒想到越聽越不對勁兒，還有這位曹大人傾著身子直勾勾盯著我，實在叫人心裡怵得慌！可能也是鄙人膽小吧……既然是我錯怪了幾位，就罰我為諸位彈一曲謝罪吧！」說著便坐到了琴前。

只見他用指尖輕輕一掃琴弦，低吟了一句：「原來如此，你音色純美、音韻寬廣，看來王公子對你不薄，保養有加呀……」那神色和語氣彷彿是與琴對話一般，接著他便合上雙目撥動了起來。蔡邕這一撫與方才王儁所奏迥然不同，這支曲子大氣磅礴，如同秋風掃落葉一般：霎時間有似風神下凡鼓動風囊，大千世界山海激盪，日光月華神采飛揚，獅吼猿啼龍吟虎嘯，萬般陰鬱一掃而光，殘枝枯葉飛沙走石，勁風所在一片激揚！

曹操也微合雙目，恍恍惚惚感到一股透骨的涼風襲來。忽然間琴音一轉，又變得柔情萬種：飄若雲煙，澈似潭淵，甘賽清泉，香比蘼蕙，靜擬石木，柔如無骨，纏綿悱惻，斷還相連；卿身即我，我身有卿，其馨若蘭，兩情依依，萬里咫尺，天地無間！

忽然間又變了，變得風馳電掣，天崩地裂：乾坤震動，風雷迭起，寰宇黯然，日月無光，金剛怒吼，無常悲歎，魔怪驚叫，厲鬼號哭，四方異獸，齊躍蒼穹，撕裂天幕，推倒五嶽；青龍擺尾，白虎狂嘯，朱雀悲啼，玄武纏繞，濁浪排空，驚濤拍岸，勢如奔牛，地動山搖！

……

天籟一曲，音調絕倫，迴盪天際，那撼人魂魄、懾人心智的力量和強大的感染力，使一曲奏畢，在座四人竟久久沒做一絲聲息。

王儁半天才回過神來：「這是《廣陵散》……真是……我苦練一輩子也到不了這種境界。就算師曠復生、伯牙再世，恐也不過如此了吧！」

曹操雖不甚通此道，但聽他比出師曠來，就明白好得非同一般。卻見橋玄兀自閉著眼睛沉吟，蔡邕笑盈盈問：「橋公，我這曲《廣陵散》可受用？」橋玄睬也不睬，仍合著眼不吭聲。樓圭也道：「師傅，您覺得如何？」橋玄還是不言不語。過了好一陣子，他才慢慢睜開眼，長歎了一聲：「唉……你們不懂，一開口就俗了！」眾人初是一愣，隨即笑成一團。

「好一個開口便俗！橋公詼諧呀！」蔡邕連連點頭：「您老如今是越來越風雅了，領著這些青年才俊一道出遊，都叫我想起曾子來了。『暮春者，春服既成，冠者五六人，童子六七人，浴乎沂，風乎舞雩，詠而歸。』」

「差得遠哪！」橋玄的口氣好像是在說笑，「冠者今天只有咱倆和孟德，而且你還沒戴帽子出來。子伯他們倆勉強還算是童子，我這把老骨頭也經不起在河裡洗澡嘍……關鍵是季節不對呀！人家曾子是要趁著無限春光出遊，可咱現在所處的卻是多事之秋呀！」

蔡邕何等聰慧，早聽出「多事之秋」四個字的弦外之音，他擺弄著腰下的錦囊說：「橋公說得是。不過咱們只要努力熬過這一冬，天氣還會回暖，世間萬物尚需積蓄精氣，為的就是要熬過這一冬。」

「是啊！只是不知道這一冬又要凍死多少生靈。」橋玄感歎道。

「秋冬本就是肅殺的季節，生靈死亡在所難免。」

「不錯，看來萬千生靈現在只好蟄伏自重了……」橋玄沉默了。

「對！萬物必須自珍自重、蓄勢待發，這才好挺過這最冷的日子。其實絕大多數生靈都是凍死在開春前夜的。」

曹操突然意識到這是一場非同尋常的談話，橋玄與蔡邕你來我往，句句說的都是過冬，卻暗含著無限回味，只可意會不可言傳。

「不過有些事情其實是由不得自己的，所謂樹欲靜而風不止……這位曹公子你聽說過嗎？」曹操聽得詫異：橋公為什麼偏偏把話說到這個節骨眼兒上把我拉進來？卻聽說蔡邕不緊不慢地答道：「早有耳聞，設五色棒不避權貴，一時名震洛陽，我雖然前兩天才被召回京師，耳朵裡也已經灌滿了。能與橋公相厚的，必定不是凡品。」

曹操剛想客套兩句話，橋玄卻搶先道：「你可知孟德也是世代名臣？他父親正是當朝鴻臚卿。」

「哦？曹大人的公子？」蔡邕的神色突然有了一絲微妙的變化，「這……我還不知道，恕我少禮了。」

「伯喈不必多禮，孟德是我的一個小朋友。以後啊，你們不妨多親多近。」

「諾。」蔡邕原先當過橋玄任司徒時的掾屬，因此這一聲答得如同尊奉上司指令一般：「曹公子……孟德果然是出自名門，做起事來有模有樣，將來一定是國家棟梁之才。」

「蔡公過獎了。」曹操終於接上話茬了，「您此番回京復任議郎，是否有什麼特別的差事嗎？」

「也沒什麼特別的，還是在東觀校書。當今主上好學，命我與馬公、楊公他們共同訂正《六經》文字，將來還要鐫刻石碑立在太學門外，供後儒晚生取正。」他提到的馬公是諫議大夫馬日磾，楊公是光祿大夫楊賜，也就是楊彪的父親。他兩人都曾經為三公，是頗具聲望的老臣。

「您真是博學多才，熟知《六經》，又能解音律、通數術、能辭賦、工書畫，怎樣才能同時掌握這麼多技藝呢？」

「這其實算不了什麼，」蔡邕一笑，「所謂觸類旁通，只要有一門學問弄得精熟，那別的學問只要識其大體就不難了。詩有賦比興，文有起承轉合，音有宮商角徵羽，數有河洛九宮。一切學問只要得其大體，剩下的就是用心而已了。」

「那麼用兵與為政呢？」

「這個嘛……」蔡邕本是不肯親近曹家人的，但此刻聽這一問，卻對這個年輕人有了幾分欣賞，加之橋玄的引薦，便不再顧忌什麼了，「你恰恰問到了最不容易的兩樣。我雖然不曉兵事，卻也知道雖有《孫子》、《司馬》、《三略》、《六韜》，但天時、地利、人和三者非固，行陣之中瞬息萬變，似乎只有以不變應萬變或是隨機應變了。似乎就是《三略》中提到的『因敵變化，不為事先，動輒相隨。』至於為政，《尚書．洪範》雖有五行、五事、三德、八政等言，卻皆是只見其論未見其形。難矣！不過按照音律的說法，琴瑟不調必要改弦更張。」

曹操誠服地點著頭：「隨機應變……改弦更張……蔡公說得好！萬事不能件件如意，只有不斷隨機變通，才是大道理。」

「孟德雖然相貌與令尊不似，但說話的神情還是很像你父親的。現與我一同在東觀校書的堂谿典，常常感歎令尊的練達機敏。虎父無犬子，孟德可教呀！」蔡邕這話似乎是出自真心的。堂谿典其人，曹操也是認識的，他當年與另一位文士邊韶，同被祖父曹騰薦入京師，也精通經籍，在東觀校訂《六經》。另外堂谿典善於風角星象，每逢天下大旱之時，朝廷都會命他到嵩山求雨，至今泰山啟母闕上還留有他的求雨銘文。但是他雖得益於曹騰，卻不常與曹家走動了，反倒是樊陵、許相這些諂媚小人，與曹嵩走得越來越近了。

橋玄默默看著他倆說話，腦子裡卻在想別的：「我究竟是怎麼了？這個曹家小子值得我這麼用心嗎？還把他引薦給伯喈，這不是找麻煩嗎？他是哪點對了我的心思呢？或許是他有點兒像年輕時的我吧……當年我也是他這個歲數，不過當個梁國境內一個小縣的功曹，芝麻大的官。原不過想在縣裡混好差事，沒指望把官當到多大，但求對得起良心就成了。後來見到了流民——那麼多的流民，黑壓壓望不到邊，都是衣衫襤褸，半大的小子丫頭連雙鞋都沒穿過，為爭一塊餅大打出手，餅掉到泥裡抓起來就往嘴裡塞！那些流民都是這樣，哪兒還像人吶……他們都是從陳國來的，陳國相羊昌私圈民地、侵占稅收，百姓不敢違抗，誰要是不肯遷走，就一棍子打死。誰敢不走？可農民離了土地，跟拿棍子打死又什麼不同？有些年輕力壯的可以留下來當佃農，那也只不過是勉強糊口罷了。更多的老幼病殘只能當流民，等死的流民！

「真不曉得我那會兒哪兒來的一股子衝勁，發誓要扳倒羊昌，以為只有扳倒羊昌，百姓才有活路。可那羊昌不是無根之樹，他的靠山太硬了——跋扈將軍梁冀，殺人如麻的魔王！專擅朝政，殺帝弒君，那時候哪裡還是劉家的天下！當時的太傅李固怎麼樣？姓梁的擺擺手說殺就殺了，我一個小小縣功曹，不入流的小吏算得了什麼？蚍蜉撼樹啊！但蚍蜉撼樹也要撼一撼！

「周景那時候是豫州刺史，正好巡檢到縣裡，我一狀就告上去了。現在想起來還有些後怕，梁國轄下一個小縣的功曹，狀告堂堂陳國相，這狀告得既犯上又越權，到底是年輕氣盛呀！當時周景竟然准了，並調我為從事專斷此案，一下子就鎖拿了羊昌門下所有的幕僚。羊昌如何肯依，搬出靠山來了事。梁冀一紙檄文打來，傳令放人銷案，當時文書遞到我手裡時，我連看都沒看就頂回去了，真是把命都豁出去了，嚴刑拷問硬是把羊昌的罪坐實了。我和周景就這麼真把大樹撼倒了。我以為自己難逃一死，後事都跟家裡交代好了，誰想梁冀連我一根手指都沒動，倒是周景受了些擠對。現在想來，梁冀是一門心思要幹改朝換代的營生，哪會拿他的金碗跟我這破罐子碰呢！

「但倒了一個羊昌又有什麼用呢？流民還是死了大半，老百姓的苦哪兒有個完呀！過了幾年，梁冀也完了，梁氏一族斬盡殺絕，接著又輪到徐璜、左悺、單超、具瑗、唐衡五個閹人當權了。我總覺得自己不知不覺間做了別人爭權鬥勢的棋子，寒心吶！可是寒心也得繼續幹下去，為了讓百姓不再死得更多，為了大漢國祚長遠，這就是所謂的道義吧！

「為了道義，招賢納士，被那些清高隱士嘲諷；為了道義，被同僚罵作刻薄嚴酷；為了道義，眼睜睜看著閹賊害死自己將將十歲的兒子……我真是老了，再不甘心也不行了，再闖過這一關就告老回家吧！但願我不會凍死在開春的前夜！說實在的，孟德應該會比我那三個徒弟有出息。許攸雖有才華但始終不能免俗，氣質心胸差得遠，總幹些趨炎附勢的行徑；樓圭是個絕頂聰明的，但他桀驁不馴、鋒芒太露又好自比他人，難免不會招惹禍事；王儁是好樣的，有才有德有禮有節，早生一百年定是一代賢臣，可惜他生不逢時，偏偏落草到當今這汙穢之世，明珠投暗還能有什麼作為呢！可悲的可悲，可歎的可歎，可惜的可惜……蔡伯喈所言不虛，如今這世道也許只有隨機應變、能改弦更張的人才能站住腳，孟德就有這樣的性子。

「上一輩子的恩怨就順風去吧！平心而論，曹嵩也算不上十惡不赦之人，只是少些正氣和骨氣罷了！比起段熲、樊陵、許相之流，已是不錯的了。這個滑得溜手的人，想必也不會一頭栽到王甫這條臭河裡，還是那句話——聽天由命吧！」

「橋公……橋公！」蔡邕呼喚道。

「哦？」橋玄這才回過神來，「怎麼了，伯喈？」

「在下先告退了。」

「怎麼？還有事要辦嗎？」

「是，」蔡邕恭敬地說：「今天是李常侍告老還鄉的日子，往日裡承蒙他的指教，論情論理都應該去道個別。」

「李巡告老了？」橋玄不知道此事。

「其實我也是剛剛聽說的，另外還有丁肅、郭耽、趙祐等幾個老寺人，這次也一併准了還鄉。」

「可惜了。」橋玄似乎有些不捨：「這幾位都是忠厚謹慎的老宦官，從來不多說多問。如今一個個都走了，後繼的人除了呂強之外都不是什麼好東西！張讓、趙忠等輩，奸猾甚於曹節，狠毒不亞於王甫啊……既然你去餞行，也替我向李巡帶個好吧！」

「是。」蔡邕畢恭畢敬又施一禮。

「你快去吧，我們再坐一會兒也回去了。」橋玄回頭看了看弟子們，「你們倆去送送蔡大人。」

曹操也起身想去相送，卻聽橋玄道：「孟德且落坐，老夫還有話對你講。」

眼望著他們三人走出去老遠，橋玄突然面無表情地問道：「孟德，你不感到害怕嗎？」

「唔？」這已經是曹操在同一天裡第二次聽到有人這麼問他了，「大人指的什麼？」

「你一點兒都不知道？」橋玄盯著他的眼睛良久才說：「是呀，令尊與你幾位叔父都是精明之人，怎麼會提這些事擾亂你的作為呢？不過讓你知道一些事情也好，能防患於未然。剛才我和伯喈談了那麼多，你也該聽明白一些了吧！對於你，我不想隱藏什麼，其實我們在想辦法扳倒王甫。」

曹操雖然早就體會到這一點了，當初救何顒出洛陽，他就意識到橋玄絕不會僅僅出於憐憫。但聽老人家親口說出來，他還是有些驚心：「果真是這樣呀！扳倒王甫……這老閹人確實該死，可又要牽扯半個朝廷了，只怕父親也要……」

「你想左了，你爹……也可以算是我們這一邊的。」

曹操瞪大了眼睛，心中一陣驚詫，轉而又是狂喜：父親並不像世人所道，不管別人怎麼看他，他有自己的準則。可歎我與父親相隔咫尺，卻不能知其所思所想。

「你先別高興。你到現在還沒意識到，王甫不死，你曹家就有危險，全族的榮辱都牽連在其中。」

「此話怎講？」曹操詫異，這話和早上崔鈞講的簡直如出一轍。

「話說起來可就長了，」橋玄捋了捋鬍子：「當初王甫揪出勃海王劉悝謀逆一案時。令尊就和王甫徹底決裂了。先帝臨終時，王甫曾收受劉悝的錢財，幫他恢復了王位，或許也有試探聖心、窺覬帝位的行徑，那就無人知曉了。可事後為了干涉政事，王甫、曹節又捨了勃海王，跟竇武、劉條一起另立了未成年的當今聖上，更發動宮變除掉了竇家。這件事，恐怕你爹也跟著插了一腿！」

曹操咽了一口唾沫。

「你別緊張！」橋玄接著說：「當今聖上即位已久，這些是非再提起也沒什麼意義了。說句公道話，劉悝賄賂閹人也不是什麼光明正大的事，依著你爹的意思，這事過去也就過去了。可王甫這人用心太毒，他怕日後劉悝通過深知內情的人發難，就先扭轉局面殺盡竇家黨羽，又祕密毒殺劉倏，再害死竇皇后，最後利用幼主登基怕年長宗室威脅的心理，說動永樂太后除掉了劉悝。」

曹操聽得心裡怦怦直跳，他從未料到皇室中竟有如此大的陰謀，偷梁換柱、誅殺王侯，就如同兒戲一般，自己的父親竟也參與其中。

「但王甫忽略了一點：勃海王與河間諸王侯一向通婚，勃海王妃宋氏的姪女，嫁給渚亭侯的兒子，也就是當今天子，所以她也成了一代國母——就是當今宋皇后！」

這些事情曹操都知道，卻從沒有聯繫起來想過。

「王甫因一時的殺念和小聰明，反而招惹了大禍，他要想保命，就得冒險惹更大的禍，就得設法扳倒皇后。因為宋后現在並不得寵，所以廢后的事情並非沒有指望。可是對於你們家來說，宋后不能倒，宋氏連著你們曹家的榮辱呢！所以令尊一定要和王甫對抗。你好好想想，你四叔曹鼎的女兒嫁給了濦強侯宋奇，而宋奇就是宋后的堂弟呀！」

曹操搖搖頭：「個人有個人的賬，也賴不到我家。」

「你別不當回事，這可不是鬧著玩的。你那個四叔跟宋家走得太近了，將來皇后要是完了，宋氏一家子都活不了！要是親戚相坐，你們曹家就是僥倖不完，滿門的官帽子也得摘乾淨，什麼官爵都得丟！」橋玄此言擲地有聲。

到此曹操有點明白事情的利害性了。雖然曹家人除了曹鼎，從沒沾過宋家一點兒光，到頭來也難免被波及。曹嵩、曹熾、曹鼎、曹操、曹仁……大到九卿高官，小到縣衙小吏，一個也推不開罷官這一條，弄不好一族老小的腦袋就都賠進去了，眼前官位富貴似乎都只是過眼雲煙。

「所以我才把你引薦給蔡伯喈。」橋玄話風一變：「多結識一些益友，將來出了事你才有迴旋的餘地。官場上結交朋友寧缺毋濫，有些人臉面上熱，其實生分著呢！比如『笑面虎』樊陵，最是口蜜腹劍，包藏禍心！還有『不開口』的許相，一見好處他還能不開口嗎？錦上添花他們來得，真到了要緊時刻，才沒有雪中送炭之心呢！所以令尊與他們走得勤，真要有了事，他們卻比不上崔烈、堂谿典能幹實事。」

曹操忽然間醒悟過來：「今早樊陵在崔家公開說王甫的壞話，原來他是見勢不妙，想要跟王甫翻臉啊……真是奸猾小人！您說得太對了，家父交友不明啊！」

「瞧你小子說的！你爹他一點兒都不糊塗……」橋玄拍了他肩頭一下，「他要是不明，怎麼曉得果斷與段熲絕交？他心裡可豁亮呢！實際上他能升任大鴻臚，是得益於曹節、張讓這一干人，和王甫撕擄得乾乾淨淨的。單論精明自保，自胡廣之後，當今朝廷還沒有一人比得上你爹呢！」

這話既像誇獎又像挖苦，曹操只好乾笑兩聲不表態度。

「所以你也不必怕什麼，重要的是檢點自己的行為，不要讓人有可乘之機。你知道是誰指使刺客劫持我兒子嗎？除了王甫沒別人！當時我只要心一軟拿錢了事，他立刻就會以捕盜不力發難陽球，或者以資財予盜衝我來，所以我絕對不能低頭。老夫已經上疏了，今後凡遇劫持人質之事，不可資財予盜，無須顧忌人質，一定要將盜賊正法！這可是拿我兒子的命換來的法令……」橋玄說到這兒頓住了，好半天才繼續道，「唉！不提這件事了。孟德你且聽好，一個人的名聲很重要，機遇也很重要，你再有志氣有才學，沒有機遇，一切雄心抱負也要化為烏有。我這一生也沒幾個親近的人，老來有了三個弟子卻比不上你，咱爺們兒對脾氣，這也是緣分……」

曹操聽著聽著眼圈有些濕潤了，從小被人罵作「奸閹遺醜」，有幾個人能發自內心地同情他、欣賞他、關心他？如今卻有這麼一位和藹善良的老人家關照自己，他真想伏在橋玄身前哭訴一場。

「孟德，你雖然小有作為，但名氣還遠遠不夠。我聽聞許子將最近進京探望兄長，我建議你去拜謁他，求一個風謠評語。」

許劭？那不是搞「月旦評」的人嗎？要借許子將之口給自己創名聲，曹操暗暗記下了。這時王儁他們又出現在遠處的荒原上，身邊還多了幾個著武服戴皮弁騎馬游獵的人，於是問橋玄：「那幾個人是誰？」

「唔？你不認識嗎？那是鮑家兄弟，太學裡出了名好武的，一年四季都在郊外騎馬射獵。那是鮑鴻、鮑韜、鮑忠……瞧！那個最英俊的就是小有名氣的二郎鮑信！這小子馬術了得，箭射得也準，好像與你同歲……」橋玄還想再說些什麼，抬頭卻見曹操傾著身子、瞇著眼睛，打量著鮑信。

橋玄臉上的微笑瞬間凝固了。怪不得剛才蔡伯喈不敢近前，與其說是慌於琴音，還不如說是被曹操這神態嚇住了。這小子打量人時怎麼是這種神態？這一點兒都不像他爹！此乃鷹視狼顧，是陰隼之相！

第十章
打死權貴名震洛陽

棒殺狂徒

橋玄偶然提出拜謁許劭的提議，這可成了曹操的一大心病。原以為這不算什麼難事，等備好禮物真到了許府門口，才發現車水馬龍，門庭若市，求見的人堵了半趟街，有些人甚至帶著鋪蓋一連等了好幾天，這才知道事情不好辦。

許劭，字子將，汝南郡平輿縣人，並無官位在身，駐足洛陽時他住在兄長許虔家。評議之風實起於賈彪、郭泰二人。賈彪字偉節，郭泰字林宗，他們原是太學領袖，與陳蕃、李膺閒時評論朝廷，褒貶人物。原本只是閒談，但因品評準確而聲名鵲起，受到世人推崇。後來賈彪死於黨錮之禍，郭泰受了打擊閉門不出，評議的領袖就落到了許劭的頭上。

許劭以及他的堂兄許靖，在平輿的清河橋招集士人，大搞清議，因為總是在每月的初一，所以被人稱為「汝南月旦評」。

月旦評議論鄉黨，褒貶時政，不虛美、不隱惡，公然辯人之優劣善惡，在朝在野者皆可歸入品評之列。無論是誰，一經品題，身價百倍，世俗流傳，這就引得四方人士慕名而來，皆以領二許一字之評為榮。尤其許劭的名氣家喻戶曉，被人與郭泰合稱為「許郭」，晚生後輩反排在了太學名士的前面，可見才氣不凡。

可不知什麼緣故，許氏兄弟突然鬧起了矛盾，許劭一氣之下拋開許靖，來洛陽尋親哥哥許虔。本是想離開堂兄，和鄉人過一段平靜的日子，可他這麼大的名氣，清靜豈是容易得的？不知什麼人走漏了消息，許劭到洛陽的傳聞不脛而走，府門前頃刻間賓客如雲，當官的、為宦的、念書的、作文的、沾親的、帶故的、慕名的、有求的，都快擠破大門了。

縱然這些人都堵著大門不肯走，可真正能見到許劭的卻僅僅是少數。眼見不少比自己煊赫百倍的人物都規規矩矩等著，曹操的心涼了半截，憑自己這點兒名氣，等到猴年馬月也見不到許子將呀！

自己的能力既然解決不了，曹操只好低頭向父親求助。曹嵩也覺得不好辦，思來想去又找來「不開口」許相。那許相與許劭是同族兄弟，原以為請他出山，一定馬到成功；哪知許相的腦袋搖得跟貨郎鼓一樣：「不行不行！不是我不開口，實在是我幫不了這個忙。我這個從弟傲慢得緊，從來不把我放在眼裡，我去也是白去。」

曹嵩父子把好話說了三車，又恭恭敬敬備下兩份厚禮，許相才勉為其難應承下來。本以為妥當了，誰料六天後許相又把兩份禮物原封不動送了回來，一個勁兒躬身作揖：「許某無能，許某無能！事兒不但沒說成，還被他訓斥了一頓。羞死我也！以後還是不開口好。」說完滿面帶愧而去。

事兒既然說不成，曹操只得再次腆著臉自己去求見。哪知許劭拿起了架子，所有拜謁之人一概不見。硬是讓大家乾巴巴吃閉門羹。曹操既委屈又窩火，也不好再去求父親，索性叫家人收拾鋪蓋捲兒弄到衙裡，晚上秉燭看書解悶。

這一日，他正好得了一卷蔡邕的大作〈釋誨〉，覺得甚符自己的心境。待至傍晚，點上燈細細品讀起來。

「且用之則行，聖訓也；舍之則藏，至順也。夫九河盈溢，非一凷可防；帶甲百萬，非一勇所抗。今子責匹夫以清宇宙，庸可以水旱而累堯、湯乎？懼煙炎之毀熠，何光芒之敢揚哉！」

這篇文章乃當年蔡伯喈半路逃官而作，寫得氣勢宏大，但多少有些苦中作樂、挫中憤慨的感覺。曹操一邊讀一邊不自覺地往自己身上聯繫，心緒越發紛亂，閉上眼睛沉吟許久，竟煩得坐不住了。於是披上大氅，喚來長隨出去巡街。

其實這會兒並沒什麼可巡查的，洛陽城北本就沒多少人住，前番經他的整治更是安定。入秋後一天比一天涼了，到晚間天黑下來，誰也不會無緣無故在這個時辰出門。

曹操也沒騎馬，只信步在外面胡亂轉悠了一陣，不知不覺竟走到了穀門外，又瞧見幾個值夜的兵丁圍在一處閒話。

「宜祿，你說什麼？宦官也有兒子？」

「那是！」那個叫宜祿的一撇嘴：「你以為他們天生就沒屌不成？如今的王甫、曹節，當初都是西苑騎出身，後來是自己割了那玩意才入宮的。王甫的兒子王萌現在是長樂少府，還有一個養子王吉，大名鼎鼎的沛國相，殺起人來成百上千都不眨一下眼。你們知道嗎？」

「嘿！就你了不起？我問你，人家沒屌都有妻有兒，你這麼大能耐咋連半個老婆都討不上？快三十歲了還是光棍兒一根？」

「別挨罵啦！天底下有討半個老婆得嗎？我討半個，剩下那半個歸你不成？我是不稀罕女人，也沒那心氣兒！等我哪天有心氣兒了，討三十個老婆，一天晚上睡一個，一個月都不重樣兒，趕上小月有的還摸不過來呢！」

「那趕上閏月還興許摸重了呢！你就吹牛吧！」幾個當兵的笑彎了腰。宜祿一抬頭，猛然看見曹操正站在不遠處掩口而笑，饒是他機靈會來事，連忙跪倒在地，高呼道：「小的秦宜祿參見大人！」其他人也明白了，齊刷刷跪倒一片。秦宜祿特意向前又跪爬了兩步，扯著嗓門嚷道：「大人您龍虎精神，憂國憂民，這般時辰還來巡查，真是清官兒好官兒。大人勞苦，盼大人高升！」

曹操抿嘴一笑：這狗東西真會拍馬屁，倒是一張好嘴！踱步上前道：「少給我戴高帽子，我只是睡不著隨便轉轉。你們都起來吧！」

當兵的站了起來，但曹操在跟前都拘謹了不少，規規矩矩立在城門邊上不再吭聲。

「怎麼啦？剛才聊得不是挺起勁嗎？見了我全都變啞巴了？」曹操知道他們懼怕自己，「剛才說到哪兒了？對啦！你叫秦宜祿？」

「是小的賤名。」

「你剛才說要討三十個婆娘，雄心壯志不小嘛！」曹操戲謔道。

「小的說著玩的。」秦宜祿憨著臉道：「我一個窮當兵的，一沒房產二沒地業，連黑帶白混這等差事，掙的錢還不夠買酒灌肚子呢，誰家閨女捨得給我呀！」

「嗯。你們的日子苦呀！掙的少不說，這麼涼的天還要守夜。這還沒到最冷的時候呢，入了冬這差事可不好當！以後凡是守夜的，我另賞一吊酒錢，從我俸祿裡出……不過醜話說在前頭，在值上可不准喝。」

「謝大人！」秦宜祿連忙道謝。

「有機會我幫你提親保媒討個老婆，連沒那玩意的都有婆娘，你們有那玩意豈能閒著？」曹操對眾人笑道：「還有誰沒有婆娘，今個兒只管說！」

這樣一問氣氛可活躍了，你一言我一語都打開了話匣子。有個年輕的竟斗膽問道：「大人您娶親了沒有？」

「娶了！」曹操伸出三個指頭，「一妻兩妾呢！」

「大人有福分，夫人一定美若天仙！」

「甭提她了！我那位正室夫人嘛……那臉龐那顏色跟牛皮鼓似的！」他說著用手比畫了個大圓圈，引得眾兵丁笑倒了一片。他卻繼續戲謔道：「你們別樂！家有醜妻是一寶嘛！別看長得醜，賢慧那是沒挑了，居家過日子還得找這樣的；不瞞你們說，我納的頭一房小妾都是她張羅的。有一天她跟我說：『夫君呀！我知道奴家長得有礙您觀瞻，可這是胎裡帶的我也沒法子呀！不過我陪嫁過來的丫鬟還不錯，又是和我一塊兒長起來的，您就收了房吧！好比您買柿子，不留神兒買了個爛的，我們再搭您一石榴吧！』」

曹操正妻丁氏相貌平平，小妾劉氏乃丁氏丫鬟，這些都是實情。可他添油加醋這麼一念叨，這些當兵的哪兒有不樂的？有幾個樂得眼淚都下來：「哎呀！您夫人真是賢慧，也會說話！那另一位側夫人呢？也是尊夫人她張羅的？」

「那位不是……是我搶來的！」曹操不語了，他回想起那個夜晚，在家鄉桓家的那個宴會上，卞氏那清脆動人的歌聲；回想起他打死桓府管家，救走他們姐弟的情形；回想起臨入京的前一晚，兩人在荒山茅屋互訴情話，私定終身……

「大人您也搶親？我還以為就我們家鄉這樣呢！還有一宗笑話哩！我們鄰居有一漢子與人訂了親，沒想到家道中衰，窮得叮噹響，他怕女家嫌貧不予，就領著我們一幫朋友去搶親。結果天黑搶錯了，反背了小姨子出來，女家的人追出來喊：『錯了！錯了！』沒想到小姨子心裡中意他，在背上答話：『沒錯！別聽他們的，姐夫咱快走！』最後定親媳婦沒要，娶了小姨子！」

眾人聽了又哈哈大笑起來。曹操也笑了，卻道：「我可不是這種搶法！你們別出去給我亂嚷嚷！不然我可不幫你們討老婆啦！」

「我們哪兒敢呀……哈哈……那是什麼人？」秦宜祿突然頓住了，手指著不遠處一團黑影。

大夥放眼觀看，只見一人穿著厚衣，鬼鬼祟祟朝這邊張望。

「什麼人？過來！深更半夜出來幹什麼？」秦宜祿立刻呵斥道。

「小的……小的是過路的。」那人答著話，慢吞吞蹭了過來。這人看樣子五十多歲，一身平民的打扮，滿臉亂糟糟的鬍子茬，兩隻小眼睛賊溜溜亂轉。

「過路的？大半夜過的什麼路？城門關了你不知道嗎？」

「小人是出去討債的，不料欠錢的主兒賴著不給，所以耗到半夜才回來。小的住家不在城裡，只是打這兒路過。」那人嘻皮笑臉說。

秦宜祿走到那人跟前上下打量了幾眼：「你說的都是真的？」

「句句是實，不敢欺瞞！另外……」那人忽然壓低了聲音：「小人這有幾吊錢孝敬幾位軍爺買酒……」

「放屁！你當我們是什麼人？」秦宜祿義正詞嚴地呵斥了一聲，其實若曹操不在眼前他就收下了，上差在此自然不敢受賄。「大半夜的，沒事兒別在外面逛，留神我叫你吃棍子！還不快滾！」

那人應了一聲，轉身就要逃之夭夭。

「等等！」旁邊一個身強體壯的年輕兵丁喝住了那人，只見他幾步上前，一把扯開那人的衣衫，嗖地一聲，從他鼓鼓囊囊的懷裡，抽出一把明晃晃的鋼刀來，「這是什麼？說！」

曹操和其他人也驚了，連忙趕上前去，有兩個手快的同秦宜祿他們倆，把那人按倒在地。那人放聲大呼：「無罪！無罪！刀是我走夜路防備賊人的！」

「胡說八道！」年輕兵丁蹲下就是一耳光，「從實招！」

「是實話！」那人還狡辯，「防身用的！」

「還嘴硬！」年輕兵丁甩手又是兩巴掌，「夜靜更深帶刀出行，已經犯了禁令！太平時節懷揣鋼刀，防哪門子賊人？我看你就是賊！」說著掄起蒲扇大的巴掌還要打。

「我說我說！」那人從實招了：「我真是去討債的，北山獵戶徐氏欠我十吊錢半年未還，我去了幾次他都賴著不給。這次我怕他又搪塞，就帶了把刀去，到他家我把鋼刀一亮，說若還換錢便罷，不還錢就剁了他。結果他怕了，就對付了我五吊半。你們不信只管去尋徐家人問！」

「即便你所說是實，帶刀夜行也是犯禁。況且你以刀逼人甚為不當。」秦宜祿搖頭晃腦道：「按律行事，打他二十棍子！」

幾個兵丁架著他到門前，各取五色棒就要打，那人呼叫：「慢動手！慢動手！你們大人在哪兒？我有話對他講！」

「住口！你是什麼貨色！還想見我們大人，小心我打你個脆的……」秦宜祿喝道。

「慢著！」曹操看得清楚聽得分明：「等會兒再打。我就是城北縣尉曹操，你找我有什麼事兒？」

「原來您就是曹大人，果然氣度不凡呀！」那人憨皮賴臉道。

「你想說什麼？」

「這……這……」他吞吞吐吐看著兩旁的兵丁。

「快說！他們有什麼可避諱的……不說嗎？行刑！」

「別！別！我說……小的叫蹇圖，家住城西，是當今萬歲身邊小黃門蹇碩的叔父。望大人看在與小姪同朝為官的分兒上，就饒了我這一遭吧！下次不敢了。」

眾人起初還不信，但仔細想想似乎不假。黃門蹇碩確實有一個叔叔住在洛陽，是城西人人皆知的無賴。這人本有幾畝田地，整日裡遊手好閒又愛耍錢，好好的地都賣出去耍了，後來姪子在宮裡得寵，就張著手找人家周濟。蹇碩倒也正派，只給了他點兒銀子，囑咐他安分就不管了。蹇圖哪裡肯聽，沒兩天就把銀子敗光了，再要蹇碩不給了。他只得偷雞摸狗過日子，鄰里防著他，他就索性提著鋼刀四處訛詐要錢。官府礙著他是寵臣的親眷，睜一眼閉一眼也不怎麼干預。想不到今天會撞到曹孟德手裡。

曹操面無表情聽他把話說完，微然一笑道：「你既是官親，更應該遵律守法。本官執法從不避諱權貴親友，你少說這樣的話——打！」

幾個兵丁不由蹇圖分說把他按倒在地，秦宜祿掄起大棍剛要落下卻轉了個心眼：蹇碩豈是輕易得罪的？他雖是宦官卻監管羽林衛士，是當今皇帝身邊紅得發紫的人物。這廝不管遠近大小也是官親，曹大人開罪得起，我等豈開罪得起？於是手裡玩了個花活兒，棒子是高高舉起急急落下，但沾皮不著肉，但聽得啪啪作響卻不傷筋骨。

曹操是宦門公子，哪裡曉得這衙門口的手段。一旁那個年輕的兵丁卻看不過了，一把奪過秦宜祿手裡的棒子逕自掄起來打。

這小子身強力壯、膀闊腰圓，手指頭粗得小棒槌一般，大棍掄起來呼呼掛風，打在身上豈是尋常？霎時間，蹇圖疼得殺豬似喊叫。那小子絲毫不鬆懈，剛剛十棍下來，蹇圖屁股和腿上已見了大片鮮血。

「哎喲！痛殺我也……」蹇圖瞪著眼睛，張口大罵：「小畜生！你敢打、打大爺！我……哎呀！我叫我姪宰了你全家！」

曹操一聽他罵人，火不打一處來：「莫要理睬！打！狠狠打！」

「哎呀！天殺的小畜生，給臉不要臉！真拿自個兒……哎呀！當了清官不成？姓曹的！我罵……罵你八輩兒祖宗……」蹇圖越罵越難聽，那兵丁就打得更狠。轉眼間二十棍就要打完，那蹇圖還不住口，曹操冷笑道：「這無賴辱罵本官，毫無悔改之意，繼續打！再打二十棍子！」

「好小子！你有種！哎呀媽呀！咱們都是一路奴才……哎呀姥姥呀！你爺爺不也是宦官嗎？我是宦官他叔，你還……哎喲祖宗呀！還不叫我一聲太爺！這龜重孫……哎喲太老祖宗呀！」蹇圖被打得亂叫，卻還不改口。

「打！狠狠打！」曹操一咬牙，「看他還敢不敢胡說！」

「諾！」那壯兵應罷，一聲狠掄大棍，耳輪中只聽得砰的一聲，已打了個骨斷筋折。饒是那無賴嘴比鴨子的還硬，也只有出來的氣兒沒進去的氣兒了，嘴裡已不成句：「等、等……著瞧……我叫我姪子……廢了你們……咱……全家……白、白刀子……進去紅……刀子……出……出、出……出……出不來了……」一語未完，白眼一翻便昏過去了。

那壯兵卻不肯饒，照舊掄著棍子打，秦宜祿忙伸手攔道：「不行！別打啦！」

「還差四棍呢！」那兵丁也不顧阻攔，喘著大氣接茬把剩下的四棍結結實實打完。

秦宜祿見那廝已然血葫蘆般，忙低身一摸，嚇得坐在地上，驚呼道：「打死了！大人！」

曹操一腳把秦宜祿踢倒：「狗東西怎麼說話！誰打死了？」

秦宜祿顧不上護疼：「這無賴被打死了！他可是……他可是……」

「慌什麼？」曹操一聲斷喝：「死就死了，打死這等無賴，臭塊地罷了！瞧你那熊樣兒……你小子也是！怎麼下手這麼重？」

「小的奉命行事而已。」那個執行兵丁跪下說。

「好一個奉命行事！我說讓你打死他了嗎？」曹操見他出言頂撞，心裡一陣光火，「打昏了還下死手，你年紀輕輕怎麼這樣狠毒？」

哪知那兵一點兒也不害怕，鏗鏘說道：「縱然小的心狠手辣，卻明白這廝有四罪當死！」

「哦？」曹操一愣，「哪四罪當死？你且說說看。」

「諾！這蹇圖夜帶鋼刀已犯禁令，既被拿住又多番巧言狡辯，就是討債也未見是實，此乃一當死。蹇圖被拿無悔懼之意，放厥辭求赦，既已受刑又藐視大人、辱罵長官，更言及日後報復，實是無父無君無法無天，此二當死！另外，此人平日倚仗官親，欺壓鄰里、偷盜勒索，官家投鼠忌器不問其罪，今日犯到大人手裡，大人正應當為民除此禍害，此他三當死！大人請想，您上任以來明申法令，又設五色棒不避權貴，哪個不知，哪個不曉？大膽蹇圖以身試法，大人就應該借此狂徒彰顯威名以懲戒他人，此乃四當殺！另外您……您……」

「只管說！」

「諾！您說好了再打二十棍子，打沒打死是您的事兒，但若打不夠數，豈不是我的罪過？」

曹操被噎得一句話都反駁不了，心下暗暗詫異：小小守門吏中竟有此等人物！仔細打量他許久，又踱至屍體旁看了半晌說：「算了！你們把這屍體拖走，明天當街示眾！你叫什麼名字？」

「小的叫樓異。」

「你打死寵臣親眷不害怕嗎？」

「大人都不怕，小的窮當兵的一個，有什麼怕的！」樓異抬頭道。

「好！樓異，還有秦宜祿，你們倆聽著，這兒的差事不要你們了。從明天起，你倆轉到衙裡當我的隨從，我走到哪兒你們就跟到哪兒！」

「謝大人！」二人磕頭謝恩，興奮之情早溢於言表。

智誆許劭

許劭在汝南的名氣越來越大了，這使他漸漸感到不安。所謂「木秀於林，風必摧之」，一個人的名望太大了就會惹麻煩，尤其是他這種鄉間隱士。清議的影響力大了看似不錯，但樹大招風也不是鬧著玩的。搞得這麼大的影響，朝廷的徵召又一概拒絕，這已經很危險了，萬一得罪了什麼大人物，被扣上個聚集鄉黨、私議朝政的罪名，那一族的命就全沒了。現在還沒人這樣說，可是以後呢？賈彪、郭泰血淋淋的教訓還不足以為鑒嗎？所以許劭決定接受徵召，到郡裡當一個功曹，以做個小官的辦法來避禍。

但是當許劭將這個想法告訴許靖時，許靖很生氣。在許靖看來他們兄弟同樣受人注目，許劭可以做官他也可以做官，平日裡許劭說什麼仕途險惡的話，都是虛偽的敷衍。他要求許劭到郡後舉自己為孝廉，被一口回絕了。從此兄弟兩人分道揚鑣了！

煩心事一件跟著一件來，許劭決定離開汝南，到京師找他的大哥許虔盤桓幾日，排遣一下胸中的鬱悶。哪知這一來煩上加煩，險些把全洛陽惦記出名的人都引來了。剛開始他還勉強搪塞著，到後來這些人成群擁擠到了大門口，而且人數大有增加之勢。許劭開始覺得這次來京似乎不甚明智。

正在這時，多年未見的從兄許相帶著禮物出現了。許劭一向瞧不起這個人，美其名曰「不開口」，實際上是攀附權貴、諂媚宦官的小人。許相說了半晌無關緊要的奉承話，末了才坦白來意——要求他給曹嵩的兒子曹操寫風謠評語。這可把許劭惹怒了，他指著許相的鼻子大罵一通，把這些天的火氣全撒在他身上了。

但等許相走了，他開始反思。固然許相是個無恥小人，但畢竟身居侍中，牽著大宦官曹節的勢力。萬一他挾恨報復，自己一介布衣，絕沒有好果子吃。思來想去，只有儘快離開京城了。

說起來容易做起來難，想順利離開洛陽可不是件容易事。

府門外都是等著拜見的人，就算是深夜，也有這些人的家丁僕人等候消息。要是隨便出去，馬上就會被他們攔住，沒完沒了地糾纏。這可怎麼辦？最後還是許虔出了個好主意，先由馬車載著東西離開，一出門就揚言許劭回鄉，客人一概不見，等把他們的注意力引走，許劭再另乘一車悄悄離開。

於是就在一個寂靜的傍晚，一輛空馬車急匆匆離開了許府。那些拜客派來的家丁慌了神兒，有的回去報信，有的設法堵截，有的跟著車出了城，總之大夥都知道許劭已經動身回汝南了。

第二天清晨，許劭才真的辭別兄長。

僕人輕快地甩著鞭子在空曠的洛陽街道上趕著馬車。即使是這樣，許劭依然不敢掉以輕心，他吩咐車夫把車簾垂得嚴嚴實實。由於準備了一宿，實在疲乏了，許劭不知不覺側臥在車裡睡著了……也不知睡了多久，恍恍惚惚，一陣爭執聲吵醒了他。

「就是你！少廢話！」一個高門大嗓的聲音嚷道。

「胡說八道！我們可是正正經經的人家，我們老爺人品了得，我們豈會搶你媳婦？」這個聲音許劭知道，是他的車夫。

許劭詫異地坐起來，這才發現車子不走了。

「我還冤枉你不成？我認得這駕馬車！」

「你說的都是什麼呀？你是瘋子！」

「你才是瘋子！就是你們搶的人！」

「不是！」

「是！」

「無賴！」

「你才是無賴！」

「混帳！」

「你混帳！」

「好了好了，都別吵了！」又有一個聲音打斷了二人的爭吵：「守著我們這些官人，還敢這麼放肆，成什麼體統！都跟我回衙門，見了縣尉大人再說。」

怎麼還有官人呢？許劭聽糊塗了，趕緊掀車簾子。只見車前圍了一大群人，有百姓也有皂隸，為首的兩個年輕人：一個是身穿布衣、胖墩墩的農家漢子，一個大個子看樣子是衙役頭子。許劭忙問車夫：「這是怎麼回事？」

「老爺您醒了……剛才您睡著了不知道，咱剛剛出洛陽城沒走幾里地，我心說您睡著了咱慢點兒走……這倒好！沒幾里地就這幫人攔住了！這胖子帶了一幫農漢，硬說咱們兩天前搶了親，非吵著叫咱們還他婆娘……他那個橫勁兒就別提了，我怎麼解釋他都不聽……搶沒搶的咱先放一邊兒，大白天一幫人吆五喝六地攔車像話嗎？明火執仗嚇唬誰呀……話又說回來，胖子你也說了，你那沒過門的媳婦是個跛子，嘴還有點兒歪，而且一眼大一眼小，這麼個醜鬼我們搶她幹嘛呀……後來這幾個官人來了，他還揪著咱不放，嚷著要去衙門……這幾個官人也是的，半天都是他的理，你們辦案子也得容我說句話呀！橫挑鼻子豎挑眼，欺負我們外鄉人呀……老爺您說是不是這個理？」車夫真是被擠對急了，沒頭沒尾說了一大堆。

許劭一聽腦袋都大了：這都是什麼亂七八糟的！「你們……我們……究竟怎、怎麼了？」他想解釋些什麼，但根本沒弄明白事情經過，找不著話頭。

「衙役大人們，都看見了吧！」那農家胖子倒逮著理了：「他們老爺根本就說不清楚，這就是心裡有愧！別看他穿戴得這麼講究，人心隔肚皮，我媳婦那麼醜他都不放過呀！這幫人面獸心的傢伙太霸道了！還不快把他們逮起來，這個老爺準是個大賊頭兒！」

車夫實在是氣不過，把手中馬鞭一舉：「你再說一句！」

「你們是賊！」農家胖子跳著腳喊。

「還敢胡說！」車夫一猛子蹦下車，掄著馬鞭子就要往胖子身上打。胖子抱著腦袋扭身就跑，車夫提著鞭子在後面追。兩人走馬燈似的，圍著看熱鬧的人群跑了兩圈半，又是喊又是罵。

許劭這會兒腦子裡亂成一盆糨糊了，他叫也叫不住，攔也攔不下，還生怕暴露身分，跨在車上乾著急。

「太放肆了！」那個大個子衙役似乎看不下去了，「兄弟們！把這個趕車的給我綁了，光天化日之下當著衙役就敢打人！逮起來！」他一聲令下，四五個衙役還有仨看熱鬧的一擁而上，三下五除二就把車夫按倒在地，也不知誰從哪兒弄來兩條繩子，幾個人你一把我一把將他捆了個嚴嚴實實的。

許劭都看傻了，想說點兒什麼，可這會兒誰還聽他的？

好半天大個子衙役忙活完，抬頭問許邵：「你打算怎麼著？是乖乖跟我們走，還是也捆上？」

「這位官人不要氣惱，看來是誤會了。我們沒有搶什麼人，僅僅是從這兒路過……或許那個小兄弟認錯了！」

「那我不管，」大個子衙役拍了拍手上的土，「既然他告了你們的狀，你們就得回衙門跟我們老爺解釋清楚。誰是誰非堂上見，連人帶車跟著走吧！」

許劭真是憋氣，本想快點回鄉卻節外生枝，還不敢嚷嚷；要是叫什麼人知道許子將還在洛陽，並且叫人家當成搶親的抓了，成什麼樣子！現在車夫也叫人家捆起來了，他只得乖乖坐在車上，任衙役們牽著走。

「咱這是去哪兒？」

「洛陽北縣尉衙門。胖子家住城北，這案子歸那兒管！」

許劭一愣——真糟糕！剛剛駁了曹操的面子，這次卻栽到這小子手裡！眾衙役不慌不忙押著車，車夫被綁到了車沿上，那個農家胖子也老實不語了，許劭則低著頭想心事。半個時辰後，連原告帶被告還有看熱鬧的，一大群人擠到北縣尉衙門。縣尉曹孟德升堂問案，衙役書吏兩旁伺候。

那小胖子一進門來了個羊羔跪乳，趴在地上就叫屈，硬說許劭他們搶了人。曹操聽罷，拍案喝問許劭：「你是何人？為何強搶人妻？見本官又為何不跪？」

許劭臉上紅一陣白一陣的，嘴裡還得回答：「回大人的話，這個人認錯了馬車，我們從未幹過搶親的事。至於我的名姓……在下……」

「快說，不要吞吞吐吐！」

「在下汝南許劭。」許劭咬著後槽牙答道。

「大膽！何方刁人，竟敢冒稱許劭！」曹操又是狠狠一拍書案，「那許先生乃是天下名士，豈會是你這等傲慢小人？」這話實是曹操借題發洩。

「不敢欺瞞大人，在下確是許劭。」

「啊？」曹操故意裝作吃驚的樣子，連忙站起身來：「您就是大名鼎鼎的許子將？」

「是。」許劭紅著臉答應了一聲。

「真的？您確是許先生？」曹操上一眼、下一眼、左一眼、右一眼，足打量了八八六十四眼。

許劭也不好意思吭聲了，一個勁兒點頭，真恨不得找個地縫鑽進去！

「哎呀！」曹操一跺腳，緊走兩步上前施以大禮，「許先生在上，小可曹操這廂見禮了。」

「縣尉大人快快請起，這是公堂，別壞了規矩。」許劭還得忍著臊來攙。

「跟您還講什麼規矩呀！」曹操起身後，對著其他人發作起來：「昏聵！瞎了眼嗎？怎麼把大名鼎鼎的許先生當成壞人抓來了？把這胖子拖出去打四十板子！樓衙役，你拿的人吧？我不要你啦，給我捲鋪蓋回家吧！」

「唉……曹大人，這小民也是一時認錯，還有衙役也是公事公辦，就饒了他們吧！」許劭已經被抬起來了，多少也得拿出點氣量來。

「這……好吧！你們還不謝謝許先生。」

兩個人假模假式過來跪倒稱謝。

「既然已經弄清楚了，在下告辭了。」許劭一刻都不想多待了。

曹操還沒開口，一旁那個俊秀的書吏過來道：「大人，剛才那農漢上告的話，卑職已經一字不落筆錄下來了。這位許先生既然是您的朋友，那他的名字還記不記檔了？還有許先生的車夫也打了人，是否還要另立一案，再做計較呢？」

「這個嘛……」曹操笑盈盈地瞟了一眼許劭。

許劭咂摸著這些話的意思，恍然大悟：這曹操原來是挖好了坑讓我跳呀！想至此氣憤滿胸膛，卻仰面大笑道：「哈哈哈……曹孟德！你厲害！算你狠，我服了你了……想要什麼樣的風謠評語你說吧！」

「在下豈敢造次？只是幾番拜謁先生您都不見，我出於無奈才用此下策。風謠之好壞，還要先生出於本心。」

「哼！你還算磊落……」許劭低頭思索著今天事情的經過，沉吟半晌才道：「汝乃治世之能臣，亂世之奸雄！」

「謝先生！」曹操又是一禮。

「不用謝了，案子記不記檔你隨便吧，只要你把我的人放了，我就感激不盡了。」

「書吏，快把筆錄燒了！衙役放人！」曹操答覆得乾脆：「恭送許先生。」

「不必送了。」許劭一甩袖子，頭也不回地走了。

「哎呀！我實在憋不住想笑，哈哈哈！」許劭一走，裝扮成衙役的樓圭第一個繃不住了。「孟德呀！這樣的主意虧你想得出來。我不明白你怎麼就斷定昨天離開的不是真許劭呢？」

「我叫隨從樓異蹲在許府好幾天了，專門留意許劭的馬車，昨天出去的那是許虔的馬車，我就知道他肯定沒走，那是故意掩人耳目。至於搶親……那是他的主意。」曹操指了指那個裝成農家漢子的年輕人。

「小子！你挺厲害呀！剛才演得跟真的一樣，咱倆搭檔了一場，敢問大名！」

「你不認識他？」曹操很意外。

「怎麼認識？大半夜就叫你找來了，稀裡糊塗跟著就換衣服出門的。」樓圭佯怒道。

「他是九卿張大夫內姪，襄陽的蔡德珪嘛！」

「噢！常聽孟德提及，原來你就是蔡瑁呀！鬼點子不少呀！在下佩服！」樓圭抱拳拱手。

「哈哈……」蔡瑁也樂了：「不敢當！我也是閉門羹吃多了逼出來的，那一次我和孟德去拜訪梁鵠，人家嫌棄我們不見。回來我就想了這個辦法，沒想到用在許子將身上。」

「不過……」樓圭又有一點兒憂慮：「咱們這麼做，許劭會不會找人彈劾孟德呀？」

「不會的。」裝扮成書吏的王儁這才插話：「他名氣太大，怎麼好意思讓人知道栽了這麼一個大跟頭呢？咱們只傳風謠，不說出來歷，就沒關係的。你們想，要是叫人知道他許子將被當做搶親的，搶的還是個農漢的婆娘，還是跛子、歪嘴，他哪兒還有臉見人呀！」

說罷四人哈哈大笑起來。

「這事可不能叫橋公知道。」曹操忽然想到這一點。

「沒事兒！老師知道了只會誇獎你聰明。」王儁不以為然：「你還不知道吧！老師當年辦的這類荒唐事一點兒也不比咱少，當年他當上穀太守的時候想徵召隱士姜岐，姜岐不肯出山，他就叫督郵傳話『你再不出來見我，就把你老母親改嫁別人！』一郡的人都笑瘋了！」

幾個人一聽又大笑起來。

「哈哈……」蔡瑁樂不可支：「肚子都笑疼了……我可得趕緊回去了，外面還一堆人吶！我一早把姑丈的家丁、蒼頭、丫鬟、婆子都叫出來跟我扮百姓，這會兒恐怕姑丈大人還在家裡納悶呢，家裡僕人都哪兒去了？」

「哈哈哈哈……」幾個人笑得都坐在地上了。

這天的事情過去了好長時間，幾個人只要一見面都還笑個沒完。

後來許攸也知道了，問曹操對這風謠是否滿意。

曹操沉吟道：「治世之能臣，亂世之奸雄……沒我想像的那麼好，不過，也沒我想像的那麼壞。」

第十一章

被報復，滾出京城

勇武鮑信

在漢代，迎接秋天是十分麻煩的事，一切都要按禮法行事。立秋以前十八天就要開始準備，先是祭祀黃帝陵，帝王要親自前往，京都官員也都要身著黃衣隨駕祭祀。奏黃鐘大禮之樂，百官齊唱《帝臨》之歌，獻《雲翹》、《育命》之舞。

祭祀一直要持續到立秋之日，那一天過子時夜漏五刻，京都的百官都要除去黃衣，換上皂領白衣，在西郊迎接第一陣秋風。這個儀式到天亮結束，百官再脫掉白衣另換絳色朝服，這種朝服一直要穿到立冬。但白郊之禮結束還不算完，接下來還要供奉陵廟，由太宰令事先準備好一頭麋鹿，皇帝乘輿到近前，親自搭弓射箭獵殺麋鹿，派遣太宰令、謁者騎快馬持鹿趕往陵廟貢獻。然後武官帶京師武備兵馬操演戰陣，要布孫吳兵法六十四陣，然後斬殺牲畜，號為戰陣之儀、斬牲之儀。最後帝王才能回宮，並賞賜文官束帛，這一年的迎秋儀式才算徹底結束。

皇帝射殺麋鹿一來是為了祭祀陵廟以示誠孝，二來也是迎合秋天肅殺之氣。所以在這一天之後，士大夫和民間的射獵活動也逐漸活躍起來。官宦子弟、世家族人、公府幕賓甚至太學生，紛紛服武弁、騎快馬、背弓箭到郊外游獵，這也算是一種流行的消遣方式。

熹平五年（公元一七六年）的這個秋天，袁紹剛好被朝廷任命為濮陽長。眼看就要去上任，想來京都還有不少的朋友故交，乾脆約出來玩一趟，既算游獵又算辭行了。他找來袁基、袁術商量了一番，決定共同作東，把各自的朋友都約出來。

大家得到邀請，各備車馬從人，齊聚西郊。曹操、樓圭、王儁、許攸自然是少不了的，還有邊讓、孔融二位名士，另外又多了兩個十五、六歲的小子。

關於孔融、邊讓，曹操雖未見過，但還是比較熟悉的。孔融字文舉，魯國人，是孔子的二十世孫，七世祖孔霸是漢元帝的帝師，父親孔宙是泰山都尉，他是名副其實的名門望族，聖人之後，年紀比曹操諸人都大。邊讓字文禮，陳留浚儀人，莫看才二十出頭，卻名氣不小，以一篇辭藻華美的〈章華賦〉享譽文壇。這兩個人都與袁基、袁術兄弟相交深厚。至於那兩個年紀較小的公子，非但曹操，其他人也都不認識。

「諸位兄台，我來介紹一下。」袁紹的聲音裡透著興奮，「這位小公子是張孟卓的兄弟張超，是替他兄長來看望我的，大家多親多近不要見外。」

張超個子不高卻顯得精明伶俐，興高采烈給大家見了個禮。

「這一位……」袁紹又指了指另一位小兄弟，「可了不得！他叫臧洪臧子源，是新進太學童子郎。他的父親大名鼎鼎，就是出使西域，名震羌人，在會稽殄滅反賊的使匈奴中郎將臧旻。」

「哦？」曹操聽他這麼一說，特意上下打量臧洪幾眼。這小子別看才十六、七歲，卻不比自己矮小多少，結實強壯，不愧為將門之子。

大家相互見過禮，席地而坐，眾人紛紛向袁紹道賀，袁紹也是滿面喜色應對著，眾人有說有笑。許攸是最能活躍氣氛的，他拍了拍王儁肩頭道：「子文，給大夥彈支曲子來。」

「抱歉。」王儁勉強一笑，「我今天沒帶琴出來。」

「我帶了！我帶了！」邊讓趕忙插嘴道：「久聞王兄善於撫琴，技法直追蔡伯喈，我也好此道，今天怎麼能錯過？一會兒他們賽弓馬，我可要與你較量較量琴技。」說著哈哈大笑起來。

「邊兄過獎了。在下有幸聽過一次蔡伯喈鼓奏《廣陵散》，真乃天籟之音，難望其項背。」

「《廣陵散》？」邊讓略一遲疑，轉頭對孔融道：「這可不是一般的琴曲，《廣陵散》乃當初聶政刺韓王之曲。」

「哦？」眾人聽他這麼一說也來了興趣。

「聶政之父為韓哀侯鑄劍，逾越工期未成，韓王將其殺死。當時其母正懷聶政，逃入深山而產政。待其長大，聶政發誓為父報仇，要刺殺韓王。他習武學劍，以泥瓦匠身分混入韓王宮，行刺未成，於是逃進泰山，隨一隱士鑽研琴術。他又怕被人認出，就漆身為厲，吞炭變音，還擊落滿口牙齒。苦練十年，彈得一手好琴，辭師下山再刺韓王。他重歸韓國，在街頭彈琴時，琴聲悠揚引得觀者成行、馬牛止聽，一下子名聲鵲起。韓王下旨召其進宮彈琴，政藏利刃於琴內，神態自若，撫琴弄音。待韓王聞音癡迷之際，抽出短劍，猛地一撲，韓王猝不及防，當場斃命。聶政自己割面挖眼，自屠出腸而死，一時間無人能辨刺客是誰。而當初他入宮刺殺韓王時所奏的曲子，就是這支《廣陵散》。」

「邊文禮果真博學超凡呀！」曹操誇獎道。

可有一件事曹操萬不會料到，這個邊讓素來與他的同鄉桓邵交好。昔日曹操為救卞氏姐弟殺死桓府管家，這件事桓邵沒少與邊文禮訴說，所以邊文禮從一開始就對曹操存有芥蒂。他聽到曹操的誇獎，故意不理不睬，兀自與眾人說道：「這《廣陵散》樂譜全曲共有四十五個樂段，分為『起音』、『刺韓』、『衝冠』、『發怒』、『報劍』、『自殘』六個部分，我曾習學過，實在是太難了，只通貫了『發怒』、『報劍』、『自殘』後三段。」

「那真是巧了，」王儁來了精神，「我聽蔡邕演奏時暗自默記，也能勉強彈出『起音』、『刺韓』、『衝冠』這前三段。」

「好啊！咱們倆湊起來也能合成整曲，一會兒就試試看。」邊讓喜笑顏開。

「文禮兄，習學鼓琴有多久了？」曹操又訕訕問道。邊讓還是不理不睬，反倒對眾人侃侃而談：「鼓琴乃君子之道，昔日鍾子期聽俞伯牙之曲，想來子期乃深山隱士，伯牙也算得上憂國憂民之良臣。倘若那俞伯牙不是良臣，而是家世醜陋，仗勢欺人殺民搶女的劣官，豈配與善鼓之高人為伍？莫說聽他彈的琴，連他說的話都用不著聽！」

曹操再癡也明白這話是衝自己來的。「家世醜陋」說的只能是他這個宦官之後，「仗勢欺人殺民搶女」明明指的就是打死桓府管家藏匿卞氏的事兒。他臉上發燒，心裡一陣惱火，有心說明此事經過，又一想：這事在座諸位多半不知，說出來反倒自取其辱。於是咽了口唾沫，站起身走開了。

他踱到離大夥稍遠的地方，望著遼闊的原野和遠處的幾片林子，心裡又是激憤又是傷感，暗道：「救卞氏豈是我的過錯？難道就由她叫那個惡奴糟蹋了？我有什麼錯？他們還拿這事刺我的心。我明明為官正派，終不免被人恥笑侮辱，還有人道我是酷吏作為，把我與王吉之流歸為一伍……就因為我是宦官之後『家世醜陋』？宦官之後就要受這些人的白眼嗎？他們的作為就比我乾淨嗎？天吶，若能自擇出身，誰願意托生在這樣的人家！難道只有低下頭諂侍閹人，走家族受人唾棄的老路，才能在仕途中立足嗎？誰能真正理解我啊！」

「孟德不要多想。」

他一回頭，不知什麼時候，袁紹和樓圭站在了身後。

袁紹臉上帶著關切的笑：「就知道你這個人心事重。文禮與那個桓邵相厚，見事未免有些偏激，他說的話你千萬別往心裡去。今天出來是尋樂子的，不要壞了興致。」樓圭也隨著解勸了兩句。

「嗯，沒有。」曹操怔一會兒，「不是說好射獵嗎？我一身裝扮都備好了，什麼時候走？」

「現在就去！」袁紹見他想排解鬱悶，趕緊附和道：「我可是隨何伯求習的箭法。暢談兵書不過是紙上談兵，今天可要與你比上一比！」

「好呀，子曰：『君子無所爭，必也射乎。』比比就比比！我沒正式學過射箭，不過早年跟夏侯惇兄弟混過一陣子，自認還是有兩下子的。子伯，怎麼樣？你也露兩手？」曹操一掃胸中陰霾問樓圭。

「我這兩下子就不另立山頭丟人了……這樣吧，我給孟德做個副手，怎麼樣？」

「大個子，你這是有偏有向！你既幫了孟德，那我也得叫個幫手才算公平！」袁紹一回頭，「公路！帶上咱的傢伙，咱和孟德、子伯他倆比比弓馬！」

「好咧！」袁術樂得一蹦，忙不迭到馬前準備弓箭，扯開嗓門嚷：「嘿！我們兄弟射獵去，哪個跟我們同去，獵回來的野味有一份吶！」

王儁、邊讓、孔融、袁基這幾個都是不好武的。王、邊二人這會兒正在興頭上，在一道討論撫琴和文章，自然不肯去；袁基與孔融比曹操、袁紹他們年紀大不少，倆人在一處閒話些官場上的事，也就顧不得陪他們了。倒是張超和臧洪這兩個小傢伙來了興致，嚷著要去。

「你們別起鬨了！小孩子瞎摻和什麼？」袁術乜斜著眼睛，有些瞧不起他們。

「袁公路，你別目中無人！俗話說秤砣雖小壓千斤，你不信咱們馬上見高下！」張超努著小嘴不服不忿。

「就是的！我們怎麼就不行？我打小跟爹爹習學弓馬，會的恐比你還早呢！你那把骨頭跟骷髏架子似的，一陣風吹得晃悠，還敢笑話我們？」臧洪也一臉壞笑說：「一會兒我跟張超倆小的一撥，看你們誰能開得起我那張硬弓！奪一個彩頭臊臊你們這些個長荒了的！」

這倆小子與袁術鬥口，仨人聒噪了好一陣子，才各備弓馬出發。曹操與樓圭一組，袁紹、袁術一組，張超與臧洪也湊了一組。六個人行出去老遠，看有一片林子才勒住了馬匹。

袁紹指指畫畫道：「咱們各自行動，過一時三刻回到此處，看誰獵到的多就為勝，輸的把獵物全給贏的一組。」

「不好不好！」臧洪腦袋搖得跟撥浪鼓似的，「還是一起進去，看有什麼獵物，咱們一起爭射，誰射倒獵物並奪在手裡算勝。」

「那也行！不過這主意是你出的，待會兒你年紀小爭不到手可不准賴皮。」

「爭不到手的還不定是誰呢！」臧洪信心滿滿地拍了拍胸脯。

幾個人計議已畢，一併催馬進了林子，各鑽樹木尋找獵物。張超人小馬也矮，卻能低過樹枝躥在最前面，不多時就發現一隻健壯的麋鹿臥在草間，笑道：「詩云：『呦呦鹿鳴，食野之苹』，小弟我得了這個頭彩嘍！」說罷搭箭就射，可惜他人小力短，一箭只射在了鹿身旁的草地上。這一箭把鹿驚了，只見牠動了動耳朵，張望到有人來了，撒開腿就往林子深處跑。

這下所有人都看清了，各自掄開鞭子打馬就追。曹操與袁紹、袁術跑在最前面，瞄準了鹿的方向緊往前趕。曹操與袁紹的本事沒什麼出奇的，都是勒住馬才開得準箭，所以僅僅是追；倒是袁術的本事出眾，催動他的白馬，揮鞭之間已然搭弓在手，看准了方向嗖嗖嗖連放三箭，但都被那鹿躲了過去。曹操暗暗稱奇：袁公路倒有些身手，人不可貌相！

袁術三箭落空已然惱怒：「短毛小畜生！我一定射死你！」說著忙往前趕，一不留神叫樹枝掛住了頭上皮弁，抖楞半天才甩開，反落到了後面。這時樓圭也趕了上來，匆忙間放了一箭，仍舊沒有中。那鹿又一陣害怕，轉身向南而去，曹操見是時候忙發一箭。這箭奔鹿頭而去，只見那鹿一低頭，箭卻中在了左邊鹿角之上，那鹿帶箭而走；曹操一陣咋舌。鹿兒受驚太過，匆匆忙忙奔袁紹而去，袁紹大喜：「這個彩頭我奪定了！」剛要搭箭，張超卻一猛子扎到他身前。「壞小子！你竟擋我放箭！」袁紹抱怨一聲；張超不理他，卻也勒不住馬了，只大聲喊道：「子源！看你的了！」

說話間臧洪已到近前，卯足了力氣就是一箭，也未能射中，中在了一棵樹上。奇在這箭力道過人，箭身竟沒入樹幹足有兩寸，眾人都是一驚：「這小子好大力道！」

麋鹿掉頭繼續南竄，眾人則繼續追趕。怎奈那鹿腳力強勁，撩開蹄子跑得飛快，眾人催馬又要繞樹避枝、低頭晃身，勉強只能跟上。張超的人小馬慢，不一會兒就落下了；樓圭的個子太高，一不留神刮住樹枝，從馬上栽了下來，爬起來一看衣服都破了，拍拍土不追了。只有臧洪和袁術趕在最前面，曹操、袁紹緊隨其後。

曹操剛開始與袁紹齊頭並進，但時間一久就落在了袁紹後面。曹操自與袁紹相交，兩人頗為和睦，為何顛奔走更是親密。但他始終對袁紹有一種競爭之心。這會兒見袁紹的馬通身緞子般黑亮，馬蹄在秋草間踐踏著，掀起的枯草敗葉在空中打著轉兒，料是此馬出眾。曹操常與夏侯兄弟騎馬，本精於此道，見他馬好不敢懈怠，生怕落在後面，連連揮鞭打馬，總算是抄到了袁紹前面。眾人跟幾團旋風似的直追出一里地，眼看那鹿竄出了林子。四個人有前有後拖枝帶葉也出了林子，瞅見麋鹿一陣亂射，還是沒有一支中的。

這時只見正前方不慌不忙跑來一騎，馬上端坐一人。此人生得膀闊腰圓，腿長臂粗，頭戴虎皮弁、佩雉雞尾，身穿絳紫色武服，披一件綠色大氅，腰繫八寶玲瓏獅蠻帶，寬鬆的中衣，足蹬薄底快靴，身背一張畫雀大弓、鹿皮箭囊。面上觀此人二十出頭，面色黝黑，方面大口，鷹鉤鼻子，龍眉鳳目，大耳朝懷，一張海口緊閉，嘴角自負地往下垂著。坐騎是一匹暗灰色高頭大馬，轡頭上掛彩穗，繫著鈴鐺叮叮作響。

那人瞅見鹿兒也不對眾人開言，趕忙執弓搭箭，耳輪中只聽嗖的一聲，那箭不偏不倚正中鹿兒咽喉。那鹿應聲而倒，一箭斃命。那漢子不由分說，打馬上前輕舒猿臂，僅用一隻手便將那死鹿擎在手裡。

袁術追在最前面哪裡肯饒，立刻高叫：「哪兒來的渾小子，敢搶我的鹿！」

「嘴裡乾淨些！你的？你叫牠，牠現在能應你嗎？」那人笑道。

「少廢話！拿來！」

「不給！」

「我叫你不給！」袁術惱了，打馬上去搶，他眼疾手快一把攥著了一支鹿角。那人則攥住鹿腿不給，倆人拉扯著比起了氣力。

「說好了到手為勝！你能搶！我為什麼不能？」臧洪一見，也趕上去扯住另一支鹿角，高叫：「你們拿來吧！」扯得袁術和那人身子直晃，馬也跟著動。

曹操在後面看得分明，立刻認出了此人：這麼巧？是他！

只見那人大呼：「好小子！有把子力氣，看我的！」也使開了氣力。袁術見兩人發了狠，毫不示弱也卯足了勁。

此刻突然東北方響起了悠揚的琴音，想必是王儁、邊讓開始撫琴了。這邊那人與臧洪、袁術都使足了力氣，三人各拉一方丁字型列開，三匹馬撩開十二個蹄子，隨著琴音打開了轉兒。你不依我不饒他也不含糊，扯得三人搖搖晃晃，坐騎亂顫，馬掛鑾鈴叮叮噹噹亂響。

這一奪就有會子工夫了，袁紹、張超一起出了林子勒住了馬，但他們只是好奇，並不識得那人是誰，面面相覷看呆了；對面也跑來幾騎人馬，俱與那人一樣的裝束，好像也是游獵的，也沒明白怎麼回事，兩邊的人都愣住了。看了一陣見難分難解，張超興之所至叫了一聲好，喊道：「子源！奪過來！給咱們小的露露臉！」

臧洪哪還顧得答話，臉都憋紅了；袁術則一邊拉扯，嘴裡還不饒：「放開！這是我的！」那人卻不慌忙，擎住鹿腿一個勁往懷裡帶，拉著拉著他笑道：「你們撒手吧！」話音未落，只見他用力一帶，就聽啰的一聲，臧洪手中的鹿角折為兩段，因用力過猛一下子從馬上摔了下來，手裡還攥著那半截鹿角；袁術的鹿角也脫了手，在馬上一個趔趄；那人得意揚揚，把奪來的鹿舉得老高。

「好個鮑二郎！」曹操一聲喝彩。眾人才知道，他就是弓馬能手二郎鮑信。

鮑信一愣：「哦？閣下識得在下？」

「在下曹操，曾與橋公在此間遊玩，與君有一面之緣。橋公對我道君為當世的豪傑，操早想拜會，唯恐唐突。」

「噢！」鮑信臉色一變，趕忙翻身下馬，「橋公的忘年交曹孟德，這得見大禮了。」他這一下馬，後面的人下來一大片，亂哄哄一同上來見禮。

曹操受寵若驚，也趕忙下來：「鮑兄折殺我也！在下何德何能受列位這樣的禮遇。」

鮑信哈哈一笑，早沒了剛才自負的表情：「當代為官的人，我鮑老二只服三個半！頭一個是為國捐軀的老太傅陳蕃，名列三君大名鼎鼎，我只恨未早生幾年隨其闖宮救駕！第二個就是橋公，身為一縣功曹敢參封疆大吏，出塞追擊羌賊，能文能武，得服！第三個是楊賜楊老司徒，一門三代公侯，為國盡忠盡策，不屈社稷之賊，必須得服！剩下那半個就是你曹某人，宦官之後反『離經叛道』，敢殺寵臣之親，執法不論權貴，得橋公賞識。許劭有言『治世之能臣，亂世之奸雄』，但你還未有大功，我暫服你一半！」

曹操聽了跟吃了涼柿子一般痛快：「過獎了！過獎了！」

張超卻沒心思管他們的事兒，攙起臧洪走了過來：「鮑信！你為何搶我們的獵物？」

「你們的？天下尚且有德者居之，何論一鹿？誰有本事射了自然歸誰！」鮑信說著從馬上抱起那鹿，捧到曹操跟前，道：「初次相見沒有什麼禮物，這鹿送給孟德兄了。」

曹操哈哈一笑，扭頭對袁紹說：「說好了到手為勝，看來這個彩頭我得了！」剛要接，張超卻一把奪去：「曹孟德，即便你到了手的東西我也搶得到。」說著與臧洪歡蹦亂跳扛著鹿去了，眾人見兩個小鬼得了手，皆莞爾一笑不作理會。鮑信又將兄長鮑鴻，弟弟鮑韜、鮑忠都拉過來引薦，卻在無意中忽視了曹操身後的袁紹。

袁術剛才敗陣心裡不服，怒氣沖沖道：「鮑老二！你搶奪獵物不算本事，論箭術未必是我袁某人的對手！」

「哈哈……」鮑信大笑一陣，信手一指道：「你可看見那邊有一野兔？」眾人觀瞧，一百五十步開外果有一隻野兔在那兒吃草。鮑信不由分說，擎弓就是一箭，那箭快如閃電，將那兔子牢牢釘在那裡！眾人一陣喝彩：「好神箭！一百五十步，賽過養繇基啦！」

「這不算什麼，看我再露一手。」說著他高指天上一隻孤雁，高叫：「嗐！看箭！」卻架起空弓猛地一拉。「砰」的一聲弓弦響，那雁展翅高飛，不料眨眼的工夫竟自己掉了下來！

「驚弓之鳥！」袁術也禁不住嘆服了：「神了！鮑兄如何習得此般技藝？」

鮑信得意揚揚：「我曾經遊走天下，遍訪奇人，有幸曾拜會陳王殿下，向他討得此法。不是我自誇，除了我師陳王爺，還未遇過敵手。」孝明帝庶子劉羨受封陳王，子孫世襲罔替，直傳到當今陳王，名喚劉寵。陳王寵擅騎射，最最得意的技法是連發十箭同中一的，可謂天下無雙。鮑信受業於此王，自然本領了得。

袁紹在後面看他們說話，心裡卻很不痛快。他本是極想結交鮑信的，但今天見面未禮遇自己，反對曹孟德親切非常，這就先觸了他的忌諱；二來袁紹也是公侯之後，袁家與楊家同是三代為公，私下裡卻不怎麼和睦，鮑信一個勁推崇楊賜，又碰了他的霉頭；而且鮑信自誇技藝，叫袁紹心裡不喜。他見自己兄弟還在誇獎人家弓法，便沒好氣兒地叫道：「公路！輸了就輸了，沒什麼說的，大哥還等著咱們呢！」帶著袁術不辭而去。這裡就剩下曹操和鮑家兄弟了。

「他就是袁紹？」鮑信看著遠去的背影，「我聽說過一些他的事情，不過總覺得此人不過賴家族名聲，算不得什麼高明之士。」

曹操卻道：「你不知道，本初確有過人之處。我們的關係很好。」

鮑信臉一紅：「我隨口說說，萬沒有離析之意，你莫往心裡去。另外恕我唐突，聽聞有些人曾對你有所非議，千萬不要因此改變作為！閣下的苦處你不說我也猜得到，也曾拜謁橋公聽說過一些，我一言以概之——英雄莫掛出身！」

哎呀！曹操真恨不得拉一把這個人的手，句句都說在心坎上！好像這個人早就認識了，見面就能推心置腹一般：「你說得太對了，咱們實在是認識得太晚了！」

「不知為什麼，我也這麼覺得。」鮑信微然一笑。

「你識得橋公的幾個門生，王子文、樓子伯、許子遠他們吧？他們也是我的朋友。你聽這琴聲，想必就是王儁在撫琴。」

「不像。」鮑信側耳聽了聽，「琴聲如其人。子文心跡平緩，所奏之曲必有條理，剛才我們奪鹿時撫琴的應該是他。這會兒的琴音凌亂急躁，必是個傲氣奪人的主兒彈的。」

曹操低頭暗思：這個主兒必是出言諷刺我的邊讓了。這邊鮑老二誇我，那邊文禮毀我，同是當今才俊，卻各執一詞，看來這天底下從來就是有人說好就有人說壞。或許是我想得太多了，只需率性而行，又何必追求十全十美呢？

突生變故

棒殺蹇圖名揚京城，得許劭風謠路人傳送。曹操的官當得有滋有味，像飽信一樣肯定他的人也越來越多。曹操著實春風得意了一陣子，這段時間裡他就好像一顆驟然升起的官場新星，閃爍在每個人眼中。但當時他沒有意識到，潛在的危機已經一步步逼近，不僅僅是針對他，而且針對著整個曹氏家族。

壞消息傳來的那一天，曹操像平常一樣盡心盡力在衙門裡處理公務。突然，府裡的管家跑來找他，說曹嵩叫他務必回家一趟。曹操自受橋玄訓教，實不敢擅離職守，但看管家慌慌張張，料是大事，只得將差事向樓異、秦宜祿交代一番，獨自進城回家。

待歸至家中，卻見父親一臉灰暗，獨坐在書房中發愣，見自己進來了，也沒說話。

「父親，匆忙叫兒子回來，有什麼事嗎？」

曹嵩沉默良久才道：「你最近有沒有上書言事？」

「有啊！」

「可曾言及曹節的親屬？」

曹操直言不諱：「我曾上書彈劾曹破石。」曹破石是宦官曹節的親弟弟，本是一介無賴，卻憑著哥哥的勢力當了官，而且一直升到步兵校尉。這個人不但毫無修養，而且貪婪好色，因為看中了一個軍官的妻子，竟然將那位軍官逼死，強納他人之妻。曹操對這種人深惡痛疾，便寫下表章上書彈劾。因為顧及到爹爹親近宦官，可能會干涉，便沒有在家中提及此事。

他見父親這樣問他，料想一定是惹了禍，必定會挨一頓臭罵。不料曹嵩不急不鬧，只是從袖中取出一卷竹簡道：「你倒是肯實話實說。」

曹操接過來一看——正是自己所修的彈劾表章！

「這是怎麼回事？」

「曹節今天親手交給我的。」

「好大膽的閹人，竟敢私扣大臣的奏章……」說完這話，曹操突然意識到這件事的可怕性。按規矩大臣奏章進至省中，自有典中書者掌管，曹節既然能竊取到手，說明整個朝廷的中書機構，都已在他的掌握之中。

「你覺得很奇怪，是嗎？」曹嵩的表情顯得很疲倦：「可你不知道我大漢的朝廷一直都是這樣！什麼叫朝綱？什麼叫權威？什麼又叫王法？不過是冠冕堂皇的假話罷了！誰有權力就擁有一切，這就是咱們的世道。以前是這樣，現在是這樣，將來還會是這樣！你以為你很了不起是不是？那我問你，你是怎麼被舉為孝廉的？你是怎麼擺脫官司當上縣尉的？你又憑什麼打死蹇碩的叔叔而不遭報復？」曹嵩說這些話時一點氣惱的意思都沒有，而是帶著倦怠和輕蔑。

這樣的語氣比嚴厲斥責更厲害，曹操感覺自己彷彿被剝得幹乾淨淨扔到大街上。他不得不承認，自己的一切都是父親給的，而父親的一切又是宦官給的。說到底，他之所以能入仕、為官、成名，靠的不是自己，而是靠著閹人的提攜和庇護，是靠父親像狗一樣向王甫、曹節他們搖尾乞憐換來的！

「你真了不起……真了不起……」曹嵩繼續挖苦道：「你是洛陽百姓心目中的大清官大忠臣！我呢？我不過是一個臭名昭著的諂媚小人，對吧？哈哈哈……哈哈哈……」他笑著笑著，突然一拍書案咆哮起來，「但是你知道嗎？為了舉你為孝廉，你爹爹給王甫送了多少錢？說了多少好話？你算哪門子孝廉？你他媽孝順過我嗎？你打死了蹇碩的叔叔，得我去給人道歉，站在那兒像個奴才一樣讓人家罵！讓人家出氣！為了你拜謁許子將，我憨皮賴臉去求許相！老子哪一點兒對不起你呀？」

這些話彷彿是一把把利刃，刀刀都剜在曹操的心頭：「爹爹，我……」

「你翅膀硬了是不是？」曹嵩根本不給他講話的機會，「你以為你用不著我了，是不是？我他媽又當爹又當媽把你拉扯大，你反倒看不起老子了是不是呀？啊？哈哈哈……哈哈哈……好兒子！你真好！真有出息！今天曹節把這份表章交給我時，好好誇獎了你一通！真的……他說亘高呀，你兒子真有出息！當這麼一個小小的縣尉真是屈才了，叫他到外面歷練幾年吧！多好呀，到外面歷練幾年……你叫人家趕出京城了知不知道？你到外面做你的清官夢吧！可是我告訴你，要不是你老子我給他辦了這麼多事，要不是你老子曾經一車一車地給他送銀子，你早就讓人家弄死啦！我早年喪父，中年喪妻，你要是再死了，三不幸我就算徹底混齊啦！你對得起我嗎？」

「爹爹，兒子真的沒做過對不起你的事！」曹操有些哽咽了。

「沒有？哈哈哈……我問你，何伯求是怎麼逃出洛陽的？」

曹操聞此言如五雷轟頂，這樣機密的事情他竟然全都知道！

「你以為我是瞎子嗎？橋玄把他扮成僕人，是你一路護送他到沛國的！對不對？你說話呀！這還不算對不起我？你自己冒險還不夠，還要拉上你弟弟，還要讓整個曹家跟著你背風險！」曹嵩抓起那卷竹簡狠狠打在他頭上，「你在家鄉待了四年啊，一點兒長進都沒有！除了會了點兒狗屁兵法，你還有什麼過人的？滾！給我滾！到外地當你的大清官去吧！到外地做你的諫臣夢去吧！」

「爹爹，我……」

「滾出去！」

「我真的……」

「滾！」曹嵩歇斯底里地喊道。

曹操沒有辦法，只好起身退出門外。

「你去做你的春秋大夢吧！」曹嵩又冷笑道，「但是我告訴你，好日子不會太長了。今天皇宮傳出消息，何貴人產下皇子，宋皇后無子嗣就快被廢了，咱曹家的官都要完啦！你去吧，得快活且快活去吧！」說罷他把門一關，再也不理會兒子了。

曹操茫茫然思索了好久，他想到的是罰跪，那種小時候父親常用的懲罰方式。他跪了，在院子裡認認真真地跪了，或許這是他生來第一次認真地反思自己……然而，父親的房門始終沒有再打開。他一直跪到天色漸晚，才無可奈何地回到了衙門，又帶著兵巡街，在無眠中苦苦溜達了一夜。

果不其然，第二天一大早，傳詔的宦官就到了。詔書清清楚楚寫道，因曹節、蹇碩等宦官舉薦，皇上欽點洛陽北部尉曹操，調往兗州頓丘縣①任縣尉，責令其轉天必須離京。

天子親自下詔調任，還真是新鮮事兒。不過通過昨天父親的話，曹操已經明白，這是曹節、蹇碩這些宦官動的邪門。表面上是得了皇上嘉許，實際上是因為棒殺蹇圖、彈劾曹破石招致的報復。說是調離京師，不知何年何月才能回來，也許皇上過兩天就忘了這個茬，自己這一輩子就得在外面漂泊終老了，這樣的詔命實在是令人遺憾。曹操受詔之後，便歪在榻上發呆。

他在等待，等待事情的轉機，等待父親和兩位叔叔來扭轉局勢。他確信自己的運氣一直很好，這次一定還會等來第二道詔書的。他等啊等，等了整整一天，直到天色又已見晚，確信一切都不可能再改變了。曹家已經不像當初那樣吃香了，他才茫茫然爬起來，開始準備行裝。可眼瞅著滿屋亂七八糟的家什，曹操越整理越覺得膩煩，把東西一丟喊道：「宜祿！來打點東西，我出去喝酒！」

---

① 頓丘縣，西漢置，今河南清豐縣西南。

「縣令爺！天都快黑了，您還出去？」秦宜祿邊說邊給曹操披上了衣服。

「老小子，你嘴改得倒快，我這還沒上任呢！」

「早晚的事兒！俗話說得好，人挪活，樹挪死。您到了頓丘，好好辦兩年差事，再回來就了不得啦！我們都跟著您沾光。」秦宜祿滿臉堆笑道。

「去！你曉得什麼呀！」曹操狠瞅了他一眼，「我這是叫閹人發出去了！」

「您別這麼說，天底下的縣尉多了，有幾個皇上親自下詔調任的？單這一點，您到任上就夠吹半年的啦！」

「你就嘴有能耐！」曹操被他這樣一攪也笑了：「我先出去一趟，趁著這會兒工夫，你替我收拾好東西，明兒起這就是別人的衙門了。爹爹生氣了，今兒晚上無論如何也得回家住，好好哄哄我爹。我要是回來晚了，你就拉著東西先往府裡去。」說罷出門上馬，只帶了樓異離了北縣尉衙門。

冬月裡天正冷，凜冽的寒風吹在臉上像小刀子割肉一樣，一陣陣憂愁夾著寒意襲上心頭。想來這真是一個傷感的冬天，先是袁紹方出任濮陽長就趕上母親病逝，不得不謝任守喪；接著又是許攸被橋玄逐出師門不辭而別，然後樓圭也離開了京師；蔡瑁回鄉完婚再也不來了。朋友們各奔前程紛紛離去，現在又輪到自己了。曹操不敢再多想，生怕勾起悲意，緊了緊衣衫打馬出城，奔太學尋鮑信去了。

曹嵩入衙

昨晚曹操巡街逛了一整夜，秦宜祿自然也不得歇息。這會兒見曹操走了，便偷了一陣子懶。又料想他說不定一會兒就回來，這兩天脾氣不正不能招惹，忙到後衙收拾書簡和衣物。哪料到剛忙活起來，就有一個衙役急匆匆跑來說：「秦頭，快出去。老爺子來了！」

秦宜祿趕緊放下手裡的活，召集衙內眾人來到前面，見曹嵩面沉似水地坐在客位上，忙下跪問安：「小的參見老爺。」

「嗯。」曹嵩應了一聲，上下打量他道：「孟德帶你回過府……你叫秦宜祿，是吧？」

「是。」秦宜祿暗自歎服這老頭好記性。

「聽孟德說你伶俐得很？」

「小的實在駑鈍，擔不起伶俐二字。」

「駑鈍？駑鈍點好！」曹嵩陰陽怪氣地說。秦宜祿聽話頭不對，也不敢起身，低著腦袋硬著頭皮道：「少爺有事出去了。您老大駕至此，有什麼吩咐嗎？用不用小的將少爺叫回來？」

「你嘴巴倒是蠻伶俐的。」曹嵩臉上一點兒笑模樣都沒有。

「我這就去尋少爺回來。」秦宜祿說罷起身就要走。

「站住！我今天找的不是孟德……秦宜祿留下，剩下的人都給我出去！」曹嵩一聲令下，除了秦宜祿所有的僕人都退了出去。「小子，我今天特意趁我兒不在來找你。你站起來，我有幾句話問你。」

秦宜祿心裡忐忑不安，哆哆嗦嗦站了起來。

「我想知道，孟德身邊原來的兩個長隨到哪兒去了？」

「這個……這個……」秦宜祿額頭上頓時滲出汗水，「小的不知道，自從我和樓異到這邊當差就沒見過他們。」

「沒見過？你還真敢說話呀……」曹嵩站起身來繞著秦宜祿轉了兩圈，「不知道？看來你年紀輕輕記性還不及我！我給你提個醒，是誰攛掇孟德把他們派到你們原來的差事上看門？是誰指使其他守夜的兵丁欺壓他們？下雪那天他們被毆打一頓，還被逼著在外面守夜，你不知道？兩個人活活被凍死在雪地裡，你能不知道？誰出的主意叫那些人為他們報了個暴病身亡，你不知道？」

秦宜祿「砰」的一聲跪倒在地：「小的知罪！」

「你厲害呀！沒想到我還真小瞧你了。洛陽城不愧為大邦之地，這守門兵丁裡還真是藏龍臥虎呀！有樓異那樣殺人不眨眼的狠主兒，還有你這樣的狼崽子！」曹嵩冷笑一聲，「我一手培養起來的心腹家奴，你不聲不響就給弄死了，你了不起呀！」

秦宜祿嚇得抖似篩糠，低著頭一句話都說不出來。

「你以為他們只是普通的家奴？我告訴你，他們是我們曹府的家生子，我一手調教出來派給孟德的。孟德的一舉一動他們都告訴我，打死蹇圖、同橋玄郊遊、誆騙許劭這些事兒我都知道！我是怕孟德年輕氣盛，特意讓這兩個人給我通風報信，萬一捅了什麼婁子我好幫他維繫……這倒好！叫你這個狼崽子給廢了！我還蒙在鼓裡呢，倆月沒得著消息，檢舉曹破石這麼大的事兒我竟然不知道！好大的膽子，信不信我宰了你？」

秦宜祿驚得一泡尿撒在褲子裡，往前爬了兩步，一把抱住曹嵩的腿，哭道：「老爺饒命呀！我也是不得已的……求您開恩呀……嗚……」

「瞧你那德行！把眼淚給我蹭乾淨！」曹嵩一蹬踹開他，又穩穩坐了下來，「狗奴才，我算計人的時候你還沒出生呢！有膽子幹沒膽子扛，算個什麼東西！你說說到底是怎麼回事，我要是心軟了，興許就饒你一命。」

「是！」秦宜祿擦了擦鼻涕眼淚，「是這麼回事兒，自打我和樓異跟了大人，他們以為我們爭寵，倚老賣老就叫我們幹苦差事，我實在受不了就跟大人說，我們離開班上還缺兩個人，就叫他們補上了。他們不服還想著算計我，在班上罵閒街。我原來是守夜班頭，那些兄弟跑來告訴我，我琢磨著一不做二不休，就叫他們想法子把他倆弄死了……我也是被逼無奈，不弄死他們我就沒好日子過……大人您看在我是初犯就饒了我吧！」說罷一個勁兒磕頭。

「哼！你倒是雞鳴狗盜有才華……」曹嵩瞥了他一眼，「我指給你兩條路，你自己選吧！」

「哪兩條路？」秦宜祿看到一絲希望。

「一條是我賜你根繩子，你找棵歪脖樹自個兒了結。另一條嘛……」

「老爺您說，只要不叫小的死，什麼事兒小的都願意幹。」

「好，死了兩個奴才要說也算不得什麼大事，可是孟德身邊沒有我的人可不成。就像這次的事兒，我要是提前知道，他就不會被調出去。你既然能算計死他們，可見你小子比他們機靈。」曹嵩俯下身子拍了拍秦宜祿的肩膀，「今後孟德要到外地做官了，京師和兗州離得那麼遠，以後有什麼閃失我就更管不上了。你既然弄死他倆，他倆的差事我就交給你了。聽好了，孟德的一舉一動，所作所為，跟什麼人走得近，你都得給我記好了，然後想辦法告訴我，知道了嗎？」

「是！」秦宜祿又磕了一個頭，「小的一定按您說的辦。」

「但願你說到做到……從今兒起，孟德管你多少錢我不論，他倆的那份錢我給你一個人留著；事先說好了，這個案底我也給你留著，害死人命可是死罪！生之歡、死之哀我都擺在你面前，你自己掂量著辦吧！」說罷曹嵩起身就往外走。

「送、送老爺……」

「甭送了，先把褲子換了吧！」曹嵩頭也不回地步出了衙門。

曹嵩帶著貼身隨從剛出了衙門大院，就見一輛絳紫漆色的馬車停在門口。車簾一挑，白髮蒼蒼的老橋玄從裡面走了下來。兩個人四目相對，都愣住了。

「橋公，真巧呀！」曹嵩好半天才開口。

「巨高也在呀！」橋玄也顯得很木訥，「聽說孟德要走了，我來瞧瞧他。」

「有勞您掛懷了。這兩年來承蒙您對小兒的關照……」曹嵩自知身分尷尬，但還是想表示一下感激。

「沒什麼。孟德是個好孩子，也是個好官。我看好他絕不是因為什麼人的緣故，同僚間走動走動是應該的。」曹嵩見他一副拒人於千里之外的姿態，也不好再說什麼，只拱手陪笑道：「辛苦您老人家了。天氣寒冷，多注意身體。孟德不在，您要願意可以進去等他一會兒，我還有事就不陪了。」說罷很識趣地低頭上了馬車。

訣別橋公

曹操至太學尋出鮑信，和他湊在一處喝了點兒酒，見天色已黑，兩人並轡沿著城牆往北行，直到城北耗門，曹操忽然勒住馬。

「怎麼了？」鮑信問。

「你看看門邊那兩對五色棍，我走後誰還使它們？誰還敢像我這樣在京師當縣尉？這棍子早晚鏽死在那裡……」曹操說著說著歎了口氣。

「何必這麼難過呢？你把它們帶走吧，它們可是你曹孟德執法如山的見證，無論走到哪裡都透著你的威嚴。挺起腰板來，別想那麼多。你這人就是太不自信，認準了的道，幹嘛總是猶豫呢？」

曹操苦笑一聲：「我不是猶豫，是心灰意冷。」

「依我看你是無病呻吟！」鮑信的口氣很嚴厲，「又沒人罷你的官，不就是調出京師嘛！是漢子就出去幹一番事業，遇到點兒挫折就借酒澆愁唉聲歎氣，像什麼樣子！『治世之能臣，亂世之奸雄』——你現在這個熊樣，算個能臣，像個奸雄？許子將瞎了眼不成？」曹操被他這麼一激，頓時提起了精神，指了個兵丁嚷道：「你！過來！」

「大人！有什麼吩咐？」兵丁上前跪倒。

「你去尋幾個人，把這對五色棍扛到衙裡去！我要帶著它們到頓丘上任，用這對棍子上打奸臣下打賊人，治出一個夜不閉戶的縣城來！」

「大人說得好！我們都不捨得大人走。跟著您老人家，我們不用低三下四，夜裡守夜還有酒錢。」說著那兵丁竟還落下兩滴眼淚來，「別的不說了，現在只盼大人官升得高高的，有朝一日再回京城，我們給您接風！」

「好！到時候咱們一醉方休！」曹操豪爽地笑開了。

「這才對嘛！」鮑信也笑了。兩人繼續前行，直到北縣尉衙門，這才下馬往裡走。曹操突然想起：「喂！你還不回去，沒關係吧？」

「你也忒小氣，都這個時辰了，留我住一宿又怎麼了？」倆人說著邁進大堂，隱約看見堂上閃著燈光，縣尉的位子上坐著一位白髮蒼蒼的老人。

「橋公！」倆人都傻了。

「孟德回來啦……鮑老二也來了，我可等了快一個時辰了。」

「不知您老人家駕到，叫您久等了。」倆人趕忙見禮。

「快過來坐吧。今天沒有老少，咱們就當朋友聊天吧……在你這兒我覺得自己年輕了。想當初我還不如你，不過就是個小小的縣功曹，也是這麼小的一個衙門，也是整天和百姓、衙役打交道，也像你們一樣常約幾個親近的朋友湊在一處喝喝酒。光陰似箭，現在想起來宛如隔世一般啊！」曹操和鮑信看見老人家眼中隱約閃著淚光。

「你們都是了不起的年輕人，前途不可限量……」橋玄突然笑了，「我老了，只怕見不到那一天了！將來我死了，你們要常到我墳前看看，到時候要是不帶上肥雞美酒，車過三步我作法叫你們肚子疼，那可別怪我！」

「快別這麼說，您老硬朗著呢！等我回來再孝敬您老吧！」曹操忙勸道。

「恐怕沒有那一天了，我決定辭官。大廈將傾，獨木難支，我這輩子再要強也不能不服老了。」橋玄突然想起一件事情。幾天前民間有人傳說在沛國譙縣看見黃龍升天，他和精通方術的太史令單颺閒話，單颺說：「其國當有王者興。不及五十年，龍當復見，此其應也。」曹孟德不就是沛國譙縣人嗎？難道這小子有此天命？想到這兒橋玄拉著孟德的手沉吟道：「天下將亂，非命世之才不能濟也，能安之者，其在君乎！」

曹操一愣：「老爺子，您折殺我了！」

橋玄苦笑道：「我也希望我是看錯了，有哪個希望天下大亂呢！不過我閱人無數，也絕少看人走眼，你一定要自珍自重，我將來願以妻子相托。」橋玄又看看鮑信，「鮑二郎，你也是本領出眾氣質過人的，也許有一天你會成為一代名將。但你可記著，為將也當有怯弱時，不能自恃勇猛。」

「您真的要辭官嗎？」鮑信根本沒注意橋玄的囑咐。

橋玄苦笑了一聲，摩挲了一下額上堆壘的皺紋，道：「當初我志氣滿滿要剷除王甫，現在才明白騎虎難下的道理。不瞞你們說，皇上用我就為了自己省心，死說活說也不放我走。還是王儁想了個主意，叫我上疏彈劾南陽太守蓋升。蓋升是當今的潛龍之交，動這樣的人，皇上必定會嫌我礙事放我走的。」

「您彈劾蓋升？」鮑信吃了一驚。

「不錯，所以我故意打發走了許攸。樓圭不肯走，我拿棍子趕他離開，為的就是不給他們添麻煩。得罪了寵臣，他們將來的仕途還要不要了？王儁無意為官，所以我單挑他留在身邊，彈劾蓋升的奏章就是他的手筆。這會兒他正幫我引經據典，寫奏章彈劾另一寵臣河南尹鄧萬呢！我這次非辭官不可了。」橋玄神祕地一笑，「年輕人，勉力吧！有緣再見吧！」

曹操、鮑信出了衙門，戀戀不捨地將老人家送出老遠。回到衙門口，正看見秦宜祿守在外面，曹操把他叫過來耳語道：「交給你個差事。你速到我譙縣老家，找到我兄弟曹德，叫他派人把卞氏姐弟送到我上任的頓丘縣衙。記住，此事一定要保密，尤其不能讓我爹知道。連夜就走！」

「諾！」秦宜祿眼珠轉了一下。第二天，曹操帶著對眾多友人的牽掛離開了洛陽城，可送行的只有鮑信和王儁。本指望日後再拜望橋玄，卻沒料到由於仕途奔波，前一晚的會面竟然成了訣別。

第十二章

差點死在赴任途中

寒路苦行

熹平五年（公元一七六年）冬，二十二歲的曹操遭宦官陷害，離開了洛陽北部尉的職位，前往兗州東郡治下的頓丘縣擔任縣令。也不知是曹節等人特意安排的，還是恰好湊巧，他離京的這段時間，正是隆冬時節最寒冷的日子。

曹操在出發前雖派秦宜祿連夜往譙縣家鄉接卞氏姐弟，但上任的物什實際上只準備了一半。他生來富有，對家務素來粗疏，從未在意，等出了洛陽東門，行了數十里便覺得路途艱難。古來一朝天子一朝臣，即便是小小縣令，也自有一干心腹的隨從。偏曹孟德負氣而出，又所行倉促，只帶了長隨樓異和四個尋常家丁上路。一路上樓異騎馬在前，曹操坐著車，兩個家人跨車駕轅，還有兩個步行相隨。

寒冷的西北風猛烈地刮著，沒有一刻停下。雖說是順風東行，但腦後狂風襲來，吹得人渾身冰涼，腦袋發脹，一陣一陣眩暈。可憐這一主五僕，唯曹操有一件厚實的裘衣，其他人穿的都是棉衣，披的是厚厚的棉布大氅，真恨不得把整個身子裹起來。樓異騎的是曹操的坐騎，乃涼州來的好馬，膘肥體壯，甚是耐力；但拉車的馬卻是臨時從洛陽馬市上買的，雖說不是瘦骨嶙峋，但終究不是上品，拉著這掛裡外三人又放著東西的小馬車，已幾近吃力。怎奈車軾上還橫搭著那對捨不得丟的五色棍。每逢遇到溝坎，莫說駕車的人，就是曹操本人也需下車幫著推才能得過。幾個人就這樣苦苦前行，一日的光景才將將到達偃師縣。

尋驛站下榻之後，曹操發起了愁：似這等行進速度，幾時才到頓丘？但思來想去又無可奈何。他雖有幾次出行，但皆是往返譙縣與洛陽，輕車熟路不說，每每擇秋高氣爽之日出行，至今還從未有過這樣艱難的行程。這要是鞏縣、滎陽、成皋、中牟一路走下去，沒有半個月是絕對到不了的。正在鬱悶間，又見樓異愁眉苦臉走了進來。

「怎麼了？這麼無精打采的？」

樓異歎息道：「天太冷了，驛站的草料不甚多，大批的還沒有運到，另有幾位進京公幹的差人也帶著腳力，大家的馬都沒什麼可吃的。我打發小的們四下裡鍘了些枯草，那匹劣馬倒也罷了，大人的馬口味高，不肯吃呀！」

口味高了不肯吃尋常枯草……曹操仔細品味著這句話，何嘗不是說自己呢？平心而論，自舉孝廉以來，自己何嘗遇到過些許坎坷？洛陽北部尉，一個又輕又閒的美差，可笑當初身在福中不知福，還要去求洛陽令。錦衣玉食今何在？僕婦丫鬟又在哪一邊？是啊，我的口味太高了，要是當初就是一個小小的地方縣令，何至於今天在這裡慨歎苦寒？

「樓異，我考慮了，這樣下去可不成，咱們必須快行。」

「怎麼快行？」

「咱兩個先走，讓他們四個在後面帶著東西慢行。」

樓異笑了：「大人，你還有什麼東西呀？咱們打洛陽出來，連多餘的盤纏都沒帶，家什器具一概拉回府裡了，若說東西，就只剩下咱們多餘的衣服和那對棍子了。」

「唉……」曹操苦歎一聲，「罷了！早些睡吧，明天好趕路。」

「大人先睡，管驛的人說臨夜還有草料運到，我等餵了夜草再休息不遲。」

「叫小的們辦就是了。」

「大人，我好歹是坐在馬上，小子們可是生生走了一天呀！」

曹操不由得一陣感動。好個體恤人心的樓異，他跟著我何嘗享過半點福？論嘴皮子他不如秦宜祿，只知低著腦袋辦差。每次赴宴都是秦宜祿跟著我吃香喝辣，他在外面為我看馬。我怎麼到今天才發現他的可貴之處？看來我錯了，我曹孟德的眼睛從來只知向上看，何時注意過下面是什麼樣子？

「點著燈，咱們倆說會子閒話，一起等草料來吧！」

「依我說，大人您還是早些睡吧！人無頭不走，鳥無頭不飛。這要命的天氣，您要是不吃不睡病倒了，咱們這些人可怎麼辦呀？」

「好吧，我睡……」

樓異留下一盞燈悄悄出去了。曹操根本睡不著，躺在那裡雙眼望著油燈呆呆出神。人生的遭遇真是奇怪，昨天還和鮑信在一處飲酒，今天就掩著薄被在這裡苦熬。

恍惚間，彷彿聽到陣陣哭泣聲。剛開始以為是幻覺，但哭聲越來越大，後來還夾雜著叫喊聲。曹操更睡不著了，起來披上衣服，出門去看。借著朦朧的月光，只見有幾個衣衫襤褸的人，守在官驛門口哭哭啼啼，一個驛館的兵丁正手舞著皮鞭在那裡斥責驅趕。

「住手！你幹什麼？」曹操喝住他。

「是些要飯的，大人不要理睬，快回去休息吧。」那兵丁隨口搪塞道。曹操看他們一個個破衣爛衫，面色土灰，披散著頭髮，這樣的天氣還有人赤著腳，便發了惻隱之心，對兵丁道：「大冷的天，別把人凍壞了，讓他們進來吧。」

「大人，這、這……不合規矩。」

「規矩還能大過人命嗎？給他們些吃食，再找個地方讓他們過一夜。要是不行，我給你們錢！」

曹操瞪了他一眼。

官驛不是私店，即便給錢也是不合規矩的。但那兵丁也知道曹操的底細。雖然如今外遷，但虎死架不倒，曹嵩的兒子豈開罪得起？只耐心勸道：「曹大人忒好心了，誰不是人生肉長的？不是我這當兵的心狠，只是這樣的事如今太多了，您管也管不過來呀！」

「我遇不見的也就罷了，既遇見了就得管！叫他們進來。」

得了這句話，七八個叫花子踉踉蹌蹌地進來了，跪在曹操面前磕頭道謝。哪間屋也安置不下，只得喚樓異與兵丁取柴點上一把火，諸人便在院當中隨便坐了。曹操與驛丞皆拿來乾糧與他們，吃的還是少，又叫樓異到各處房裡找往來官人求些。

畢竟還是好心人多，不一會兒，什麼粗餑餑大餅子都拿了來，這些討飯人見糧食如得活命，頃刻間搶了個精光。

曹操瞧這些人大多數並非老弱，而是二十多歲的大小夥子，其中還有一個女人抱著孩子，他們操著冀州口音，心下十分詫異，問道：「你們年輕輕的，為什麼不在家耕種，背井離鄉到河南來幹什麼？」

不問則已，這一問哭倒一大片，有個漢子答道：「我們是被抓去給皇上修園子的。」

那是在兩年前，皇帝下令翻修上林苑、靈昆苑、禁宮西苑等禦園。完工後劉宏感到那些個園子太小也太古舊，便準備在洛陽城西開墾荒地，花大錢修一座更好的園囿——西園。詔書還沒有正式下達，朝中就已經鬧得沸沸揚揚，反對聲一片，尤其是諫議大夫楊賜，特意上表阻諫。

而鴻都門學士出身的諂臣們卻繼續蠱惑皇帝，侍中任芝、樂松甚至察言觀色說：「昔文王之囿百里，人以為小；齊宣五里，人以為大。今與百姓共之，無害於政也。」都比出周文王來啦！這樣話誰敢直言撼動？致使劉宏不納忠言，一意孤行。西園劃地之後，徵發各地能工巧匠連同京畿民夫，苦苦折騰了兩年，耗費資財無法計算，饒是如此園子才修了一半。

曹操心下駭然：「你們幹了兩年的活，就沒拿到工錢嗎？」

「哪裡有什麼工錢？大人你不曉得，那些監工的都不是人！」那鐵錚錚的漢子抹了一把眼淚，「他們要從穀河引水造池，舉著鞭子打發四百多人挖渠，等到河道挖通，一陣冷水襲下來，多少人活活被淹死了。大人您看看吧！」說著脫下上衣，只見他骨瘦如柴的身上布滿了鞭痕，最長的竟有兩尺多長，泛著殷紅的血印，「吃不飽，穿不暖，還要幹活、挨打，再幹下去早晚叫他們折磨死，我們幾個都是逃出來的！」

那個抱著孩子的女人又哭訴道：「奴家我是緱氏縣來的。男人也去給皇上家修園子，他本沒有手藝，硬是叫縣裡的人抓走了。一去半年音信全無，我母子沒有著落，跑到洛陽去尋他。哪知道孩子他爹……早叫當兵的打死了！」說罷呼天搶地就嚎，孩子還小，見母親哭也跟著哭。

大人哭孩子鬧，使得曹操越發煩躁：「苛政猛於虎也！沒想到離京師這麼近的地方，竟有如此橫徵暴斂！」

旁邊站的一個揚州來的官人，聞言插了話：「想必大人是個京官，不甚知道現今的情景。京畿三輔之地還算是好的，出了司隸各州的百姓還不如他們呢！我自會稽來，不但老百姓交不起賦稅，那些個土豪也是兩眼盯著田地；前些年有個許韶造了反，他原就是個普通佃戶。說句不怕掉腦袋的話，官逼民反沒辦法呀！」

那邊一個滿口幽州話的軍官也感歎道：「邊郡更沒法提起了。鮮卑人裡出了個檀石槐，整日帶兵騷擾我北疆，搶糧食、搶牲口、搶女人，百姓深受其苦。我家遼西太守兢兢業業，欲修繕邊防、保護疆土，幾次向朝廷上書，請求撥錢動工，皇上他老人家竟置若罔聞。寧可把錢拿去修園子，都不肯修繕一下城防！」

「其實檀石槐算不得什麼，不過一無謀胡帥。當年張奐、段熲鎮邊，他不敢入河朔半步。」曹操歎息道：「可如今張老將軍癱瘓在床，段熲利令智昏黨附王甫，再沒有人能震懾住鮮卑野人了。」

在這個北風陣陣的夜裡，諸人圍著火堆各訴憂慮愁苦，不知不覺東方已經泛起了魚肚白。曹操回房掩著衣服胡亂睡了一會兒，便起身準備行囊。

這時樓異進來稟道：「大人，那幾個逃工是冀州人，求著與大人同行。這可使得？」

曹操畢竟是朝廷官員，與乞丐同行豈不有失官體？但事到如今隨行甚少，萬一遇到險事無法置措，多有幾個同行者也是好的。他便一口應下了。

出了門又見那個抱著孩子的女人還在啼哭。

「怎麼了？」

「這孩子昨晚還好好的，這會兒叫不醒了。」

曹操親自抱過來看。這孩子有兩三歲了，但是挨餓吃得不足，就顯出一個大腦袋了。摸摸額頭，陣陣發燙。曹操回頭對從人道：「這孩子病了，帶他們到縣城裡尋個醫生看看。」

「大人，時辰不早了，咱們還得趕路呢。」

「這……」曹操眼見這個女人實是可憐。丈夫死了，身在他鄉還抱著個病怏怏的孩子，怎麼才能回到家鄉呢？想了一會兒他對從人道：「你們兩個留下，陪著他們看病，然後趕車送他們回緱氏。等一切都辦完，再到頓丘縣去。」

「諾。」其中兩個隨從應道。

「慢著，若是到了緱氏瞧他們生計困難，就把車馬賣掉，將銀錢周濟他們度日也就是了。」

那婦人聽曹操如此安排，跪倒在地：「謝謝大人賞賜！小奴家今生今世感念您的大恩大德！」磕頭如雞啄碎米一樣。

曹操也不便與她囉唣，帶著餘下的人繼續趕路。如今少了一輛馬車、兩個小廝，只得曹操騎馬，樓異領著那幾個逃難之人相隨，只苦了剩下的兩個從人，長途跋涉還得扛著那對沉甸甸的五色棍。天寒地凍一行人在驛路上緩緩行進，好在人多了倒又說又笑。那兩個扛了五色棍的從人一直在戲謔：「天下的官混成大人您這樣的也不易，出門一天就把車混沒啦！」

曹操在馬上哈哈大笑，也不往心裡去。

涉河遇險

曹操一行人艱難跋涉，第七天頭上才過了中牟，眼見再往前走就是兗州陳留郡地面了。樓異提議早投驛站，安排乾糧水囊，今日早早安歇，轉天好渡黃河北上。

一切安排妥當，見天色尚早，曹操便與諸人到城外閒逛一遭。這一逛卻發現不少新鮮事。原來這中牟城外，憑空多了大群流民。而這些流民可非同一般。曹操曾經聽橋玄對他講過，所以印象中流民一定是衣衫襤褸、食不果腹的，但這些人卻不是，他們有吃有穿與一般百姓無異，甚至還有一些帳篷和保護自己的棍棒。

曹操正心下暗奇，卻見同行的逃難人突然大聲呼喚：「馬老三！你怎麼在這裡？」

隨著他的叫喊，流民堆裡跳出一個中年漢子：「小四、小五！你們還活著呀！」

曹操見他們相識，又詫異如此多的人露宿城外，很是詫異，也湊到旁邊聽他們說話。原來他們是老鄉，都是修西園的民夫，那個馬老三先逃了出來，本以為這輩子再也遇不見了，不料在中牟城外還能相見。待幾個逃難人訴說完這一路的經過，那馬老三倒也知禮，連忙給曹操下跪：「大人您真是慈悲好官。當初我獨自逃出，負了這幾個小兄弟，沒想到您能救他們的命，我給您磕頭了。」

「憐貧惜老乃人之常情，快快請起！」

馬老三卻對那幾人道：「依我說你們幾個也不要再叨擾大人了，索性跟我走吧！」

「您這是去哪兒？」

「我現在歸了太平道，正跟著他們遊行傳道呢！你們隨了我去，入不入道先莫談，至少有個吃喝，不必再給曹大人添麻煩了。」

「我們幾個還是想回鄉。」

「莫要再提回鄉了！如今加賦加稅，大戶人家又一個勁兒霸占田地，你們回去也不會有好日子過。再說咱都是從西園跑出來的，衙門要問的！即便躲過這一劫，以後皇上家再修什麼東園、南園、北園什麼的怎麼辦？還是要抓咱們的。乾脆隨了我去，跟了太平道大賢良師，也算有口飯吃。」馬老三娓娓道。

「什麼是太平道？」曹操禁不住插嘴問。

「恐怕大人是關內做官，關東不常走動吧？」馬老三笑道，「如今的太平道勢力可大了！這太平道乃是我家大賢良師張角所立，傳的是中黃太一之正道，學了可以無災無禍，益壽延年。現如今，青、徐、幽、冀、荊、揚、兗、豫，八州之人，哪兒有不知道太平道的？現在全天下的教眾不下十萬，家家都供奉大賢良師他老人家的畫像，我們這些虔誠的跟著大賢良師遊走天下，遍地傳教，能得他老人家一張符咒，天大的福分哩！」

「教眾不下十萬？」曹操咂摸著滋味，「我看是世人愚昧，什麼大賢良師，左不過是略通方術的江湖騙子罷了。」

「您別這麼說呀！大賢良師張角那簡直就是活神仙，」馬老三一咧嘴，滔滔不絕念叨開了：「他老人家能點石為金、撒豆成兵、口吐蓮花、空囊取物、騰雲駕霧、下海搏蛟、倒拽九牛、偷天換日！」他一邊說還一邊擺姿勢。

「你還一套一套的。」曹操擺擺手，「這些你都見過？」

「沒見過。」馬老三一耷拉腦袋。

「既沒有，你還說得這麼熱鬧？」

「大賢良師生得相貌雄偉、身高過丈、目若朗星、鼻直口闊、齒白唇紅、大耳朝懷、美髯鬚眉、聲若洪鐘……」馬老三是連說帶比劃。

「你認識他？」

「不認識。」馬老三又一低頭。

曹操覺得可笑：「你既沒見過他，怎麼知道這些的？」

「聽說的唄！我沒見過，但我們這裡有人見過。」馬老三指了指後面的流民隊伍，「大賢良師大恩大德、虛懷若谷、悲天憫人、待民和善、拯救黎民……」

「老大哥！」曹操見他誇起張角沒完沒了，趕忙打斷，「這位大賢良師可在隊伍之中？」

馬老三又笑了：「天下傳教的隊伍多了，他老人怎麼會在這兒？」

「那您怎麼會信了這個？」

「我是得了太平道的真切好處，不得不信啊！去年我從西園裡跑出來一路乞討回到家鄉，哪知道田地叫土豪霸占了。衙門口派人抓我，只得又逃出家鄉，沒吃的沒喝的，半道上又叫雨淋了一場，就病倒在路邊。正趕上太平道的大傳教馬元義帶著隊伍路過，大發慈悲救了我的性命。他還寫了幾張符，燒了一喝，沒三天病竟然好了！救命之恩當湧泉相報，可我又沒錢又沒能耐，好在一筆寫不出兩個馬字來，於是就拜了師傅，鬧來我孝敬他，也算一點心意。」

曹操咂摸著滋味道：「我看你們這個太平道不簡單吶！這私自傳道，朝廷就不管嗎？」

馬老三白了他一眼：「這不犯歹呀！據說皇上他老人家早就聽說了，根本也沒派人來管，還說我們大賢良師是導民向善呢！還有誰管呀？連宮裡宦官都有信這個的。」

這些話勾起了曹操的沉思，又見他們舊交相見說的盡是冀州土話，便喚了樓異兩人先回驛站。

樓異見他一路上皺眉，悶悶不語，忙問：「大人您怎麼了？」

「我在想這個太平道的事。」

「這個太平道似乎沒什麼不好呀！」

曹操搖搖頭：「你不懂這裡面的厲害。姑且不論這個張角是真有本領假有本領，單想他能有這麼多的信徒就很可怕。雖說都是沒錢的窮苦人，但人多了就會有權勢，這權勢越大越放不開手，心氣兒就跟著水漲船高。當年我朝光武爺也是個窮苦人，志向不過是想當個執金吾、掙個侯爺什麼的，後來怎麼樣？經略河北收編銅馬，心也就大啦！再說底下那麼多人賴你吃飯穿衣，指著跟你富貴發跡，人家要攀龍鱗附鳳翼的，這『騎虎難下』四個字一點兒都不摻假，你說是不是這層意思呀？」

樓異的笑容也凝固了。

「你好好想想張角吧！」曹操意味深長：「下者用力，中者用智，上者用人！一個普普通通的平頭百姓得了這麼多的人心，關東之地，青、徐、幽、冀、荊、揚、兗、豫，這麼多人都尊奉他，這樣下去還了得？當年會稽的許韶，至多不過是得一個縣的人心，他就敢造反，我看早晚有一日這個太平道會成為我朝心腹大患！可歎當今天子不納忠言，還不拿這個張角當回事兒。你看這些流民隊伍，都到了兗州邊上了，他們要是真反了，可如何收拾呀！」

樓異思索道：「小的是不懂這些，但小的明白仗不是輕易打的。」

「是啊！羌人在西涼鬧個沒完，如今鮮卑又擾我北疆，要是中原反了，這大漢天下可就危險了。」曹操歎息道：「可惜我現在外任途中，不能向朝廷申奏此事。」說到這兒，曹操突然覺得自己太過自負了，論資歷，那些官職更高的大臣們何嘗不會提及此事，他們的話皇上都當耳旁風，自己這小小縣令又能如何呢？

「大人，老百姓跟著張角不過是為了混飯吃，若是大家能安居樂業，誰還跟著他背井離鄉四方遊走呢？」

「是啊！」曹操覺得有道理，「等我到了頓丘縣，一定要讓百姓過上安定的日子。也但願那幾個討飯人不要泥足深陷，哪怕跟著我到頓丘，我給他們在衙門裡尋個生計呢！」

樓異卻不太樂觀：「這個很難說，他們都是一處的窮苦人，還是願意在一起的。畢竟太平道現在能給他們吃喝，也能讓他們一處活下去，老百姓才不管誰當家做主呢！誰給他們活路，誰能讓大夥過上好日子，就跟著誰幹！」

曹操不禁搖搖頭：「我吃的苦太少，還是不懂得民心呀！」

果不其然，晚上那幾個逃難人回到館驛，都說要跟著馬老三他們走，也感謝曹操一路收留。曹操也不好阻攔，便由著他們了。

第二天一早，諸位逃難人給曹操磕了頭，灑淚拜別。流民的隊伍南下，曹操與三個從人繼續北上。離開中牟，往西北行了半日就到了黃河古渡。

只見河水寧靜覆寒凌，小舟零星破碎冰，北風陣陣不起浪，渡人慘慘緊衣襟。曹操是頭一遭北上河朔之地，不知道黃河竟然也結冰，頗為感到新鮮。

樓異忙解釋：「大人未到過河北，這地方四季分明，在冬天比關中之地冷得多。土地凍得結結實實，連鎬頭都插不進。天太冷，這一段的大河又是往西北去的，所以每年這一陣子都會凍冰。今年還算是好的，我聽家裡老人說，最冷的年間，凍冰之上都可以行人。」

曹操不住點頭：「一處不到一處迷，十處不到九不知。若是還在京師混，哪裡知道這裡的風俗？難怪我說自孟津換船走水路，你偏阻攔，原來你早就料到河要結冰呀！」

「大人，從今兒起咱們可就要往河北去了，那裡的民風可比不得這邊。錦衣貴人讀書人少，窮苦百姓還有土豪多，咱們的人少，可要更留心才是。」

「哈哈哈……」曹操仰天大笑，「既有官職在身，何妨闖他一闖？燕趙多義士，想當年樂毅統兵破齊城、李牧孤軍抗強兵，藺相如澠池嚇秦王，公孫龍舌辯入雄關。這些人不都是河北的雄才俠義之士嗎？咱們渡河吧！」

荒蕪古渡沒有什麼大船，就是尋常擺渡人的小舟，需得分作兩撥。樓異拉著馬帶著那對大棍先渡，兩個從人陪著曹操在後。小舟晃悠悠載著曹操緩緩破凌而行，河面上北風呼嘯將他的斗篷捲起老高。曹孟德眼望河北大地，興致所致，足登船舷賦詩一首。其曰：

鄉土不同，河朔隆冬。
流澌浮漂，舟船行難。
錐不入地，蘴籟深奧。
水竭不流，冰堅可蹈。
士隱者貧，勇俠輕非。
心常歎怨，戚戚多悲。
幸甚至哉！歌以詠志。

吟詩渡黃河也算是一等雅事，曹操的心情好了不少。樓異見兩個從人也乏了，反把包袱行囊交與他們，自己倒扛了那對大棍。一行人也顧不得停下用些水糧，要趁著天亮速速趕往封丘縣投驛。那兩個從人也是第一次渡黃河，這會兒沒了重負，地下馬上與曹操聊得倒也自在。

哪知行了不到十里，到了一處荒蕪的山岡小道處，只聽一陣吶喊，從山岡後面閃出二十幾條漢子，一個個穿著破棉衣，鋼刀木棒在手。

「行路的！留下行囊銀錢！」為首的那廝膀闊腰圓，一張黑黲黲的臉龐，手握一條大棍。

「你們是什麼人，光天化日之下也敢行此剪徑的行為，不怕王法了嗎？」曹操喝問道。

「什麼叫王法？哪個又叫律條？」黑漢子冷笑道：「這片土崗我說了算！」

「大膽！竟敢威脅我家大人，你們不要腦袋了嗎？」樓異也叫道。

「少要信口雌黃！做官人哪怕是個小小功曹也是坐車而行，使奴喚婢，哪有一馬而行的？」

「我家大人乃頓丘縣令，上任從此經過。」樓異畢竟是市井窮苦人出身，頗懂得這些人的規矩，「我家大人乃是大清官，勸你們速速閃開，免得傷了和氣。你們若敢行搶，待我家大人上任，差過官人把你們鎖拿到衙，板子打夾棍夾，到時候管教你思前容易退後難！」

「哈哈哈……」黑漢子笑了，「好大的口氣，嚇唬誰？莫說不是真縣令，便是真縣令，頓丘、封丘相隔甚遠，你們也管我不著！像你等孤雁綿羊，殺了也就殺了！怎麼樣？要錢還是要命？」

曹操見此人凶悍無狀，所帶的人也頗為不少，必定不好打發；再看從人裡只有樓異還能依仗，那兩個長隨腿都嚇哆嗦了，也知寡眾懸殊凶多吉少。又聽樓異一番話說他不動，索性拿勢力壓一壓他們：「大膽賊人，本官曹操，乃是當朝九卿曹大人之子，你們哪個敢動？若還執迷不悟，我回去稟告老夫，立時間發大兵逮你們，滅你們的滿門！」

不料那漢子更火了：「不提曹嵩那老兒也就罷了，既提起那無恥贓官，我便要殺了你！我認得你姓曹的，我手裡大棍可不認識你姓曹的！」說罷將手中大棍一舉，「甭廢話，搶了吧！」

他一聲令下，那群漢子各自揮舞傢伙就衝了過來。兩個長隨見了，也顧不得曹操，撒腿便跑；唯有樓異見狀，就勢耍起五色大棍護在曹操馬前。也是他手大力猛，兩條大棍竟叫他一手一條舞了起來。賊人方至近前就被他打倒了兩個，其他的不敢再上，手持傢伙圍了一個大圈子，把曹操、樓異困在當中。

兵無頭不勇，特別是這等烏合之眾。一個使刀的賊見眾人怯戰，自己舞著大刀當先躥了出來，舉刀就劈樓異。樓異趕忙拿五色棍招架，畢竟棍子長，那惡賊不能得逞，可是其他賊人見了便一齊動了手。

樓異兩條大棍上下紛飛玩開了命，曹操也只得拔青釭劍在手，不分左右地亂劈。那些賊人雖多，卻也都是笨把式。一來樓異大棍耍得風不透雨不漏，二來曹孟德的青釭乃是寶刃，所以他們也占不到多大便宜。這邊大棍子一碰，就得躺下，那邊青燦燦的寶劍一挨，木棍、大刀準折；這些人越戰越吃力。

為首的黑漢子見戰樓異不下，冷不防扭頭衝曹操就是一棒子。曹操這會兒早紅了眼，也不管敵人在哪兒，拉住轠繩，把青釭劍上下左右亂耍，唯恐他們壞了馬匹。那漢子的棒子觸劍即斷，但餘力未削，半截棍子重重打在曹操左腿上。馬沒上過戰場，這會兒也驚了，曹操護疼便勒牠不住，四蹄亂炸，連蹦帶跳。

樓異見主人危險了，也不管後面有人拿棒子招呼，對準黑漢子後心就打。這一棍打得黑漢子一個趔趄，未及抬頭，曹操劍也到了。霎時間紅光迸現，左耳朵連著一大片髮鬢頭皮就被削了去！

「啊……」黑漢子疼得一陣慘叫，眾賊人也不敢再打了，丟下手裡傢伙護著那廝便都跑了。

曹操、樓異見他們走了也不敢怠慢，生怕一會兒更多的賊再回來，忙催馬的催馬、跨步的跨步，匆匆忙忙便往西北而去。待跑出二里地，主僕二人累得吁吁帶喘，才歇下來。

曹操見樓異累得滿頭大汗，天太冷怕他受病，趕緊解下斗篷要給他穿。這才發現，斗篷上早被人砍了一道二尺來長的大口子，不禁毛骨悚然，想下馬親自為他披上，又覺左腿被打得生疼，抬都抬不起來。

「大人切莫下馬！」樓異接過破斗篷圍好，「您若是下馬，萬一這會兒賊人追來，咱就全完啦！」

「哎呀！那兩個小廝哪裡去了？」

「他們早攜了大人的行囊跑了。」

「咱們尋他們一尋。」

「大人忒好心了。」樓異有點兒急了，「這兩人見咱們被圍，哪兒還以為咱們能活著？行囊裡面又盡是銀錢，他們必定帶著銀錢遠遁，不管咱們死活了！」

「唉！」曹操一陣難過，「人情如此薄也！」

「大人還是太少人情世故！這一路許多困苦，我始終親挎錢囊讓他們扛棍子，怕的就是他們這一手。結果一時心善，還是被他們拐了去，咱們沒錢啦！」

「這倒無妨。」曹操說著從懷中摸出縣令印綬，「當官的印不丟，就什麼都好辦！官驛靠官印文書供糧宿，咱們速往封丘投驛再做計較。此處不宜久留，快走！快走！」

主僕二人顧不得喘勻這口氣，忙向西北方向繼續趕下去。也是一時心驚，慌不擇路，竟繞封丘而過卻渾然不覺。眼見原還有些民舍，既而越走越荒，心知不對已經晚了。只見天色轉灰，陰如鍋底，悶雷一響，鵝毛般的大雪就下起來了。前差長垣城八十里，後過封丘縣三十里，荒無人煙，枯草滿眼，時辰越來越晚，眼見這一夜恐是沒有投奔之處了。

雪越下越大，不多時已沒了馬蹄，天一黑呼呼北風又起，若是野地過夜，就得活活凍死。主僕二人無可奈何，一人扛著大棍，一人負傷騎馬，真好比地府受難一般！

曹操自早晨出了中牟縣，趟風冒雪苦熬到夜靜更深，整天水米未進，腿上又挨了一棒，已然是筋疲力盡。恍恍惚惚又憶起百姓罹難、賊人剪徑、從人相棄，胸中岔氣難出。他口中乾渴，伸手一摸，水袋又不見了。只得隨手抓了馬鞍邊一團雪揉進嘴裡。霎時間，曹操直覺涼徹肺腑，體似篩糠，天旋地轉，傷腿又疼又凍，眼中金星亂竄，晃了兩晃從馬上栽了下來，便再沒有知覺了。

桑園遇賢

渾渾噩噩也不知過了多久，曹操才從昏睡中醒來。朦朦朧朧之間，依稀想起自己和樓異在雪夜荒郊掙命：「樓異……」

「醒了，醒了！」出現在眼前的不是樓異，而是一個鬚髮皆白、滿面皺紋的老漢。

「我那……」

「別動！你身子太弱。你那個僕人沒事！」說著他指了指身後，「你這僕人也真了得！扛著兩條大棍、抱著你那通號哭，都快把我這破房子震塌了。」

曹操這才攏眼聚神觀看，只見這是一間草廬，但收拾得乾淨細緻。由於天冷窗子都關著，在地中央燃著個炭火盆，不遠處還有一榻，躺著鼾聲如雷的樓異，身邊還放著那對五色大棍。他這才鬆口氣，腦袋又重重摔回榻上，喘息道：「多謝老丈救命之恩。」

「沒這麼多說的，誰叫你倒在我桑園邊上了呢！」老人笑了，「你這病得養啊，好好歇著吧！有什麼話等你好了再說吧。」

正在這時，一個七八歲的小丫頭端著藥走了進來，見到曹操醒了，笑嘻嘻看著他：「大哥哥，您也真是的，這一覺都睡了三天了。」

「三天？」曹操吃了一驚。

「環兒，你不要這樣講話。」老漢順手接過小丫頭手中的藥，吹了吹道：「算上那天晚上，你已經昏了三天三夜！快把藥喝了。」

曹操勉強抬頭，把又腥又苦的藥湯灌下去，躺好了又問道：「老丈您精通醫術？」

「略知一二吧！」老人家捋著鬍鬚，「我看你這病不但是饑凍和棒傷，好像在氣上所得吧？」

曹操點了點頭。

「這樣吧，你先好好將養，待身體恢復，老夫與你好好敘談一番。」說罷拿著空碗、領著小丫頭環兒出門去了。

如此又養了一日，斷了湯藥又灌些湯餅，曹操也恢復了些氣力，總算是能起身行動了。見身體轉好，曹操心裡高興，這才覺得唐突，忙問老人名姓。

「老夫郭景圖。」老人家捋著鬍子答道。

「啊？」曹操嚇了一跳，趕忙大禮參拜。這位郭景圖先生乃是舊年間人們傳頌的名士，論及其名聲顯赫，還是在孝順皇帝年間，即便自己的祖父曹騰活著，恐怕還比他小幾歲。

「你識得老夫？」郭景圖扶起他。

「聽父親提起過，您老是名聲赫赫的賢士啊！」

郭景圖笑了：「近四十年已經無人提及了。我如今不過是閒居桑園的一個鄉村老漢罷了。」

「您老當年曾受過孝順皇帝的徵召，又廣有賢名，若是肯出來做官，恐袁、楊二公都不能比及，您絕不亞於陳蕃、胡廣、聞人襲那些位老臣。」

「皆是過眼煙雲罷了。」郭景圖搖搖頭，又拿過曹操換下的衣服，「你叫曹操，是頓丘縣令？」

「不才正是，但是尚未到任。」曹操再次施禮。

「嗯。老漢有生之年能再見你這等清廉之官，算是得了安慰嘍！」

「不敢欺瞞老前輩。」曹操臉一紅，「晚生負氣離京，所以未及召集更多家人，不過尚有一車五僕。在偃師縣將車馬曾與一離鄉婦人，鞏縣、滎陽一路將衣物周濟了逃難之人，渡黃河又遇賊人剪徑，兩個從人攜盤纏而逃，錯過封丘驛，饑饉涉雪，才落得這步田地。」

「哈哈哈……倒是蹊蹺。」

「晚生實在是不諳世事，叫老前輩見笑了。」

「不諳世事又有什麼不好？」郭景圖一擺手：「天下人皆心機忒重，殊不知心地純樸之人更能有大作為。昔日周亞夫細柳擋王駕、鄧禹鄴城追光武，尋常人不也以為他們是癡呆嗎？率性而為才是真丈夫！」

這句話倒是與橋公說的一樣，曹操暗想。

郭景圖又問：「你年紀輕輕，不知為何事牽掛鬱悶？」

曹操歎了口氣，便把上書言事，遭曹節等人明褒暗貶，隆冬時節被迫離京的事情都說了。

郭景圖聽著不住點頭，最後道：「年輕人，你何必苦惱此事。在京如何？在外如何？既然是身入仕途，有志為民謀福，又何必計較身在何方呢？」

「老前輩教訓的是。我原來為官只求身居高位，謀取一番名聲。現在想來是錯了，這些天一路行來，耳濡目染無不驚駭。這才明白百姓疾苦、世間多舛，原來我一直都狹隘得很！」曹操慚愧道。

「你能見到這一層就很好，日後改過從新也就是了。」

「不過晚生愁苦之事實不在此。」

「哦？」

「老前輩可知我身世？」曹操知他已經見過印綬，想他一定也看過官防文書。

「老夫還不知。」

是啊！人家是一代賢明之士，怎麼會偷看別人的文書呢？曹操娓娓道來：「晚生祖父乃先朝大長秋。」他不好直言祖父名諱。

「你姓曹……哦！我知道了……知道了……」郭景圖眼睛一亮，他本孝順年間成名的士人，自然曉得曹騰，「你是曹季興之後。」

「不才，他老人家正是在下祖父。」

郭景圖點點頭，不禁歎了口氣。

「家父現居大鴻臚之職，族裡叔父一位乃當朝尚書，一位乃是北軍長水校尉……」

郭景圖隱居數十載，又長居鄉里，只記得老宦官曹騰，不識得曹嵩、曹鼎、曹熾，但聽這等家世已知根基匪淺，又見曹操面有難色，疑惑道：「你又有何難言之處？」

曹操一咬牙：「實不敢相瞞，家父及叔父在朝中皆黨附宦官，為士人所憎。家族振興又不能守之以文德，實在是奇恥大辱！」

郭景圖苦笑一聲：「你家以宦官起家，你卻反來彈劾宦官，也算是離經叛道了！」

「誠然，不過……」曹操又不得不歎息，「小可入仕途以來，雖然小有清明，但追本求源皆依仗宦官勢力。為洛陽北部尉、杖斃寵臣之叔，說起來皆由父叔回護。慚愧得緊啊！」他順便把離京前曹嵩教訓他的一番話也學說了一遍。

哪知這番話講完，郭景圖昂首大笑：「哈哈哈……哈哈哈……」

「老先生莫非笑我是宦豎遺醜，仕途之事臭不可聞？」

「非也！非也！哈哈哈……」

「您笑什麼？」

「我笑你天生的好運氣！」

「好運氣？」曹操感到莫名其妙。

「嗯。好運氣。」郭景圖收住笑聲，「我老頭子要是有你這等家世，何必還在這裡養桑度日！」

「老前輩既然說好，晚生自然不敢爭辯，但實在不解，願聞其詳。」

「好！你聽我說。孔子曰：『三年無改於父之道，可謂孝也。』這話其實只說對了一半。」郭景圖正色說道：「那要看父之道是否順乎天意民心。你祖父原是好的，除在先帝策立之事上有虧，論及其他，雖是宦官，也堪稱良士。但是後代之人不能秉其正道，才至聲名狼藉。你道你為官二載不避權貴抨擊權臣，是靠父叔之回護，那你為何不能反過來想一想呢？」

「反過來想一想？」

「你既然有父叔回護，為何不趁此良機多行善事義舉呢？人不能易其所固，然能為其所欲啊！你就借著你父叔的勢力多鬥鬥那些閹賊，多為百姓造福豈不是更好？反正你有根基、有靠山，你只知不能借著他們為惡，卻不知可以借著他們為善吶！怪不得你千里遠行還要帶著那對勞什子的棍子。迂腐！愚鈍！」

曹操恍然大悟：「唉……昔日橋公每每訓教與我，經老人家點撥，才解其中深意。」

「哦？你識得橋玄？」郭景圖有些意外。

「我為官以來多蒙橋公訓教。」

「嗯。橋公祖果有識人之明啊……小子，你現在想想，是不是好運氣？老夫我若是有一門閹人親戚，當拍手相慶！真若是那樣，我便可以伸張我志，醫黎民之苦也！何至於在此桑園慘淡行事？」

「老前輩，您在這裡養桑幹什麼？」

「我郭景圖本有志拯救黎民，怎奈奸臣當道，即便為官也是徒受豎子所害。所以遍捨家財，在此養桑為生，所得桑葉皆予附近農戶養蠶織布，以盡綿薄之力。」

原來是這樣！曹操仔細思量：盡散家財於民，還要養桑施捨，這老人家也真是一代大賢。

「老前輩高義，令人佩服！」

「有什麼可佩服的？有多少力出多少力唄！」

「可有家人相隨？」

「原本有老妻相伴，現已亡故。我夫妻無兒無女，三年前，得一農戶孤兒，暫且撫養膝下，便是那環兒丫頭。」郭景圖捋了捋白鬍子，「可惜我年事已高，這個孩子又太小，日後我若有三長兩短，也是苦命的娃。」

「小可不敢折辱前輩，但前輩若有羽化登仙之日，小可願意撫養環兒，以全前輩心願。」

「好……好……好……」郭景圖又連連點頭，「曹家小子，你既然有匡扶社稷之志，大可隨心所欲。」

「隨心所欲？」曹操笑了，「小可年紀甚淺。」

「哈哈哈……子曰『十有五而志於學，三十而立，四十而不惑，五十而知天命，六十而耳順，七十而從心所欲不逾矩』是不是？人生七十古來稀，所以老朽不信那些。孔丘一人之事不可比之他人。」郭景圖的眼睛爍爍放光，「我只說五個字，『外化，內不化』！有這五個字，大可隨心所欲啦！」

「晚生受益匪淺。」曹操起身，深深一拜。

就這樣，又盤桓了兩日，曹操、樓異身體恢復，才與郭景圖、環兒依依惜別。待踏上驛路，見紅日高照，雪已融盡，曹操的心緒開朗不少。眼見只剩自己一騎與樓異相隨，不禁慼歎：「唉！我原以為五個從人已經算少，沒想到事到如今只剩下你我二人了。」
樓異卻笑道：「即便我一人，也當伺候大人安然無恙。」
「桑園那晚多虧你竭力相救。」
「小的是一個窮看門的，不過有膀子力氣。當初若不是大人提拔，現在還在洛陽北門混日子呢！大人有難自當盡命。」
曹操見他兀自扛著那對五色大棍，笑道：「你獨自扛這對棍，累不累呀？」
「說實話，小的很累！」樓異撇了撇嘴。
「哈哈哈……」曹操仰天大笑，「那就丟了吧。」
「不！這是大人您威震京師的見證。」樓異很認真地說。
「我當時也是一時興起，其實何必要有什麼見證呢？難怪郭老先生要笑。」
「郭老先生說的未必都對！」
「哦？」
「當初咱們若沒有帶這對棒子出來，早就在封丘地面叫匪人殺了！還有命走到這裡嗎？誰長著前後眼呀？」
曹操一愣：這話也是呀！
「世事難預料。」樓異把大棍又往上托了托。
「也罷。咱們但行好事莫問前程，隨遇而安吧！」曹操一抖絲韁，馬兒邁著輕快的步伐奔向前方。
在長垣休息過夜，轉天又行了一日，但見田野阡陌錯落有致，想必已經到了頓丘縣界。曹操、樓異腹中饑餓，投館驛用了幾個餅。驛丞見這官單馬而行甚覺古怪，細問才知是縣太爺到任啦！趕忙差人往縣衙送信，招呼他們迎接太爺。

曹操、樓異也不管那許多，填飽了肚子，也未知會一聲，主僕二人便又上了路。十里路轉眼就到，入了頓丘城。曹操見縣城雖小倒是熱鬧非凡，做買做賣熙熙攘攘，穿街過巷便至縣衙門前。

樓異見一個青衣著冠之人正在翹首向街上張望，笑道：「你找什麼呢？」那人一撣衣袖道：「無事之人暫且閃開。我在等著迎接我家大人呢！」樓異笑得更厲害了：「都到了你眼前了，你還不認識。」

「啊？」那人這才注意曹操：只見一匹瘦馬上端坐一個五短身材的年輕人，本就相貌平平，臉色又蠟黃消瘦，大病初愈的樣子，眼神倒頗為犀利尖刻；鬍鬚很長時間未修理，身穿髒兮兮的長服外罩一件有道口子的大貂衣——這就是曹嵩的公子，頓丘的縣太爺嗎？

曹操趕緊下馬，自懷裡摸出印綬：「我正是曹操，敢問閣下是哪一位？」那人趕忙下跪：「屬下是本縣功曹徐佗，倉促之中未能相認，望大人恕罪。」

「徐功曹快起！我這副模樣，就是自己看了也不敢相認呢！哈哈哈……」

徐佗受寵若驚：「剛才我已經打發馬車去接大人，大人沒見嗎？」

曹操很詫異：「沒有啊！」

「想必是大人您如此裝扮，那些勢利小人不識得吧！」只見從縣衙大門裡又躥出一個人。

「宜祿！你小子也到了？」

秦宜祿跪地磕頭：「金大爺！銀大爺！翡翠珍珠琉璃瑪瑙的我的好大爺！您總算是到了呀！我去了一趟譙縣，又趕到頓丘都比您快，您這是上哪兒去了呀？都快急死我了。」

「一言難盡啊！」曹操笑了，低頭看看自己皴皮的雙手。這時又聽笛聲陣陣，悠揚飄來，時而歡快時而婉轉。從縣衙裡走出個吹笛子的少年來，他搖頭晃腦也不理人，自顧自地把一首優美的曲子吹完。

「阿秉，你高了，也壯了，還英俊了。」曹操感慨不已。

「那是自然。」卞秉把笛子往袖子裡一揣，憨笑道：「我他娘的祖上有德，遇見您這麼一位好姐夫，如今姐姐也成了官夫人了。我就好比上足了糞的莊稼，他媽能不長進嗎？」

曹操一皺眉，道：「唉……滿嘴的混話，還是沒長進。你們到這兒幾天了？」

「前天就到了。」說罷卞秉湊到曹操耳畔，「我姐姐可想你呢！」

曹操臉一紅：「少跟我廢話！我爹還不知道呢，你別聲張。」

「我不跟著豈不成了拐騙？」卞秉振振有詞。

「你既然來了自當規矩些。一不許仗勢欺人胡作非為，二要改改你那一嘴的混話。」

「小弟記下了。您還沒進衙就說了這半車話，趕緊進去休息。」卞秉笑道：「我不住你這衙門，在街對面置下一座小宅。縣令上任沒有帶著舅爺的！」

「好！」曹操點頭贊同。

「我哪裡懂得這些？都是徐功曹辦的。」

曹操這才又仔細審視了一番徐佗，只見他三十出頭、淨面長鬚，眉梢眼角透出一股精明之氣，心下暗想：此人未見縣令，便先結買親眷，必定是善於鑽營之輩！便道：「徐功曹，這置辦房產所用可是衙門的錢？」

徐佗嚇了一跳，忙道：「下官不敢！」

卞秉也笑嘻嘻道：「姐夫你也忒多心，我們自讓縣出來，這一切的吃穿用度皆是曹德二哥臨行所給。」

曹操不禁感歎：「還是弟弟深思遠慮。」猛然間大門裡閃出個婀娜女子，含情脈脈望著他。曹操心頭一熱……我日思夜想的小娘子，咱們總算可以在一起了！

第十三章

做一個埋頭苦幹的小縣令

判斷疑案

匪風發兮，匪車偈兮。顧瞻周道，中心怛兮。
匪風飄兮，匪車嘌兮。顧瞻周道，中心弔兮。
誰能亨魚？溉之釜鬵。誰將西歸？懷之好音。

卞氏邊歌邊舞把一曲《匪風》演完，笑道：「『誰能亨魚？溉之釜鬵』唱的就是你！」
「那麼『誰將西歸？懷之好音。』說的自然是妳啦！」曹操不禁莞爾。卞氏捧過食案，恭恭敬敬跪在曹操面前，將食案舉得高高的遞到他手裡。

曹操接過來，順勢撫摸了一下她的手：「妳要學梁鴻、孟光舉案齊眉呀！」
「妾身不敢……」卞氏的臉一紅，越發顯得嫵媚動人。
「我看那孟光可比不上妳，」曹操挾了一筷子菜塞進嘴裡，「孟光雖是才女但畢竟相貌不美，年紀也比梁鴻大。妳可不一樣，相貌好，又能歌善舞，我得了妳是天大的福分！」
卞氏抿嘴一笑：「瞧你說的。」

「雖有千般好，可是咱們兩個怎麼能長久呢？」曹操大吃大嚼了幾口，又正色道：「我也是有正經家室的人，放著丁氏、劉氏兩個正經的妻妾在家，把妳帶在身邊，不主不僕的，還跟著個不著四六的小舅子，算是怎麼回事兒呀？」

卞氏聽他這麼說，小嘴立時撅了起來：「你樂不樂意已經這樣了，當初可是你把我搶回去的！我們在譙縣藏了這麼久，要不是德兒和夏侯兄弟周濟，早就被官府拿去了。我們姐弟為你受了這麼多苦，你就不往心裡去嗎？」

曹操原是故意逗她的，見她一副嬌嗔的樣子，心中暗笑，卻不變顏色道：「我也是沒有辦法呀！妳不知道，到現在桓邵、邊讓還把這件事到處嚷嚷，父親要是知道了，以妳的身分豈會容你進家門？我們曹家好歹也是公侯之後，名聲還要不要了？」

「曹阿瞞！」卞氏生氣了：「我還以為自己託身到一個堂堂君子懷裡，原來你也是滿口仁義道德，一肚子男盜女娼的負心漢！當初為了保全你功名，我們姐弟在茅屋受了多少苦？你要進京了，跑到我那裡信誓旦旦軟磨硬泡的，還說要和我永遠在一起，想起來就噁心……縱然我是個歌伎，幾曾做過下作的事？你不是人！你是畜生！嗚嗚……」說罷捂著臉哭起來。

曹操見這玩笑開大了，連忙換了一副笑臉道：「妳別哭，我是逗妳的！我豈能做負心之事？再說我哪裡捨得妳離開……別哭了……我剛幫妳畫的眉，哭了就不好看了……」

卞氏一下子撲到他的懷裡，杯盤盞碟都打翻了，她絲毫不理會，低聲抽泣道：「不准你胡說……人家多想你……一別就是好幾年，我住在那沒人煙的地方……吃的都是德兒駕車送來的，一個月才送一兩次……冬天和阿秉守在茅屋裡，寂靜時都能聽見狼叫……全都是為了和你在一起……」

「我知道……」曹操一手緊緊摟著她的腰，一手溫存地摩挲著她的秀髮，「以後我再不會說這樣的話，我會永遠把妳帶在身邊……以後見了丁氏她們要和睦，知道了嗎？」

「嗯。只要能跟著你，我什麼都答應。」卞氏仰了仰頭，一下子歪在曹操不怎麼健壯的肩頭。曹操這會子欲火中燒，用腳輕輕蹬開食案，把卞氏慢慢壓在身下，親著她的香腮鬢角……

這時隔著門傳來了樓異粗重的聲音：「大人，人犯劉狼已經拿到！請大人升堂問案！」

曹操暗罵一聲不是時候，慢吞吞爬起來整整衣衫嚷道：「知道了！大晌午的嚎什麼？我這就升堂！」說著在卞氏楚楚動人的臉上摩挲了一把，推門去了。

一出來正看見樓異滿頭大汗跪在門口，曹操在他頭上狠拍了一下，戲謔道：「你小子也長能耐了！劉家這麼硬的家室，說拿人你就拿來了，真不簡單呀！」

「我哪有這本事？要是依我的，打進去拿人，姓劉的早跑了……這都是舅老爺的功勞。」樓異低頭答道。

這時卞秉也笑嘻嘻走過來：「是我出的主意。拿這等土豪人物是要動腦子的。想當年大名鼎鼎的強項令董宣，那麼厲害的人物，在北海為拿一個地頭蛇都吃了虧，衙門險些叫人家砸了！咱們能不小心嗎？」

「你還真是長進啦！」曹操連連點頭，「竟還知道本朝史事。這些地方上的土豪確實是太過跋扈了！」

「沒吃過豬肉，還沒見過豬跑嗎？對付這等為富不仁之輩，就得我的叫花子手段！」卞秉一攥拳頭，「我打扮一番跑到他府上，說新任縣令的內弟求見他家老爺。這不，他以為上人見喜，屁顛屁顛就出來了，樓異他們一哄而上，沒費勁兒就拿下啦！他那些走狗家丁還他媽要搶人，我把刀片子往姓劉的脖子上一放，嚇得他爹娘祖宗一通叫，那些狗腿子就不敢過來了。現在已經把人關在了牢裡，恐怕這會兒他還沒明白什麼事兒呢！」

「有你的！」曹操朝他一笑，「抓差辦案那一套全會了。」

「那是！咱現在也有半掛子能耐啦！」卞秉一拍腰板：「跟著姐夫咱得長本事不是？要不然飯豈不嚥到狗肚子裡去了？我這都是要飯的把式，要不是您當年一棒子廢了桓家那老龜蛋，這會兒我他媽早不知道埋哪兒了呢！」

曹操連連搖頭：「我說你這毛病什麼時候能改改？一嘴髒話！你如今好歹是算個官親了，滿市井這麼胡說八道，你不要面子我還要呢！」

「是是是！」卞秉諾諾連聲，不敢再說什麼了。

「我要升堂了，你不是衙門口的人，老爺問案舅爺摻和像什麼話？到配房陪東阿縣的官差說說話吧！」說罷領著樓異轉到前衙。

曹操到任都半年多了，卻還有一樁遺案尚未了結。

佃農王三狀告頓丘縣地主劉狼殺人，這王三家四代都為劉家種田，僅僅因為王三他爹丟了劉家兩頭耕牛，劉狼一氣之下竟唆使家丁將王老爹活活打死。王三去理論，被劉家揍了一通，還被逐出田地斷了生計，無奈之下跑到縣衙狀告劉家，可前任縣令不敢招惹劉狼，只扔給他點兒錢了事。原來這劉狼不僅是一方地主，更是劉家宗室之後，一般縣令不敢管。王三不服幾番來告，縣令就是不准，整整耗了一年半，直耗到縣令爺一場暴病死了，聞聽曹孟德上任，王三又來接著告。

曹操現在深知土豪之害，而劉狼又是頓丘縣最張狂的地主，若要樹立聲威治好頓丘，必先拔掉這顆釘子。正愁抓不到題目，一聽王三告狀當時案子便准了。可拿人卻是問題，劉家府大人多，又勾著上層的官兒，別說不能進去捉拿，就是進去拿人劉狼也能趁亂脫身，左不過拿個家人管事出來頂罪。多虧卞秉花花腸子多，竟不費吹灰之力將劉狼誆了出來。

「升堂！」樓異衝著堂口一聲喊叫，少時間袁、方兩位頓丘縣班頭帶眾衙役列作兩行，一色青衣小帽齊整，個個站立筆直。曹孟德撩衣彈袖當中而坐，縣功曹徐佗一旁侍立觀審，堂上一片威嚴肅靜。縣衙外面可開了鍋了，別說縣城裡的百姓，就是十里八村受過劉家欺壓的人都湧到了。

雖是八月天氣，畢竟秋老虎賽過伏，真真化金流火的天氣，萬里晴空纖雲不見，一輪火紅的太陽照下來，曬得大地焦燙，幾百號人堵著衙門口往裡張望，人挨人人擠人，熱得汗透了薄衫。衙寺外院大門敞著，來得早的老百姓都擠到了大堂口，樓異帶著幾個兵丁把住大門維持秩序，連聲喊叫：「別搡了！別搡了！大堂口觀審得講規矩，誰要再擠進來留神我鞭子抽！」好半天百姓才漸漸安靜下來。

曹操微微一笑，對徐佗說：「天熱人情也熱！看我這新任縣令斷下這遺案，開個好彩頭！」言罷倏地轉過臉來，圓睜鷹目，斷喝一聲：「帶人犯！」

幾個衙役應聲而去，頃刻間便押著劉狼進來，按倒在地，叫他跪好。劉狼到這會兒還一肚子懵懂，但隱約感到這位新任縣令打算要自己的命，低著腦袋不敢言聲，暗自盤算該如何應對。這時，耳邊炸雷震聾欲聵，聽曹操冷森森問道：「劉狼！你可知罪？」

「草民不知何罪。」劉狼強打精神，抱著沒病不怕吃涼藥的心態頂了一句。

「不知何罪？」曹操突然變得和顏悅色，一點都不像問案的樣子，探身伏在公案上，口中娓娓問道：「你是真不知道何罪，還是虧心事兒做多了，不知道哪件犯了案？你回頭看看這堂外的百姓……方圓幾十里的窮人都招來了，你劉某人的人緣走得不錯呀！你瞅老鄉們看你是什麼表情？這會兒要是把你燉鍋湯，恐是不夠分的了。」

劉狼還真斗膽扭頭看了一眼——黑壓壓一片！前排還有幾個面熟的，都是被他壓榨過的佃農，其他的必定也不是好交情。他心頭一顫，但畢竟虎死屍不倒，馬上鎮定住；於是回過頭來戰戰兢兢嚷道：「大人所言草民不解，若有人狀告於我，自當請人當面對質。大人擺下這麼一個陣勢，是要誆我劉某人不成？」

「我只誆過名士重臣，誆你這樣的勢利之徒？你也配！帶王三！」

王三搶步上堂，慌忙跪倒：「求大人為草民做主！」

「別著急，慢慢講。」曹操對他的態度倒是相當好。

王三早就憋了一肚子怨氣，仇人見面分外眼紅，指著劉狼的鼻子將他平日怎樣欺壓佃農，如何強租耕牛，如何打死他爹，怎樣把他痛打逐出田莊，連帶著別人家陳芝麻爛穀子的事，一五一十地道了個明白。

曹操也不打斷，待他全說完，才一拍驚堂木：「劉狼！打死王三父親之事可有？」

「此事我不知情。打死他爹是我家僕人所為，去年這幾個人已經離開我家，另投別處去了。」劉狼搖頭晃腦，說得滿不在乎。

「哦？投到別家去了？」曹操一笑，「投到誰家去了？」

「這我不知道，腿長在他們身上，想去哪兒豈由得我？」

「胡扯！你這披著人皮的畜生！」王三見他抵賴，勃然大怒，爬起來扯住劉狼的衣帶掄拳就打。劉狼是容養已久的人，兩拳下去臉頰已被揍得烏青。頓時堂上亂哄哄，兩旁衙役趕忙將兩人拉開。

「大人！這狂徒誣告在先，還敢攪鬧公堂，當眾打人，他眼裡還有王法嗎？還不把這個狂徒拿下問罪！」劉狼捂著臉，兀自扯著嗓子大呼小叫。

「這堂我說了才算！」曹操不慌不忙道：「肅靜！都給我閉嘴……劉狼！你放縱家人行凶，至少還有治家不嚴的過失，叫他打兩下出出氣也無妨嘛！」

「大人做的是哪裡官？放縱狂徒毆打無罪之人？」

「住口！」曹操拍案大吼：「你當真無罪嗎？你說你不知那幾個僕人的下落，本官卻知道，把人帶上來！」

幾個衙役應聲而去，頃刻間便押著四個鐵鎖鋃鐺的人犯走了進來。這四個人不知已經過了多少次堂，瘸的瘸拐的拐，衣衫襤褸不能遮體，頭髮散亂得像枯草，汗漬血跡布滿全身，一個個面色慘白委靡不振，半死不活地垂著腦袋趴在地上。

「劉狼！睜開你的眼，看看是不是他們幾個？」曹操似笑非笑道。

劉狼一見他們，身子已然木了半邊，正要抵賴，卻聽曹操笑道：「沒想到吧！你以為給他們錢把他們打發走就完了？怪只怪他們幾個不爭氣，到東阿縣犯歹，讓縣令萬潛逮了個正著。這不是叫人家披紅掛彩禮送回來了嗎？」笑罷又問那幾個人：「你們幾個也說說吧！是你們挾私怨打死王老漢，還是聽了你家主人吩咐幹的？」

「是聽了我家老爺吩咐幹的。」這四個人因為滋事，已先被東阿令萬潛拷打兩頓，扛枷戴鎖硬生生被押回了頓丘，又讓曹操再過一堂，這會子早就被收拾得服服帖帖了。

「你們胡說！血口噴人！」劉狼眼中已經流露出恐懼了。

「老爺您不要再抵賴了……」一個被打得臉上滿是血印的僕人勸道：「您留神皮肉之苦吧……我們剛進來時比您還橫呢，這會兒您瞧瞧……」

劉狼臉色霎時雪白，但依舊振振有詞道：「我認罪……不過大人，此案係去年發生，年初已有大赦，縱然殺人罪實，您也斷不得我的罪。」他這麼一講曹操倒是呆住了。年初大赦的事屬實，這該怎麼辦？扭頭看看衙門裡姓方的、姓袁的兩位班頭，倆人都微微搖頭，示意他不要治罪。曹操心中一陣惱火：這衙門的老人平日必定與姓劉的有牽連！想至此輕輕扭轉身子，斜了一眼徐佗，看似漫不經心地問道：「徐功曹，您以為如何？」

徐佗是老刑名，何等八面玲瓏？曹操還未上任，他便把曹操的根底、履歷、脾氣秉性打聽了個八九不離十。這會兒聽他如此陰陽怪氣地問自己，情知事發赦前，曹操若斷便壞了規矩，卻一概不管，故意順著他的心思道：「國家大赦，不可不察……然此案前任縣令並未審查，下官認為當以今日之時為立案之期，劉狼等人之罪不在赦中。」

要的就是這句話！

曹操咬牙獰笑道：「劉狼縱家奴害死人命，又咆哮公堂百般抵賴，將他連同四名共犯遊街三日，然後打入死囚牢！」又是死罪，又要遊街，滿堂譁然。兵丁扯著幾個人就往堂下拉，劉狼這下真是嚇傻了，蹬著兩條腿大叫：「大人饒命，饒命呀……袁班頭！方班頭！收了錢為什麼不救我？」

「且慢！」曹操一聽連忙叫住，狠狠掃視了一眼兩個班頭。方、袁二人被他看得身子一矮！袁班頭一張青臉唬得煞白，慌忙跪倒，口中嘟囔道：「豈有此理……血口噴人……罪不容誅……大人您不要聽他的。」曹操不理他，對劉狼道：「你把話說完！」

「袁班頭、方班頭，你們怎麼答應我的？絕不會叫縣令治我罪，這話是不是你們說的？」劉狼一席話，門裡門外頓時開了鍋。徐佗也倒吸一口涼氣：好險！衙役班頭吃黑錢是常有的事，自己原做過這樣的事，幸虧自曹孟德上任就不再沾了，要不然像袁、方二人一樣撞在曹操手裡，豈還有下場？

果不其然，曹操笑呵呵地看著袁、方二人道：「怪不得一上任你們就攛掇我斷這案子，後來又說劉家勢大勸我緩辦呢！」

「大人！我來替他們解釋一下吧。」徐佗也笑了，「翻出這案子是為了放出風叫劉家塞錢，當然要攛掇您快辦，後來錢到了手要與人消災，自然就主張緩辦。」

曹操點點頭：「好心計呀……你們兩個可知罪？」

「小的、小的知罪了。」袁班頭慌忙叩頭，「求大人饒了我們這一遭吧，往後不敢了。」

「可惜沒有往後了……」曹操騰地站了起來，「各打二十板子，遊街三日，然後……捲鋪蓋回家吧！你們都聽著，今後誰再敢收受賄賂，四十板子，遊街六日！再有者，八十板子，遊街十二日！我就不信小小一個頓丘縣，貪婪俗吏打不絕！堂內堂外的人都給我聽著，以後誰再聽說衙門有貪贓收受之事，告到我這裡來，我扣貪贓人的俸祿獎賞他！」

「好！」也不知哪個百姓帶頭喊了一嗓子，頓時人群裡熱鬧起來，百姓歡悅的聲音此起彼伏。樓異親自操棍把兩個班頭打得皮開肉綻，然後一干人犯扛枷戴鎖，被押出去遊街。百姓見了惡霸、俗吏哪個不恨——這個扔石塊，那個上去踹一腳，沒一會兒工夫，劉狼等人就被打成花瓜了！

衙門諸人直跟到大門口，見百姓圍著人犯興沖沖去遠了，徐佗趕緊提醒曹操：「縣令大人，這麼處置恐怕不妥。用不了兩天，這幾個人不被打死也得被折騰死。」

「罪有應得！」曹操狠狠咬了咬牙，「若不是他們罪孽深重，百姓豈會為難他們，熬不過這三天——死了活該！」

「這……」

「不用說了！要是人犯死了被朝廷追究，我一人擔當！陽球、王吉的本事我都見識過，只要見成效，學他們當個酷吏也無妨……不說這些了，你隨我到後面坐坐。」

徐佗知道他的性子，多說也無益，便垂手隨著他往後衙去。剛過二門，就見卞秉和一個看樣子三十來歲的官人在一處說笑。

「來來來，徐功曹。」曹操拉過那個年輕官人，「我為你引薦，這位官人名喚程立，字仲德，乃東阿縣功曹萬縣令派來給他們送人犯的……這位就是本縣功曹徐佗。」

徐佗聽是萬潛打發來的人，不敢怠慢，上前施禮並細細打量，見這程立個頭甚高，相貌英俊，非似衙門口的俗吏。

「徐功曹，剛才我一直在後面聽著。您對那兩個班頭緩辦嚴辦的解釋，還真是鞭辟入裡呀！」

呢？」

程立笑呵呵地說，「但是閣下既然是老刑名了，能見人之未見，為什麼既見端倪而不提醒曹大人呢？」

徐佗一愣：這人精明刻薄！連忙跪倒低頭道：「下官有罪！」

「罪倒談不上，只是這樣的用心不好。」曹操接過了話茬，「你雖然未受賄賂，但多少也是幫著他們欺上了。現如今是我在這裡當官了，過去你在別人手底下，也未必手裡就乾淨吧！」

徐佗嚇得連氣都不敢出，卻聽程立又解勸道：「當官的撈錢，現在都快成天經地義的事了。這樣的大案徐功曹沒有插手，已經是很難得的了。再說這也是前任縣令時的齷齪事，既往不咎嘛！您已然把兩個班頭的命豁出去了，難道真想把這縣衙裡舊員全攆走嗎？那以後誰還敢在您手底下效力呢？」

「唉……起來吧！」曹操攙起了徐佗：「這事就算了，不過就像我剛才在堂上說的，從明天起這衙門裡再不可有一點蠅營狗苟的事兒！老方、老袁栽了，給兩家送點兒錢，別叫人說跟著我做事沒好下場，明天起樓異補班頭。」

徐佗諾諾連聲，總算鬆了口氣：「屬下以後必當忠誠做事，再不敢欺瞞大人。」

「行了，老兄，放輕鬆點兒！」程立拍了拍他肩膀，「跟著曹大人是你的福分！各種的差事放膽去做，管他什麼宗室、土豪，該辦就辦！哪個督郵下來敢說個不字？曹老卿爺的大公子，他們惹得起嗎？」說罷哈哈大笑起來。

徐佗臉上帶笑，心裡卻暗暗叫苦：「好你個程仲德，打一個巴掌給一個甜棗，真有你的！」

曹操渾然不覺，沉浸在自己的心事裡：「我雖行得正走得直，但也仰仗父親的關照……還是貴縣萬縣令，清如水明如鏡的官兒，真把個東阿治理得夜不閉戶，曹某人心服口服。」

「用我們萬大人的話說，他這輩子就是吃虧在直上了，若是能巴結好上差、不得罪權貴，這會兒早當上列卿了……可是能造福一方黎民，切切實實幹點兒實事又有什麼不好？現在他受人愛戴，就是給他個體面的京官他也不去了！」程立感慨道：「得了，我的事也辦完了，這就回去交差。曹大人、徐功曹、卞公子，咱們後會有期，卑職告辭了。」

「一路走好，日後有機會我一定要去拜訪萬大人！」曹操關照了幾句，想要送他出去，卞秉卻拉住他的手耳語道：「秦宜祿給老爺送信回來了，剛才問案沒告訴您，他帶了老爺的回信，在屋裡等著您吶。」

曹操聽了，便叫徐佗、卞秉相送，自己趕忙進去看信。

「小的給大人問安！」秦宜祿最會來事兒了，「幾日沒見大爺，爺您好像瘦了。」

「真心為民辦事，自當操勞辛勞，既然已經許下志願，瘦了總比食言而肥的好。」

「您說的是，大人是好官清官。」秦宜祿永遠不會忘了拍馬屁。

「叫你自京師採買的東西可辦來了？」

「回爺的話，一應吃穿用品置備已齊！」秦宜祿笑答。

「起來吧！差事辦得不錯，這麼快就回來了。明兒起個大早，帶著東西速往長垣縣桑園，贈與郭景圖先生，多說好話！」曹操微然一笑，「再給你個新差事，等你回來，跟著樓異一塊當班頭。記住，手底下乾淨點兒！」

「謝爺的栽培。」

「嗯。父親身體還好嗎？心情怎麼樣？這次進京見沒見到鮑信？有橋公他老人家的消息嗎？」

曹操接過曹嵩的書信問個不停。

「老爺身體康健，見了您的信還頗為愉快呢。」

「這就好。」曹操離京時父親閉門不見，這會兒聽秦宜祿說他愉快，總算是放寬了心。

「另外，這次小的特意拜謁了鮑公子，他大哥鮑鴻上個月剛得了官，正慶賀呢！」秦宜祿繼續道，「橋公仍然是託病不任事，聽聞皇上就是不放他還鄉，有意叫他轉光祿大夫與楊公對調。還有王儁公子被三公征辟，卻一概不受，好像是不打算當官了……」

「啪！」曹操看著半截信突然拍案而起：「狗奴才！你回去怎麼說的？我收留卞氏姐弟的事我爹怎麼知道的？」

「小的不知！」秦宜祿撲通一聲跪倒。

「你不知？頓丘洛陽遠隔千里，你不說他怎麼會知道？」

「小的實在不知，我怎麼有這樣的膽子？」此事確是秦宜祿告知曹嵩的，他卻故作一臉無辜，「況且將此事告知老爺也與我無益呀！爺一定要明察。」

曹操死死盯著秦宜祿，平日諂媚的笑容還是迷惑了判斷，他良久才諾諾道：「應該不是你……那他是從何而知呢……到這裡都逃不出他老人家的手心……」畢竟曹嵩的眼睛長，當初護送何顒都能知道，曹操便沒再懷疑秦宜祿，而是把這件事往二叔曹熾的身上聯繫。

「您不要多心，」秦宜祿鬆了口氣，眼珠一轉道：「我料老爺不過是想為您周全些事。」

「唉……」曹操將書信放在了案上，「周全？真是周全！他叫我把卞家姐弟攆走，我怎麼能如此不義……」這時外面一陣說話聲，想必是徐佗、卞秉回來了，他連忙將書信捲好，塞在袖子裡。

抗詔縣令

熹平六年（公元一七七年）八月，大漢對鮮卑發動了戰爭。這一仗動用了漢軍六萬，兵分三路。以匈奴中郎將臧旻、護烏丸校尉夏育、破羌中郎將田晏為統帥；還特請南匈奴屠特若屍逐就單于，徵調并州八郡的匈奴部族配合漢軍行動。

雖然是一場聲勢浩大的戰爭，但令人意想不到的是，戰爭的起因卻是由一樁醜事引發的。中郎將田晏因事獲罪，為了擺脫牢獄，以重金賄賂中常侍王甫。王甫見錢眼開，但卻無力挽救，搜腸刮肚數日，竟想出煽動對鮮卑作戰，借機保舉田晏將功贖罪的荒唐主意。

鮮卑雖與漢廷小有衝突，但其首領檀石槐倚仗武力暫時統一部族，內部矛盾重重，基本上對漢朝沒有重大威脅。王甫以封狼居胥、燕然勒石的舊事慫恿劉宏，引發朝議。以蔡邕為首的老成大臣紛紛上書表示反對，可宦官和一心往上爬的中下級武將勢力卻大唱讚歌。最終，利令智昏的劉宏還是做出了錯誤決定，對鮮卑宣戰。

皇帝上嘴唇一碰下嘴唇，天下可就開了鍋。因為數年來大漢針對的敵人一直是羌族，所以如何從膠著的西北戰場收手並轉移到東北，成了難題。苦於兵力嚴重不足，劉宏下令自河朔諸州徵兵。政令一下，冀、青、幽、并四州都開始強徵男丁入伍。

朝廷政令下至頓丘縣，曹操馬上找來徐佗商量對策。

「今朝廷要徵兵入伍，但我頓丘縣人丁甚少。雖說整治了幾個豪強大戶，但是前幾年的饑荒還沒有恢復，眼瞅著冬天又到了。韓非子有云『故冬耕之稼，後稷不能羨也』，這要是耽誤了可不得了。一場仗打下來，幾年都緩不上這口氣。」曹操頗為憂慮，「您資歷比我深，在縣裡待的年頭也比我長。遇上這樣的事，當如何上奏呢？」

徐佗嘿嘿一笑：「大人，您想得也太多了。既然朝廷有政令到此，照章辦事就行了。」

曹操一皺眉：「話雖如此，只是苦了我頓丘的百姓。」

「國家有令，豈可不從？百姓即便受苦也是職分應當的。」

「什麼應當不應當的？」曹操瞥了他一眼：「若以我的見解，這一仗就不該打！檀石槐的這個鮮卑單于是靠殺人殺出來的，部族本身就對他不服。而且他也一把年紀了，將來老了或者死了，鮮卑群龍無首，馬上就會內亂。到時候用不著打，冊封他幾個首領，煽動他們內亂，用不了幾年的工夫鮮卑就瓦解了。現在出塞打他們，他們本來不和，反會因為有外敵而團結起來。再者，咱們漢軍不適合草原作戰，徵兵勞民傷財不說，動靜也太大，只怕還沒出兵消息就傳到檀石槐那裡了，他們準備好了跟咱玩命，那還怎麼打？要是一仗敗下來，兵、糧、財三傷，到時候連掉過手來對付羌人都難了。」

徐佗趕緊解釋：「話雖如此，但是……」

曹操根本不聽他講話，兀自闡述著自己的看法：「堅守邊防以待其內亂，才是上策！城牆該加築的加築，邊郡可以組織民兵巡查、保護百姓和良田，這花不了什麼錢，只要皇上把修園子的錢挪出一點兒來就全有了……」

徐佗這半年多已經被他訓斥慣了，早明白他的性情，也不敢打斷，索性給個耳朵，有一搭無一搭地聽著。直等到他沒什麼可說了，才插言道：「大人說的都對，但是聖上聽不進去呀！如今政令已經下來，您即便不樂意，又能如何？」

「我上疏言事，看能不能挽回聖心！」曹操氣哼哼道。

「大人，朝中豈能無有忠良耿介之人？那楊公、橋公、馬公、蔡大人，哪個不是憂國憂民股肱棟梁？屬下恕個罪說，他們都不能挽回聖心，您區區一個縣令，別提能不能說動皇上，就是表章能不能遞到他手中都很難說呀！」

這倒是實話，當初他的表章不是半路上就被曹節扣押了嗎？曹操歎了口氣：「即便如此……這等差事，如何能辦？」

「大人，冀、青、幽、并多少個縣？人家都在徵兵，咱們也該遵令行事才對，不能在這件事上出毛病，這可是關係前程的大事，倘若抗詔行事，王法無情啊！」

曹操把手一攤：「大不了我不當這個官了。」

徐佗知道今天這曹孟德的倔勁又上來了，若是硬頂下去，他急了能給自己一個嘴巴。眼珠一轉，改口順著他講：「屬下知道您愛民如子，自上任以來行下不少善政。可是您若不做這個縣令，頓丘的百姓還指望誰？不為自己想，也得為百姓的今後想想。您頂到最後，左不過換一任縣令，到那時該徵兵還是要徵兵的，一個人少不了。」

這兩句話才算是打到曹操心坎裡，他低下頭默然不語。徐佗趕緊趁熱打鐵：「大人，俗話講長痛不如短痛，這件事情越拖，朝廷就越要催促追究。到時候官兵抓、皮鞭打、繩子拉，百姓遭的罪更大，而且您的前程也耽誤了，以前做的那些善政也就前功盡棄了。」

「天要下雨誰能奈何？要想馬兒跑得快，先得餵好草料，不給草料一個勁拿鞭子趕，早晚牠脫韁而逃……你不要再說了，去吩咐樓異、宜祿他們辦吧。」曹操這才勉勉強強答應下來，「不過，照章辦事，切不可騷擾百姓。」

翌日起，自頓丘縣衙遍貼朝廷文榜，招集各鄉嗇夫、有秩按數抽丁，由徐佗帶領樓異、秦宜祿督辦。曹操是不忍親自辦這等差事的，苦悶在衙門裡等候民詞。

哪知政令頒下三天，訴訟之事沒有，卻有大量的百姓跑到衙門來請願，要求赦回自家親眷不要上戰場。曹操剛開始還硬著頭皮開導他們，說是朝廷的政令不可違抗。到後來百姓越聚越多，曹操也只好緊閉大門，強自忍耐。半年多的善政毀於朝廷一紙詔命，他覺得自己實在是沒臉再面見鄉親們了。忽又見樓異慌裡慌張跑來道：「大人，我瞧見太平道的人了。」

「哦？」

「今日我和宜祿帶人在南鄉徵丁，恰遇見太平道的一夥人傳道。我已經打聽過了，那幫人專在徵兵之地活動，鼓動不願從軍之人隨他們離鄉修道。」

「這還了得！我看這個太平道是別有用心。」

「我看也是。」說著樓異自懷裡掏出幾張帛書、黃紙交到他手裡，「小的不識字，您看看吧，這是太平道的人散發的符咒。」

曹操拿過來細看，黃紙上所書皆是咒語文字。奇怪的是這些字不是常人看得懂的，盡是天、地、人、金、木、水、火、土的組合體。再看那帛書，倒皆是成語句，宣揚中黃太一之道。他把玩了半晌，吟道：「中黃太一……中黃太一……」

「大人知道這是什麼玩意嗎？」

「我聽父親念叨過，先帝重用宦官五侯的時候，有個叫襄楷的平原人曾經以布衣之身跑到皇宮進諫。他雖是一介平頭百姓，卻威風凜凜毫無懼色，把滿朝的奸臣、宦官罵了個遍，要求皇上勵精圖治親自理政。當時還帶了一本書，美其名曰是方士于吉在陽泉得仙人所賜，書名《太平清領書》。」說罷曹操指了指這兩張帛書：「我年紀尚輕未曾得見，不過《太平清領書》所述就是中黃太一之事。想必這幾張帛書便是從那書中抄錄下來的……要真是這樣，這些都是朝廷嚴令收繳的邪書。」

「邪書？」樓異大吃一驚。

「當年襄楷進諫，先帝不納。時隔一年之後，他再次上疏，這一次措辭極為膽大，甚至直接罵了皇上。先帝大怒，將他打入天牢，後來多虧陳蕃竭力挽救才得免一死。可是《太平清領書》因為涉及五行方術，卻被定為禁書，嚴令收繳焚毀。民間還流傳一些，都是殘缺不全的。」

「哦，原來如此。難怪張角一派勢力叫太平道呢！」

「哼！想那襄楷乃是一代不屈的名士，怎麼可能以邪道蠱惑人心呢？」曹操把杏黃的符咒舉起來，「《太平清領書》本沒有什麼妖異之處，倒是這些牽強附會的咒語才是應該禁絕之物。」

樓異接過去，又仔仔細細相了一陣子面：「那些人把它傳得神乎其神，什麼又能治病了，又能驅邪了，又能祈福了。我看不過是胡編瞎寫的破玩意！別看我老樓不識字，閉著眼睛也能畫出幾張來！這等低劣的把戲，騙小孩兒還差不多。」

「你想得真簡單！」曹操冷笑道，「當年王莽興圖讖，開始時世人也道是邪術，後來怎樣？把我大漢江山都篡奪了，光武爺復興漢室靠的不也是圖讖啟示嗎？邪書本身不可怕，但是卻能附會於正道；古往今來，邪術附會正道是最能移人心智的。」

樓異眨巴眨巴眼，這些深奧的話題他是弄不明白的，卻趕緊提醒道：「大人，現在咱們該怎麼辦？」

「你去把傳教之人抓起來，以蠱惑人心之罪懲處。繳獲的邪書一律焚毀！」說罷曹操又看了看那些帛書，「你注意到這些縑帛的質地了嗎？這絕不是一般家織的粗布。想想吧，一張傳教的帛書尚且這樣講究，他太平道裡面豈皆是窮苦人？必有心計深遠之人在其中謀劃，狼子野心昭然若揭！」

「屬下這就帶人往南鄉去抓人。」樓異請示道。

「等等！」曹操冷笑一聲，「我這就更衣，親自帶人去。倒要領教領教他們有多大本事。」

曹操後堂換武弁，挎了青釭劍，又挑了十個精幹衙役兵丁。可剛一開門就被請願的老百姓團團圍住。這些人除了老漢就是老嫗，一把年紀晃晃悠悠的，兵士也不便推搡。還有幾位嗇夫、里長也來了，勸著自己村裡的老人趕緊回去。

大家見縣太爺出來了，齊刷刷都跪倒一大片，請求留下自己的兒孫。這些鄉下老人也真有辦法，不拉不扯，只跪得嚴嚴實實，就是不叫縣太爺出去。曹操帶著諸兵丁攙起這個跪下那個，攙起那個這邊的又跪下了，安慰的話說了半車還是出不去。最後樓異急了：「諸位鄉里百姓，大人現在有要案去辦！大家速速閃開，等大人拿了人犯再和大家敘談。再不閃開，誤了公事是要下大牢的！」老人們這才閃開道路，可還是坐在衙門口，就是不肯走。

曹操這會兒也顧不得他們了，帶著眾衙役急急渴渴往南鄉趕。出了頓丘南門，還未到南鄉，又見一群人拉拉扯扯而來。有衙門的兵丁，也有百姓，大人哭孩子鬧，吵得沸反盈天，徐佗、秦宜祿也在其中。只見秦宜祿揮舞皮鞭驅趕百姓，兀自罵道：「這是國家的法令，你們都不要腦袋了嗎？土豹子都給我滾開點！」

曹操看了心裡光火，過去一把揪住秦宜祿的脖領子，甩手就是一巴掌：「好兔崽子！在這裡作威作福，你說的那是人話嗎？」

秦宜祿被打了個滿臉花，自他跟隨曹操以來，憑著一張好嘴，從未被他發作過。今天見他真急了，趕緊跪倒在地：「大爺，小的錯了……小的錯了。」眾百姓一見做主的來了，都連滾帶爬圍到曹操膝前，七嘴八舌地哭訴：

「我兄弟冤枉，他還沒成年呀。」

「我兩個兒子全被他們抓了，求太爺做主！」

「老爹爹年紀大，上不得戰場了。」

「你們已經抓了我一個兒子走，再不能抓第二個了。」

曹操越聽越生氣，自兵丁手裡拉過一個小男孩來，指著秦宜祿的鼻子咆哮道：「你他媽瞎了眼還是黑了心？這麼小的孩子也能上戰場嗎！你們就忍心叫他送死去？」

秦宜祿嚇得腦袋都要紮進褲襠裡了。

「你他媽說話呀！」曹操一腳把他踹倒在地。

秦宜祿捂著被他踢得生疼的肩膀，哆哆嗦嗦支吾道：「都是、是……徐功曹吩咐的。」

曹操聽罷，刀子一樣的眼光掃向徐佗。

徐佗嚇得身子一矬，辯解道：「這些家的男丁都逃了，屬下也是迫於無奈才……」

「放屁！你家未成丁的孩子能上戰場嗎？」

徐佗也是滿肚子的牢騷，自在衙門當差以來，也跟著幾任縣太爺做過事。雖說也有兩個顧及清官名聲的，可都是雨過地皮濕，沒有一個像曹操這樣釘是釘，鉚是鉚的。徵兵這樣的事，天下的郡縣都是一樣的，怎麼到了他手裡就這麼難呢？

「大人息怒……歷來這等差事都是這樣做的。」

「到我這任就不能這樣幹！」曹操嗓子都喊啞了。

徐佗聽他句句話都是橫著出來的，也不敢再說什麼了，只得把頭一低等著他吩咐。

曹操環顧了一圈四下的百姓：「我曹某人行事有失、用人不當，我給大家陪禮。各家的男丁不要再出去躲藏，在咱這頓丘縣什麼事都可以商量，可是跑出去再被別的縣抓了壯丁，我可就束手無策了。還有，誰家的人跟著太平道的人跑了，都給我尋回來，那些太平道的人不可以接觸，早晚是要招惹是非的。」

一個腆著大肚子的女人過來抱住那孩子，哭哭啼啼道：「大人啊，我們不想打仗。我家裡的田地全指著我男人，也就是這孩子的哥哥了。他要是走了，家裡公公婆婆、我肚子裡的孩子，還有這未成丁的小叔叔，我們都得受罪呀！」

「是啊是啊……」眾百姓又議論起來。

曹操歎了口氣：「大家不要再說了，這兩天徵的兵，還有被抓的壯丁全部釋放回家！」又回頭掃了一眼徐佗，「這件事咱們還得再議，看能不能爭取自願。」

爭取自願？那就一個兵都徵不來了。徐佗話都到嘴邊上，卻沒敢說，又咽了回去。

「都回府吧！」曹操趕散了眾人，這才想起今天出來的目的，趕緊領著自己的人又往南鄉趕。半路上又喊又鬧折騰了這半天，那些太平道的人得到消息，早跑得一個不剩了。曹操詢問百姓，誰也不知道他們從哪裡來，卻有四五個逃兵役的人跟著跑了。他只得挨家挨戶探望，說明情況，希望各家能把逃出去的人尋回來，又把嗇夫找來仔細交代了一番才算完。

乘興而來敗興而歸，曹操一行人耷拉著腦袋往回走。他謀劃著怎樣才能在頓丘縣禁絕太平道，這些人都是四處流竄摸不到蹤跡。忽又想起縣衙外面還坐著一大群老人呢，曹操的腦袋疼得都快要炸開了。

好不容易灰頭土臉回到縣城，大老遠就見縣衙大門敞著。

有幾個老漢肩並肩坐在門檻上，旁邊一個人點頭哈腰好像在跟老頭說好話，細一看是卞秉：

「列位大爺，您老幾位快回去吧！事兒你們也跟我講清楚了，等我們大人回來，我一定轉告還不成嗎……您、您別在這兒沖盹兒呀！哎喲大爺，您是我親大爺！您是我親爺爺還不成嗎？您快點兒走吧，爺爺！」

「嘿！你在這兒瞎認什麼親戚呀？」曹操都叫他氣樂了。

「姐夫，您可回來了。我想過來看看您，衙役開門的工夫，大爺大娘們都湧進去了。衙門全亂了！」

曹操看看坐在門檻上的幾位老人道：「老人家，你們都回家去。本官已經下令將這兩天徵的男丁都放回去啦。」

幾個老人面面相覷，又問道：「大人說的可是實話？」

「本官怎會欺瞞各位？快回家跟兒孫團聚吧。」

「這兵不徵了？」

這句話該如何應對？曹操想了想才道：「今天先不徵了，待我們幾個商量商量，明天一準給大家個說法！」

「好！您說啥我們都信，明天等著您的好消息。」幾個老漢這才起身讓開大門。

可進了門更熱鬧，上到大堂，下到院落，老頭老太太都坐滿了。曹操又把剛才的話原原本本說了一遍。

這些上歲數的人，耳聾得厲害，徐佗、樓異、秦宜祿、卞秉帶著眾衙役一個一個對著耳朵嚷，好半天才把眾人都勸走。曹操不放心，又叫眾衙役兵丁倆人攙一個，把眾老人安全送回家。

卞秉總算鬆了口氣：「姐夫你忒好心，平日裡對他們太好了，他們才敢闖到衙門裡來。」

「罷了，一群老人，計較些什麼。」

「不是這層道理，」徐佗也插了話，「縣衙之地叫百姓隨隨便便的闖，這為官的臉面都失了。」

曹操白了他一眼：「老百姓不得安生，為官的才沒臉面呢！老百姓哭，為官的富得流油，作威作福，那不叫官，那叫畜生！」

「那從古至今，天底下的畜生可真不少！」秦宜祿趕緊湊趣。

「少理我！」曹操狠狠瞪了他一眼，怒道：「媚上欺下，瞧你那奴才樣兒！」

「我可不就是您的奴才嗎？」

曹操瞧他嘻皮笑臉的，也拿他沒辦法，道：「快把大堂收拾收拾，亂死了！」

「大爺，剛才好像有幾個老婦，跑到後堂去了。」

「啊？」後堂就不能誰都去了，曹操只帶著卞秉奔後院。轉過後堂，剛到院子裡，就見幾個老嫗盤腿坐在地上，卞氏一臉和藹陪著她們說話，還有丫鬟捧過成匹的絲布錦緞，挨個分給她們。

卞秉一見可咧了嘴：「姐姐，雖說您善良大度，也得有過日子的心呀！這都是特意從洛陽弄來的好料子，留著給您裁衣裳的，這就都給分了？你們兩口子可真是天造的一對。」

「少要囉唣。」卞氏一蹙娥眉，「咱們爹媽去得早，想孝順還沒機會呢！這幾位大娘都慈眉善目的，幾匹緞子算什麼，就算我盡盡孝道了。」三人把好話說了幾車，又是哄又是勸又是送東西，總算是把最後留下的這幾位老嫗請走了。曹操覺得自己唾沫都乾了：「這縣令還真是難做。」

「姐夫，剛才老徐說得對，要都像您這麼辦事，天底下就沒人願意當官了。您是公卿之子，吃過見過不在乎錢，但是那沒根基的，誰肯像您一樣？這麼當官，活活把人累死！人善被人欺，馬善被人騎，您沒個威嚴才惹得他們這樣胡來。天底下哪個縣令不是一拍驚堂木，嘴撇得跟個爛柿子似的？」卞秉邊說邊比畫。

「阿秉！您忘了本呀！」卞氏歎口氣，「您先到前面去，我有話跟你姐夫說。」

待卞秉去了，卞氏才緩緩道：「夫君，您可知我們姐弟的身世？」

「妳不是跟我講過嗎？」曹操最不喜歡她說這個，她每提一次總要哭一場。

「當初也是朝廷下令徵兵，要打羌人，我爹娘眼瞅著我哥哥被抓走，說是打完仗就回來。可一去就沒再回來，都十四年了，還不知道埋在哪兒了呢！」卞氏說著又要落淚。

「妳別哭，妳別哭，最看不得妳哭。」

「剛才那幾個大娘說到他們的兒子都眼淚汪汪的，這仗能不能不打了呀？」

「朝廷大事豈容朝令夕改？」

「那……那咱們縣的兵就不要徵了。天底下的事兒是管不周全，可眼下的還是要圖個心裡平靜的。一道徵兵令搞得整個頓丘雞犬不寧，咱們心裡豈過意得去？」

「妳這都是婦道人家話。」

「婦道人家話？」卞氏擦了擦眼淚，「抗詔行事又能如何？難道做官就一定要違心辦事？大不了這官咱們不當了，我陪著你，咱們回鄉過平常人家的日子。朝廷若要追究，什麼罪過咱們認了，你若是死了，我替你守寡！」

她這幾句話對曹操的觸動太大了，卞氏此等氣概豈是尋常的婦道？眼望著自己心愛的女人這等剛毅的表情，他彷彿又回到那個打死桓府管家的夜晚。同樣是這個女人，同樣是淚眼朦朧，同樣又是幾句慷慨激昂的話……曹操又一次折服了。

他沒再說什麼，轉身奔了前堂，對著兀自收拾東西的眾人朗聲道：「我決定了！頓丘縣不參與此次徵兵。」

「什麼？」徐佗懷疑自己的耳朵，這曹孟德是不是瘋了？

「你們不要擔心，抗詔之罪由我曹某人一力承當！」說罷他一甩衣袖又回後宅了。

可是命運對於曹操不知是好還是壞，抗詔之罪由於曹嵩、曹熾兄弟的遮掩還是躲了過去。又過了兩個月，漢軍出關作戰，被鮮卑人擊敗。所帶兵馬十損七八，就連南匈奴單于也身受重傷不治而亡。不管勝敗，兵是不用再徵了，曹操總算是緩了一口氣，可又在為太平道的猖獗擔憂了。但在洛陽京師，曹嵩兄弟擔憂的是宋氏地位不穩，而皇帝劉宏發愁的卻是龐大的西園工程久久不能完工。

當官的各愁各的事，百姓卻在水深火熱之中。朝廷暴斂、官吏橫行、戰亂煩擾、土地兼併，更多流散的傷兵和難民流入中原，大漢王朝自此役已經徹底走向衰敗。

第十四章

大靠山倒台，曹家滿門罷官

滿門罷官

光和元年（公元一七八年）是多災多難的一年。對於大漢王朝而言，這一年從一開始就預示著衰敗。

正月一開始，在交州爆發了大規模的起義。剛開始僅是合浦、交阯兩郡的蠻族不滿朝廷迫害，發動叛亂，不想這一舉動卻引發了窮苦百姓的共鳴，不到半個月的工夫，戰火竟蔓延了整個交州之地。官軍久未操練，被義軍打得狼狽不堪四外逃竄，逃兵掠奪他郡，反造成了更大損失。平叛尚未理出頭緒，時至二月，京師又發生大地震。民房損毀無數，連宮中許多樓臺殿閣都未能倖免。

四月丙辰日，洛陽又有餘震，雖然這次宮殿沒有受損，但事後宮人在檢修時發現，侍中寺舍中有一隻母雞，竟長出了大公雞的翎毛，還翹起了五顏六色的大長尾巴，而這還僅僅是一連串怪異事件的開始。

五月壬子日凌晨，天濛濛亮，宮中的人還在沉睡之中。誰也不曾想到，有一個身著白衣的神祕人物不聲不響地走入了皇宮，他穿儀門、過複道，當守宮宦官和黃門令發現時，他已經走到了雲龍門前。黃門令大吃一驚，恫嚇一聲：「什麼人？」那個一身雪白猶如鬼魂的傢伙朗朗答道：「某乃梁伯夏，上殿為天子！」在場的人真是受驚匪淺，黃門令緩過神兒來下令羽林兵士擒拿，可這個白衣人走到殿角處，轉眼間便不見了。黃門令、掖庭令、五官中朗將、光祿大夫、執金吾各帶人馬將皇宮內外搜了個底兒朝天，終究沒有再看見這個神祕白衣人。

一波未平一波又起，六月丁丑日，北宮溫明殿騰起一股十餘丈的黑氣，其形狀好似一條黑龍盤旋空中，許久才緩緩散去。這件事令人惶恐不已，按照慣例，太尉孟郁、司空陳耽都以災異被罷免。然而怪事並沒有因此而終止，剛入七月，南宮的平城門、武庫的外牆以及東垣前後牆，無緣無故就倒塌了。

令人匪夷所思的是，地震後檢修時，這些牆還結結實實的。

這一連串的妖異事件，引起了劉宏的恐懼，經過和太后一番商議，他下詔將光祿大夫楊賜、諫議大夫馬日磾、議郎蔡邕召進皇宮詢問種種妖異的含義。蔡邕借此機會遞上密折，趁闡述妖異彈劾宦官，結果卻是王甫、曹節安然無恙，蔡邕反而獲罪流放朔方，朝廷上下一片唏噓，實在是對皇上太過失望！

然而失望歸失望，更聳人聽聞的事件還是接著發生了。十月裡，宦官竟從皇后的宮中搜出了巫蠱。劉宏勃然大怒，立刻將宋后一族打入大牢，沒過幾日就以謀反之罪將宋氏一族全部處死。

隨著宋氏的覆滅，曹家開始跟著大倒其霉。最先受到波及的當然是曹鼎，他馬上被罷免職務。緊接著，以往貪汙受賄、欺壓同僚種種惡行都被揭發出來，又勾起當年勃海王一案的親屬關係，曹鼎最終也被關進了天牢。曹氏一族自大鴻臚曹嵩以下，上到位列九卿、下至縣衙小吏，全部被罷免官職。

朝廷一紙檄文發到頓丘縣的時候，曹操還在布置捉拿太平道的事。他信手扯過公文，打開一看，不亞於晴天霹靂。沉吟半晌，歎息道：「在劫難逃，這一天還是來了！」他提起筆仔仔細細把手頭的幾個案卷處理完，又叫來徐佗把公務全權交託完畢，再三囑咐捉拿賊人之事，才轉回後堂告知卞氏姐弟，另打發秦宜祿上京打探消息，眾人準備轉天還鄉。

也不知怎麼回事，曹操被罷官的消息不脛而走。第二天清晨，頓丘縣的百姓紛紛跑到縣衙要留住這位肯替窮人說話的年輕縣太爺。這些百姓從縣城的四面八方趕來，有的是因斷劉狼一案得以報仇雪恨的佃農，有的是受到衙門周濟的鰥寡老人，有的是被解救的壯丁，還有一些是特意跑來的，要親眼見見這位大名鼎鼎的縣令老爺。

男女老少扶老攜幼都堵在了縣衙門口，弄得曹操的車馬無法離開。

他只得派樓異、秦宜祿帶著闔府的衙役和僕人出去勸百姓回去，可勸了好久大部分百姓還是不肯離開。萬般無奈之下，曹操只好背著手親自步出大門觀看。

「那就是縣太爺！」也不知誰扯著嗓子叫了一聲，人群跟著就騷動起來了，前面的也擠、後面的也搡，樓異等人阻擋不住，百姓們如潮水般都湧到曹操跟前，將他緊緊地圍在了當中，這個喊「縣令爺不要走！」那個叫「曹大人，您不要我們了嗎？」現場頓時亂成了一片。

曹操眼望著面前湧動的百姓，霎時間滿腔的陰霾一掃而盡，暗道：「雖大難臨頭生死未卜，可我曹孟德得一方之民心，這官兒也沒有白當呀！」想至此，遂面帶微笑高聲喊道：「鄉親們！大家不要喊了，都坐下！坐下！」

百姓們還真是聽他的話，有幾個上了年紀的鄉老幫忙張羅著，大夥都不再喊了。從近到遠大家都齊刷刷席地坐了下來，眼巴巴望著曹操。他見大家都坐好了，笑呵呵地嚷道：「十月天冷了，我長話短說，地下冷，大家坐久了我心裡也不忍呀！」說著他往邊上擠了兩步，也坐到衙前的上馬石邊。

「老爺只要不走，我們受點兒涼算什麼！」有個小夥子帶頭喊了一嗓子。曹操瞧得仔細，正是狀告劉狼的那個農戶王三，因而笑道：「王三，扳倒了那廝之後，你小子過得怎麼樣啊？」

「托老爺的福，我王三也討了婆娘啦！如今她已經身懷有孕，我們兩口子合計著過了年，小崽子生出來，我們抱著孩子給您請安來呢！」他憨皮賴臉這麼一說，四下的人都笑得前仰後合。

「好好好！」曹操點點頭，眼珠一轉又問道：「王三，你的案子全縣的人都知道。我有件事不太明白，一直想問問你。」

「太爺還能有不明白的事，小的可不信。」王三撓撓頭。

「好奇嘛……」曹操輕描淡寫道，「你當初為什麼不要劉狼的錢，拚著性命也要狀告劉狼，為老爹報仇呢？」

「那還用說？我家窮，我娘又死得早，老爹辛辛苦苦一把屎一把尿把我拉扯大，沒想到為一兩頭牛就被姓劉的害死了。人都說殺父之仇不共戴天，別說劉家給我的是錢，就是給我金山銀山，我也不能拋下父仇不報呀！人有人情事有事理，都在眼前擺著，這也是我當兒子的孝心呀！」王三身材粗壯嗓門也大，一席話說完，在場的不少鄉里鄉親都叫道：「好小子！孝順！你是好樣的！」

曹操擺了擺手示意大家不要喊，對王三道：「王三！那我再問你，你是希望你兒子長大了和你一樣孝順，還是希望他將來不管你？」

「老爺您這話問得沒道理！」王三吹著鬍子答道：「俗話說得好，榻上沒個拉屎的，墳地就沒有燒紙的。養兒防老，養兒防老，生個兒子要是不養活自己，那還要他幹什麼？」

「你說得對呀！」曹操仰天大笑，「那你小子可就不講理了！」

「我怎麼不講理呢？」王三一叉腰。

「你王三是孝順兒子，你還要教導你兒子也當孝順兒子，可你為什麼不讓本官我當孝順兒子呢？你說你娘死得早，卻不知我也是從小沒娘，全仰仗父親和幾位叔父教養。現在我曹家因宋氏之事獲罪，一門老小都罷了官。如今我老爹和叔父也成了白身，想必他們也要回家鄉原籍待罪，我也得趕緊到他們跟前兒盡孝呀！你……還有列位鄉親不叫我走，這不是阻攔我當孝順兒子嗎？」曹操說著把手一攤，故作為難之色。他這番話說完，坐在地上的百姓紛紛耳語起來，過了好一會兒，有個農民打扮的白髮蒼蒼老者才顫抖著喊道：「老爺您說得不錯。但您跟我們不一樣，您可是官身呢！您得替我們做主呀！現在有您在，地主們不敢欺負我們，您要是就這麼走了，誰還鎮得住他們呀？」

「是呀！是呀！您還是不能走！」百姓們又附和起來。

「大家不要嚷！聽我說，聽我說……」曹操揮了半天手才止住議論，「縣裡的事情我已經交託給徐功曹了，他這些年做事公正，大家也有目共睹。將來的縣太爺要是不講理，你們就找他理論，叫他上疏參惡吏，他會給你們做主的！」

「那也不行，要是他也走了怎麼辦？老爺，我們把筆墨都帶來了，今兒我們上萬民表，給皇帝老爺，叫他留你在頓丘！」老頭還真上勁兒了。別的百姓也跟著嚷道：「對！人家都說，東阿有個萬潛，頓丘來了曹操，兗州治下倆清官，兩地黎民吃飽飯！您要是走了，我們的難處誰還管？」

「靜一靜！靜一靜！」曹操都快把喉嚨喊破了：「我現在是待罪之身，況此事干係皇家，罷官已經是很輕的處置了。你們這樣挽留反倒給我加罪，真叫本官為難啊！要是朝廷追究下來，我的腦袋就搬家了！到時候你們能賠我嗎？」

「我賠您！我賠您！」王三不假思索便嚷嚷道。

「不叫你賠！你那腦袋還沒我這個體面呢！」曹操開起了玩笑。老百姓嘻嘻哈哈也跟著樂了。

「老爺，我是說皇帝老爺要是殺您，我姓王的替您死！」王三連忙解釋。

「胡鬧！生死之事豈能相替？鄉親們哪，朝廷的國法不是兒戲呀！」曹操語重心長地說：「在下現在是待罪之身，這不是鬧著玩的。」老百姓有些動容，又議論了起來，最後有人提議：「那我們這就到郡裡給老爺請命。」

「那要是無濟於事呢？」曹操問。

大家靜了下來，但還有個別人道：「我們到昌邑找使君爺說去。」

「要是到了州裡，找到刺史大人，還是於事無補呢？」曹操接著問。圍坐的百姓全不說話了，王三高門大嗓還兀自嚷道：「我們到京裡找……」話說了一半兒他也不知道找誰了。

「你還能到京裡找皇帝老爺不成？」曹操笑著接茬道：「好了！大家都不要再挽留了，所謂天下無不散的宴席，大夥有這片心，我曹某人這兩年在頓丘就沒白幹！從明兒起，大夥種田的種田，織布的織布，販驢的販驢，該幹什麼還幹什麼。要是因為我曹某人誤了大夥的生計，那我來這兒辦的這些事兒還有什麼意義？我曹操走，但是我那對五色大棍不走，留著它們給後任縣令看看，叫他知道我曹操是怎麼治理這小小縣城的！諸位鄉親，不必相留了……」說罷回頭看了一眼卞秉說，「好兄弟！你快拿酒來！」

卞秉遞過來一罎子酒，曹操抱起來，親自啟去泥封：「大荒之年朝廷禁酒，但咱今天要喝！咱們頓丘縣今年五穀豐登，沒有一個人凍死餓死！咱喝得起這罎酒！今兒我就破破規矩，與大家分了這酒，以盡惜別之情！來！我先敬大夥！」說罷舉起罎子著實喝了一大口，然後交給身邊剛才說話的那個老者；老頭顫顫巍巍喝了一口，又遞給王三；王三忍著淚狠灌了一氣又交給第三個人……

就這樣一人喝一口酒，這罎酒一會兒的工夫就喝完了。曹操起身站在上馬石上道：「諸位鄉親們！我曹某人今天跟大夥同飲了這一罎子酒，今後就是一家人！明天一早我就要走了，倆山碰不著面，可人總有走動的時候，將來我曹操要是回到這裡或是路過這裡，我一定再與大家痛痛快快喝一場！說不定將來我還得求到大家呢！」他此事全當是寬慰的話，殊不知日後真要用到頓丘百姓。

「好！我們等著您回來！明兒我們再來為大人送行！」王三第一個嚷道，接著眾人也參差不齊地答應著，樓異和眾衙役上前解勸，眾鄉親依依不捨眼淚汪汪，好半天才逐漸散去。

曹操見百姓都走淨了，才鬆了口氣，轉身進衙門對緊隨的樓異說：「趕緊收拾東西，咱過了午時開後門就走！」

「啊？您不說明兒……」

「還明兒幹什麼？」卞秉插嘴了，「明兒他媽再圍上，照樣走不成！」曹操照著卞秉大腿上就是一腳：「嘿！怎麼跟你說的！還一嘴髒話！」卞秉被他踹了一個跟斗，爬起來拍拍土道：「姐夫呀！您教訓我，我服！但有一遭，我是光動嘴兒，您這動腿兒，誰厲害？再者說了，您現在已然是平頭百姓了，我也就不是官親了，說兩句痛苦話不犯歹呀！」曹操被他這麼一說，噗哧笑了，指了指他道：「真拿你小子沒辦法！得啦！快找你姐收拾東西去，咱這平頭百姓捲鋪蓋回家啦！」

「不用您吩咐，我一早兒就收拾好了，車我都備齊了，咱吃飯去，等樓異他們收拾完咱就出發！」

闔家人胡亂用過午飯，兩輛馬車載著幾個家人悄悄離開了縣衙，除了曹操一行人，只有徐佗帶著倆衙役送行。馬車出了城行在驛道上，曹操與徐佗對坐在車裡默默無言。徐佗是不知道說什麼，曹操是不知道怎麼說。好半天曹操才支吾道：「徐兄！」

「哦？大人您別這麼叫。」徐佗還是誠惶誠恐的。

「應該這麼稱呼您，如今我已經不是官兒了嘛！」曹操笑得挺尷尬，「小弟想問您點兒事。」

「大人想問什麼？您只管說。」徐佗看著他客氣的樣子，想起他們的初次見面，還有這兩年來的嚴厲作風，與現在宛如隔世。

「徐兄！您是老刑名了，平心而論我這兩年的民政做得可好？」

徐佗微微一笑，恭維道：「大人才智超群，功績有目共睹。」

「您別這麼說，這兩年士人同僚對我的評價我心裡也有數，您能推心置腹對我講一句實實在在的話嗎？」曹操的表情嚴肅誠懇。

「好吧……」徐佗低頭想了想才道：「我覺得大人是實在的好官清官，但作為卻不甚高明！」

「哦？」曹操一愣，拱手施禮，「操願聞其詳。」

「嗯。您為官清明正派，又敢作敢為，深得民心，但是……您這人不太公正。」

「不公正？」曹操聽這話心裡有點兒不服。

徐佗見他似乎變了顏色，趕緊解釋道：「您別委屈，我說的不公正不是徇私舞弊，而是你做事情總是先入為主。窮人跟富人打官司你不問對錯就先護著窮人，富人跟官身之人打官司您又向著富人，總之您偏向弱者，殊不知這本身就是不公正。」

「不公正？」曹操卻笑了，「天下的公理本就是有權勢的人定下的，本就不公正！」

「就算您說的是實吧，」徐佗咽了口唾沫，「可是您這樣做，論公來講，容易縱容弱者有恃無恐不思進取；論私來講，弄不好會得罪權貴害了前程！您不信？說句實實在在的話，您安然無恙是因為您的身分擺在這兒，鴻臚卿的大公子，換了別人成嗎？」

曹操默然半晌，又強笑道：「話不能這樣講，正因為我是大鴻臚之子，才能為百姓辦這些事。」

徐佗料他已經是平頭百姓了，索性搖頭笑道：「可是您想過沒有，您遇上的事您能管，那您遇不到的事呢？天底下的不平事您還能管個遍嗎？要是比您更有勢力的人迫害百姓，您又能如何呢？您當初是貴人之身，堂上一呼階下百諾，但是事到如今您獲罪罷官，還能管哪些百姓呢？富貴人有富貴人的活法，窮苦人有窮苦人的活法……」

「住口！」曹操聽他將自己一年多的政績說得一無是處，不禁勃然大怒。

徐佗被他嚇了一跳，瞧他徵詢別人看法卻不肯採納，心下一陣不滿。但人總是會變的，他曹孟德早晚有認命低頭的那一天，再說百足之蟲死而不僵，曹家雖然敗落，自己卻也不敢開罪，想至此徐佗尷尬地拱手道：「曹公子息怒……送君千里終須一別，我也該回去了。」說罷喊了聲停。

曹操知自己失禮了，便不再挽留送他下車，經過剛才那一番發作，也不好再說什麼分別的話，抬頭又見卞秉無精打采地騎在馬上，便道：「小舅子，你怎麼耷拉腦袋啦？」

「姐夫呀！有個事兒與你商量，我也老大不小了，跟您回家也不體面。求您讓我獨自離開吧，我也得憑自己的本事吃飯。」卞秉愁眉苦臉地說。

「瞧你說的，你們姐倆無依無靠的，你能上哪兒去？跟我走吧！回去我幫你張羅婚事，將來在鄉里謀個差事，你小子為我吃了這麼多苦，我還得好好報答你呢！來吧！跟我上車，帶著笛子了吧！給我吹個曲子解解悶。」說著他拉卞秉下馬坐車。

徐佗離了曹操，還未上馬就見遠處匆匆奔來一騎——是新任的衙門班頭。

「功曹大人！」班頭急匆匆下了馬，「午後有幾個來路不明的人在城裡散布謠言。他們說皇后被殺，上天降罪，還說什麼太平大道拯救世人，看樣子像是傳播邪法的。我帶人把他們抓起來了，為首的一個小子叫于毒，說是什麼道什麼方的人，還帶著好幾卷子書，您瞧瞧該怎麼辦？」徐佗接過一卷書，展開看了看：

守一明之法，長壽之根也。萬神可祖，出光明之門。守一精明之時，若火始生時，急守之勿失。始正赤，終正白，久久正青。洞明絕遠複遠，還以治一，內無不明也。百病除去，守之無懈，可謂萬歲之術也。守一明之法，明有日出之光，日中之明，此第一善得天之壽也。安居閑處，萬世無失。守一時之法，行道優劣。夫道何等也？

「守一明法訣！」徐佗眼睛一亮，冷笑道：「這應該就是《太平清領書》，朝廷明令收繳的邪書呀！曹孟德三令五申禁絕太平道，到頭來這幫人還是溜進我頓丘縣了。」

「啊？」班頭也嚇壞了，「這可怎麼辦啊？」

徐佗合上竹簡道：「這事絕對不能聲張！沒有縣太爺頂著，惹出事來咱們這幫人招架不起。速速把那幾個人趕出頓丘，趕得越遠越好！把書全燒了！」

「小的這就去辦！」班頭說罷轉身要走。

「慢著！」徐佗叫住他，「不能便宜了那幾個傳教小子，重打四十板子，把所有財物一概扣留。跟著曹操打了一年多饑荒，也該咱們爺們撈點兒錢了。」

徐佗轉臉看著遠去的馬車，像是對班頭又像是自言自語：「曹孟德這等人，打死都不肯告饒。莫瞧他嘴上硬，遭上這等九死一生的事，難不難受他心裡明白！」

他說得一點都不假，此刻曹操坐在車上，聽著卞秉的笛聲，心裡一陣一陣地憂傷：我曹家就這樣一個跟頭栽下去了嗎？秦宜祿去洛陽不知道會帶回什麼消息，父親也不知道怎麼樣了，他老人家經得起這樣的打擊嗎？還有三位叔父大人又怎樣呢？

桑園葬賢

曹操一行人車過長垣縣，曹操突然想起了郭景圖。當初病倒途中是得他相救，後來又蒙老人家開導，才敢放開手腳在頓丘大幹一場。雖說自己如今被罷了官，還是要面見他老人家表示感謝。

待到了郭景圖的桑園草廬，曹操命樓異前去叫門。樓異這兩年可沒少往這裡跑，每次秦宜祿到洛陽送信，曹操總是囑咐他捎回些好東西，派樓異給郭景圖送去，可是老人家從來沒收過。

一行人輕叩柴扉高聲喚門，過了許久才有一個小姑娘來開門——是環兒。兩年不見，這孩子將近十歲了，已出落得有些身段，眼睜睜一個美人胚子。

「環兒，還認得我嗎？」曹操在馬上微笑道。

「哦！是你呀？」環兒把柴門敞開，「真是變樣了，當初又凍又餓的落魄縣令，如今也有車馬啦！」

這話把一行人都逗樂了，樓異也湊趣道：「環兒姑娘，妳這嘴巴好厲害。」

「大個子，你莫要取笑，若論取笑，本姑娘還沒有笑你呢！當初你扛著兩條大棍子，扯著嗓門嚎得跟匹叫驢似的。現在也一身光鮮衣服，想必是把棍子賣了吧？」諸人更是大笑起來。

卞秉是頭遭見到環兒，一雙眼睛竟看呆了，不由自主掏出笛子吹了起來。那笛聲清澈宛如流水，明快清心，倒把嘻笑不停的環兒吸引住了。一曲吹完，他將笛子一揣：「姑娘，這曲子可好？」

「好聽好聽！」環兒拍著手，「這位哥哥好厲害。」

「妳要是喜歡，以後哥哥留下來，天天吹笛子給妳聽可好？」

「呸！你不是好東西。」環兒臉一紅，「你們快進來吧！」

諸人下車的下車、下馬的下馬。環兒一見卞氏，眼睛可就不夠用的了。她生來在窮鄉僻壤，從未離開過桑園，今日見卞氏穿著漂亮的蜀錦衣裙，頭戴簪環首飾，羨慕得不得了。卞氏見環兒聰明伶俐也很喜歡，摘下一支鳳釵塞在她手裡：「送給妹妹妳了。」

「爺爺不讓我要別人的東西。」環兒一撇嘴。

「拿著吧，爺爺不會怪。我家夫君多承妳照料，送妳點小玩意也是應該的。」

「環兒實在是不敢要……」環兒雖這麼說，鳳釵攥在手裡卻不捨得撒開了。

卞秉跟射出的箭一般躥到環兒近前，插嘴道：「我姐姐送妳的東西妳只管收下，一會兒我替妳去給爺爺說。他老人家要是生氣，我就吹笛子哄他高興。妳就放心拿著吧！」

「那……我就收下了。謝謝姐姐。」環兒蹲了個安。

「還有我呢！還沒謝我呢！」卞秉憨皮賴臉道。

「呸！偏不理你。」環兒笑著去了。

曹操在一旁暗自好笑：這小子討好姑娘倒是很有一套，平日裡滿口髒話，一見環兒竟然說話都規矩了。他也下了馬，將馬交與秦宜祿拴好，領著諸人進了院子。

「很長時間沒來，妳爺爺最近身體可好？」曹操關切地問。

「不太好。」環兒搖搖頭，「這半年來時常鬧病，前幾天還臥床不起呢。」

「哦？他老人家病了？」曹操一皺眉。

「現在沒事了。今天一早他就起來了，說病好了，精神特足，這會兒正在房裡修木頭呢！」

「老人家年歲太高了，叫人擔心吶！你們這日子也太過清苦了。」

「還好吧，鄉里百姓常來幫我們，還算過得下去。」

說話間已經到了郭景圖的草廬前，門敞開著，曹操在外面作揖道：「晚生曹操，特來拜謁郭老前輩。」

「孟德多禮了，」一個蒼老的聲音答道：「快進來吧。」

曹操這才敢進屋，只見郭景圖披著一襲外衣，坐在杌凳上，手裡攥著一把小刀，正在削木頭。細打量，老人家雖然鬚髮皆白，卻一點兒也不像大病初愈的樣子，臉上甚至還泛著紅潤的光芒，還是仙風道骨，神采奕奕。

「聽聞老人家日前患病，未能前來看望，望您老恕罪。」

兒亂，自己找地方坐吧。」

郭景圖把小刀和木頭放下：「曹家小子還是這樣多禮，你我之間何必講這些虛禮呢。這裡有點

曹操趕忙把卞氏姐弟拉過來介紹。

郭景圖笑呵呵地連連點頭，卻突然意識到不對勁：「孟德，你怎麼連家眷都帶出來了，難道……」

曹操慘笑一聲：「晚生被罷官了。」

郭景圖也笑了：「看來你還真聽了我的話。聽說你抗詔不肯徵兵，能為民罷官，也算是有出息了！無怨無悔就好。」

「晚生恐怕不能無怨無悔了。不是因為抗詔一事獲罪，而是因為我家四叔與宋氏結親。宋后被廢，事情牽連我家，滿門都被罷官了。慚愧，慚愧。」

郭景圖搖搖頭：「最怕這等事情，一個跟頭栽下去，弄不好幾輩子都抬不起頭來。」

「我家已經是幾輩子都抬不起頭來了。」曹操自嘲道。

「別這麼講，大不了做個平頭百姓，安生過日子也好。」

曹操心說：自家得罪的人太多，恐怕保住性命都要費一番心思。可是這話說出來只能平添老人家的憂慮，只道：「您這句話說得好，不怕您笑話，我這位夫人也常這樣講。」

「賢德的夫人呀！孟德你真是好運氣。」老人家一句話把卞氏說得臉紅，領著環兒出去玩，卞秉一見趕忙跟出去了。

「您老人家入冬還不閒著，這是要修竹簡嗎？」

「不是。竹簡是用來穿書的，我這把年紀已經不想再讀書了。我想削一個小木頭人給環兒玩。這孩子端水餵藥伺候了我這麼長時間，怪可憐的。」

「這是桑木嗎？」

「桑木，在桑園裡當然要用桑木。」

曹操笑道：「我突然想起孟子的話：五畝之宅，樹之以桑，五十者可衣帛矣。」

「孟軻這話放到現在一點都不對。」郭景圖又拾起了小刀，「老百姓種桑樹的有的是，織布的更不可勝數。又有幾個可以穿上好衣服的？我這裡的桑園何止五畝，都周濟給附近百姓，還是起不了什麼作用。去年那一仗打下來，又苦了多少人家呀……苛政猛於虎也！」

「您說的是。這些桑樹恐也周濟不了太多窮人。」

「有多大力就起到多大的作用。你看這一棵桑樹，從上到下沒有無用的地方。桑葉養蠶，桑葚果腹……一會兒您嘗嘗我新釀的桑葚酒。等過了秋，將細枝砍下來，晾乾了冬天當柴燒。三年桑枝，可以做老杖；十年桑枝，可以做馬鞭；十五年幹枝，可以做弓材、做木屐、做劍柄；二十年老桑木，可以做馬車，車輪、車軾都有了。上等的柘桑皮，還可以做黃色染料。像你們這等縣令，若無柘桑，哪裡有你們佩戴的黃綬？人盡其才，物盡其用嘛……」

曹操連連咋舌，只要用心去聽別人講話，總會有收穫。人盡其才，物盡其用，想想自己身邊的人……秦宜祿雖然有些奴才性子，但是跑腿辦事卻是好材料；樓異雖然不識字，但是忠心耿耿處事果斷；卞秉雖然一嘴髒話，但是頭腦靈活……想著想著，他忽然想到了徐佗：那個人雖然是官場上的老油子，但是做事幹練也不失為辦事之人，自己對他是不是太過分了呢？

「你在想什麼呢？」郭景圖打斷了他的思緒。

「沒什麼。」

「有話不要老憋在心裡，人不說話是要得病的。身上的病好治，心裡的病難醫。你要是再病倒在路上，可未必再有我這樣的人肯相救。在道路上有人能救你，在仕途上可無人能幫你啊！」這位老人的眼睛總是那麼光亮，彷彿能看穿人的心，「攙我起來，咱們到桑園裡走走吧。」

曹操攙扶著他，漫步到桑園之中。看見卞秉正在吹笛子給環兒她們聽，郭景圖笑道：「這小子的笛子吹得真好。」

「您沒看見，我這沒出息的內弟一見到環兒就纏著她沒完沒了。」

「孩子大了……環兒也大了，我最放心不下的就是她。」

「環兒已經出落得有些婀娜了。」

「你把她帶走吧！」郭景圖突然道。

「哦？」

「我看她和你夫人挺合得來，你願意認個妹妹也行，當個使喚丫頭也罷。將來找個合適的人嫁了，就是你那個內弟也行呀。」

「您老取笑了。」曹操替環兒想到的如意郎君可不是卞秉。

郭景圖沒注意到曹操的眼光，只道：「這不是開玩笑。我老了，最近的感覺很不好，這孩子跟在我身邊，哪天我死了，她可怎麼辦呢……」他撫摸著身旁一棵桑樹，「臥病好幾天，一直沒見到桑樹。天冷樹都枯了，不知道還能不能再看到桑樹開花啊。」

「您老不要說這種不吉利的話，日子還長著呢。」

「但願吧，我死不死都是小事。只是能多活一年，還能多為鄉親們供一年的桑葉。」

曹操覺得眼前這位老人真是胸襟廣闊，到現在心裡裝的還是別人。

「你可答應過我，等我死了，環兒要交給你照顧的，你可不能反悔……說話呀？」

「是。環兒的事情我記著呢。只是將來我自己還不知道怎樣呢！」曹操說著歎了口氣。

「你將來……哈哈哈……」郭景圖笑了，「你將來必定還是要踏入仕途的。」

「哦？」

「我看到你的眼睛就知道你將來還得做官。」

「為什麼？」

「你的眼睛告訴我，雖然罷官了，但是不甘心，你放不開手！」

曹操一愣，又被他說中了，自己就是放不開手，憑什麼因為宋氏的安危毀了我曹家人的仕途？

「曹家小子，現在入冬了。我這把年紀最怕熬冬，其實世間萬物都一樣，好好蟄伏，等待春暖花開的時候。好好保重吧！」郭景圖說這話時一直抬頭看著桑樹。

曹操還在品味著他這句話的深遠意味，恍惚感覺到他扶著桑樹的手臂往下滑：「您說……怎麼了？」

郭景圖臉色驟變，高昂的頭漸漸向後傾斜，手突然從桑樹上垂了下來，曹操還未及攙扶，他已經仰面朝天倒了下去。

「老人家！」曹操伏在他身前，「您怎麼了？」

「爺爺！」環兒也看見了，眾人都圍了過來。

郭景圖身體抽動了幾下，原本紅潤的臉霎時間變得蒼白，淌著汗水，嘴唇慘灰，眼珠在眼眶裡無神地晃了幾晃，最後強自支撐著指了一下環兒，便把眼一閉，沉寂在渺茫的黑暗之中。

「爺爺……」環兒哭得撕心裂肺，「爺爺……你不要死……」

曹操驚呆了，剛才還好好的，眨眼間老人家就魂歸天際。

環兒顧不得卞秉拉扯，兀自把腦袋紮在郭景圖屍體上：「爺爺……你別嚇唬環兒，睜開眼看看我……環兒什麼都聽你的……我聽話，我一定聽話……今天早上你還說病好了呢！這怎麼就……怎麼就……爺爺……嗚嗚嗚……」

「迴光返照。」卞秉歎息了一聲。

沒有人再去勸環兒，大家各自沉寂在苦痛悲傷之中。卞秉又掏出笛子，吹了一曲《薤露》：

薤上露，何易晞。露晞明朝更復落，人死一去何時歸。

曹操和卞氏幫老人家穿好衣服，叫樓異通知桑園附近的鄉親們；又叫卞秉等人趕車速往長垣縣採辦棺槨，將郭景圖停在草廬內，諸人皆在桑園留宿一夜。

第二日，十里八村的百姓都來了。郭景圖活著的時候對百姓操盡了心、散盡了財，哪個不感恩戴德？諸人抹著眼淚，就在桑園畔將郭景圖安葬了。因為老人除了小環兒再沒有親戚，桑園便交與其他百姓打理，繼續為窮人供桑葉。環兒這兩天眼睛都哭腫了，到了啟程的時候，怎麼也不願意離開。卞氏抱著她哄著，卞秉給她吹笛子，最後總算是揮淚上了馬車。

家族遭難本就沉悶，如今又多了一份悲傷。諸人不言不語，一路向南，渡黃河、過孟津，又行了七天，悶悶不樂總算是到了沛國譙縣。這些天最苦的要數卞秉，把所會的曲子都給環兒吹了個遍，嗓子都啞了。

眼看著車過譙縣城西三十里，隱隱約約看見是到了自家村門口，曹操鬆了口氣。哪知還沒進村子，忽聽見有人自後面大聲呼叫：「停車！停車！」曹操自馬上回頭一看——原來是秦宜祿！

秦宜祿騎著馬疾奔而來，風塵僕僕，眼裡布滿血絲，到了近前簡直是從馬上摔下來的，想必他從洛陽出發一定是晝夜趕路沒有休息。

「怎麼了？有什麼消息？」

「哇……」秦宜祿咧開大嘴便哭。

「怎麼了？到底怎麼了？」諸人都把心提到了嗓子眼。

秦宜祿抹了一把眼淚，他臉上都是土，簡直和了泥，抽噎道：「四老爺歿在牢裡了……」

曹操腦子裡轟地一聲——四叔死了！擱下死的先顧活的：「我爹爹和二叔怎樣？」

秦宜祿支撐著站起來，他一路打馬狂奔，連大腿都磨破了，忍著疼抽泣道：「老爺倒無妨，二老爺卻病得不成樣子了，我一人照應不過來。洛陽的宅子被朝廷收了，二老賃了城西一座小宅子，四老爺的屍體沒地方停，還在牢裡呢！得趕緊奔喪，把四老爺拉回來呀！」

曹操這會兒腦子裡都亂了：四叔就一兒一女，女兒嫁與宋奇，早跟著宋家人一同喪命。獨生子在他當吳郡太守的時候就死了，留下一個遺腹子曹休，孩子太小還在懷抱，孫子是指望不上了。

倒是卞秉一句話提醒了他：「得叫子廉哥哥奔喪，他是四叔親姪子，必須得他去。」論關係也只有讓曹洪去了。

「對對對……我不進村子了，有勞賢弟去一趟，告訴子廉一聲。」曹操眼望著前方茫然道。

卞秉把頭一搖：「姐夫您真是懵了。我只聽您說過，可不認識他呀！我找他說這些，算是怎麼回事兒？還得您親自去。」

「這可叫我怎麼去呀？」曹操的眼淚這才簌簌流下來，「我一進村，大家就全都知道了，四叔歿了，我怎麼跟七叔交代啊，他老人家還病著呢！」

「還是我去吧。」秦宜祿便不多說，連忙跨馬進了村子。

這一刻所有人都沉默了，就連環兒都不發一言，愣癡癡各自立在寒風中。誰都明白，曹家的命運不容樂觀。

少時間，秦宜祿便帶著曹洪出來了，還有曹德、夏侯兄弟也跟了出來。明明是多年未見，這時候卻都沒有心情敘談。曹洪已經把東西都收拾好了，牽著馬、背著小包袱。

曹德森然道：「阿瞞，咱們得把爹爹和二叔也接回來才行。子孝在淮南，一兩天之內還回不來呢。」曹仁舉孝廉後到淮南為吏，雖然罷官但路途較遠，他弟弟曹純還小，不能跟著去。「你一定累了吧？我跟子廉去。」

「不累！這件事還得我去，你得照顧七叔，四叔的事兒，慢慢地跟他講。」曹操又指了指卞氏姐弟，「他們姐弟倆還是交與你照顧，不過要帶他們回家。你把這些年的事情全告訴你嫂子吧！」說著他看了卞氏一眼。

「夫君你放心，我會尊重姐姐的。」卞氏朝他點點頭。

「我對妳絕對放心……宜祿和樓異，你們倆休息兩日，然後帶著車啟程，準備拉老人家回來。我和子廉現在就走，早到一天踏實一天！」

「等等！」夏侯惇忽然叫住他，「孟德太累了，我跟你們一塊兒去，路上也有個照應。」

曹操想攔，但忽然想起他和自己的真實關係，父親也是他親叔叔呀！近二十年未見過了，帶著他也好。此刻無聲勝有聲，曹操、曹洪、夏侯惇各自上馬，連連加鞭又趕往洛陽。

沒進家門又要去奔喪，曹操覺得很累，但是現在一股心火支撐著他。縱有千般芥蒂，父子連心啊……

第十五章
家族走向沒落

二屍還鄉

四叔曹鼎給曹操的第一印象是瀟灑倜儻，當年他在譙縣家鄉蹴鞠的那一幕，永遠印在曹操腦子裡。他一動一靜透著瀟灑脫，似乎張揚的活力從未因為年齡的增長而磨滅。當然，除了這種氣派之外，他還是一個貪婪跋扈的人。在曹操的記憶裡，從未有人像他那樣，貪得光明正大，跋扈得毫無忌憚。

可是現在呢……曹鼎就一動不動停在當院中。剛剛從洛陽天牢運出來的屍體，衣服破爛得像個街頭乞丐。原本富態雍容的寬額大臉已經蒙上了一層慘灰，稀疏焦黃的頭髮如枯草般鬆散開著，嘴唇幾乎成了迸裂的白紙……他再不能對別人大呼小叫了，再不能把手伸向金錢和女人了，當然也不能和姪子們一起說笑蹴鞠了。

曹洪親手為他的伯父脫下囚衣。曹鼎身上傷痕累累，有些是擦傷，有些是磕傷，還有一些明顯是皮鞭抽的，令人髮指的是他右手的指甲竟然全部脫落！

「混蛋！」曹洪一拳打在停屍的板子上，「這絕不是抱病而亡，是被他們活活折磨死的！」

曹操瞥了一眼那隻布滿血痂、扭曲的手後，覺得一陣眩暈，趕緊把臉轉開了：「太過分了……即便他老人家有罪，也不能這樣對待他呀！刑不上大夫，他們不懂嗎？」

曹嵩此刻坐在堂屋裡，惆悵地閉眼倚著桌案，聽到兒子問話，抬手捏了捏眉心：「這不是朝廷的法度，恐怕是段熲吩咐人幹的。」

「那老賊落井下石？」曹操怒火中燒。

曹嵩睜開他那布滿血絲的眼睛：「沒辦法，他們說是病死的就是病死的。對罪人而言，哪還有什麼天理？當年陳蕃被宦官亂拳打死，記得官簿也只不過是『下獄死』三個字。段熲如今炙手可熱，誰也奈何不了他。要怪只怪我們當初不該與他翻臉，招惹了這條惡狼。」他看了一眼呆坐在一旁的曹熾，「我糊塗啊……要是當初聽你一句勸，老四何至於有今天呢？」

曹熾對他這句話沒有什麼反應。更確切地講，這些天他一直沒有任何反應。他髮髻蓬鬆呆坐在那裡，兩隻眼睛瞪得像一對鈴鐺，神色充滿了恐懼，大家的話一句都沒能鑽進他的腦子裡。他就始終那麼一動不動地坐著，恰似一具沒有靈魂的空殼。

曹操突然覺得這座破房子裡的氣氛十分恐怖：堂外躺著一具屍體，堂內坐著一個活死人！父親就是在這樣的環境下熬過這幾天的。

曹洪擦拭著曹鼎的屍體，用一塊濕布抹去血跡和汙痕。擦著擦著他突然歇斯底里地嚎叫起來：「我受不了……這幫禽獸！」隨著喊叫，他竟從曹鼎肋下抽出一支兩寸多的鋼針來！

「媽的！決不能便宜姓段的。」曹洪叫囂著拔出佩劍，「我要將王甫、段熲這兩個老賊千刀萬剮！」

一直沒有插話的夏侯惇見狀，趕忙起身奪過他的劍，撫著他的背安慰。曹操再也看不下去了：「爹爹，咱們回鄉吧！不要在這裡待下去了，回去給二叔看病。」

曹嵩搖搖頭：「我不能走。」

「走吧，再這樣下去，孩兒怕您受不了。天也越來越冷了。」

「我沒事。」曹嵩喘了口大氣。

「您這又何苦呢？事到如今還有什麼放不開的？」

「不是放不開，是沒有退路了。咱們曹家好不容易混到今天，絕不能因為宋家的牽連，一個跟頭栽下去。真要是不能官復原職，後輩還指望誰？上對不起祖宗，下對不起兒孫呀！」曹嵩一咬牙，「我不能走，絕對不能走，我要把咱們失去的東西奪回來！」

「您有什麼辦法嗎？」

「曹節……現在只有靠曹節了，我得設法買通曹節，讓他幫咱們洗脫罪名官復原職。」

曹操心裡很不是滋味：當初父親原指望腳踏兩隻船，一邊和宋氏結親，一邊黨附王甫。誰料到最後宋氏覆滅、王甫反目，落得個雙腳踩空。可被王甫害了還不算完，他又要去巴結另一個大宦官曹節，二次吮痔獻媚，再受屈辱。雖說是為了後輩兒孫，但這樣不顧廉恥的出賣臉面，真的值得嗎？

這時樓異和秦宜祿回來了，曹鼎的棺槨已經置備妥當。曹嵩點點頭道：「孟德，明天你們仨還有樓異帶著屍體走，把宜祿給我留下。這小子能說會道腦子快，我各處走動還用得著他。」

曹操見他如此堅定，也知道阻止不了，看看癡呆的曹熾，道：「二叔也隨我們回去吧，他這個樣子留下來也幫不上忙，回到家見見兒子，他可能還能恢復。」

不知道為什麼，曹嵩用一種厭惡的眼光瞅著曹熾，好半天才冷笑道：「如此也還……你二叔一輩子謹慎小心，到頭來卻還是獲罪罷官九死一生。他這是嚇傻了，這病治不了。」他說這話的口氣不是同情，而是挖苦。

曹操渾然不覺，僅僅安慰道：「沒關係，咱們死馬權作活馬醫，治好了對子孝、純兒他們有個交代，治不好也算盡心盡力了。我最擔心的還是爹爹您，您千萬別苦了自己……」

曹嵩甚感寬慰：不管怎樣，父子天性，兒子終歸還是對我牽腸掛肚的。心裡雖這麼想，嘴上卻道：「我有什麼好擔心的？該吃就吃、該睡就睡，我才不會像你二叔這麼沒出息。誰叫我指望不上別人呢！」他又莫名其妙地瞥了一眼呆傻的曹熾，徐徐道：「只有我自己活得好好的，才能橫下心來救大家。」

曹操覺得老爹挑自己的不是，趕緊許下承諾：「待孩子回去將四叔安葬，馬上回來陪您。」

「不必了……」曹嵩說到這兒，突然道出了一句誰都想像不到的話：「從今起，你是你，我是我。如今我又要捨著臉去鑽營，你要是陪著我，連你的名聲也壞了。」

「爹爹，您這樣講話叫孩兒如何為人呀？」曹操不知道他說的是真心話還是故意挖苦。

「哼！莫看你是我兒子，事到臨頭才知道，你面子比我大得多呀！」曹嵩說著站起身，「有件事還沒來得及告訴你，橋玄前不久告老辭官了。」

「哦？老人家還是走了……」曹操心中一陣失落。

「他臨走之前來看過我。」

「來看您？」曹操不敢相信。

「是啊！他雖然來看我，但為的全是你。」曹嵩從書櫃裡取出幾卷書，「這是他給你的書。」

曹操接過來一看：「《詩經》？」

「這不是一般的《詩經》，是東海伏氏注解的。他知道咱家壞了事，特意叫他弟子王儁到伏完那裡求來的。」

曹操知道，琅邪伏氏，乃經學世家。其顯赫名聲一直可以上溯到漢文帝時代的伏勝。伏湛更是幫光武帝劉秀打天下的元勳之臣。如今伏湛的七世孫伏完，娶了孝桓皇帝的長公主，乃正牌子的國之嬌客。該家族批註的《詩經》是公認的正解，也是朝廷徵召明經之人的依據。

「你知道橋玄為什麼要送你這套書嗎？」曹嵩又坐下來，拍了一下兒子的肩膀，「他這是為你起復創造機會。」

「起復？」曹操眼睛一亮。

「他辭官前曾上疏朝廷，提議徵召明曉古學的年輕才俊，並赦免蔡邕之罪，叫他來主持征辟，將熟知《古文尚書》、《穀梁春秋》、《詩經》的宣入京師，若有才幹直接可以當上議郎。你想想吧，橋老頭為了你還真是煞費苦心呀！」

曹操頓時哽咽住了，頃刻間橋玄對自己的關照和鞭策全都湧上了心頭，淚水在眼圈裡轉著。

「他和我聊了很長時間，談的都是你的事。那老傢伙還真是臭脾氣，一開口就直言我是宦官遺醜！真是個倔老頭！」曹嵩說著說著笑了：「但是他的話打動了我，他說我不管花多少錢、托多少人情，只能給子孫買來官，卻不能給子孫買來好名聲。他說得對！所以，現在只有靠你自己了，靠著勤勉，靠著鑽研古學，才能改換別人對你的看法，這也是改換別人對咱們曹家的看法！那書你一定要好好讀，咱們曹家改換門庭洗雪前恥的大任全靠你啦！小子，勉力吧！」

曹操捧著書，已經淚眼矇矓。

「哼！你小子也知道哭……」曹嵩冷笑一聲：「帶著這書，回去好好學，不到朝廷徵召，絕不要到洛陽來找我。從此後你走你的陽關道，我過我的獨木橋，咱們還是腳踏兩隻船。你聽見沒有！這可是咱們曹家的大事！」

「孩兒我記下了。」曹操擦擦眼淚，他對父親腳踏兩隻船這種說法，還是覺得很彆扭。

「還有，如今你在小一輩中年齡最長，記得要和兄弟們相處好。我也盼著你的兄弟們能夠幫持你、維護你，成全你的功名。畢竟是同宗兄弟嘛！」曹嵩這幾句話雖是對兒子說的，但這會兒眼睛卻看著夏侯惇。

夏侯惇會意：雖然沒直說，但他總算是承認了。

曹操也明白了，馬上補充道：「不但族裡的兄弟，對於元讓兄弟他們，兒子也還要多多倚仗。」

「很好，那我就放心了。」曹嵩意味深長地點點頭，「明天一早，你們就起程吧。」

曹操覺得自己跟冬天似乎有緣。兩年前往頓丘赴任就是冬天，現如今載著四叔的棺槨回家，又是在冬天。雖說這次比頓丘那一回的車馬腳力強得多，但是載著屍體，又帶著癡呆的二叔，這一路的行程實在是令人壓抑。

曹熾呆傻傻地坐在車裡，不知饑渴困睡，任憑曹操、夏侯惇、曹洪這幫人怎麼呼喚就是不理。後來大家也都放棄了，各自上馬，低頭想自己的心事。

哪知車馬離了河南之地以後，曹熾突然說話了！

「得脫虎狼之地，終於可以回家了。」

曹操正騎著馬在前面引路，聽得清清楚楚，嚇得差點從馬上掉下去。他立刻下馬，跨在車沿上，掀開簾子一看——曹熾早就不呆坐著了，優哉遊哉翹著腿躺在車裡。

「二叔，您、您……」

「我什麼事都沒有！」曹熾的神色已經恢復，「我那是裝的！」

「您為什麼瘋？」

「為了回家，我不想再跟著你爹蹚渾水了。」

曹操恍然大悟：若是他不裝病，爹爹豈能輕易放他回鄉？不過他故意裝瘋賣傻，這樣的心計卻也叫人覺得可怕。

「我累了，真的累了。」曹熾打了個哈欠。

曹操冷笑道：「是啊，您為了騙我爹，一連幾天不吃不喝不睡，能不累嗎？」

「你小子也不要怪我，我是真累了。」曹熾聽出他話裡有責備之意，「我裝瘋賣傻又何止這幾天？自入宦途，二十年來如履薄冰，早就有意棄官還鄉，今日總算是得償所願了。」

曹操打小就對曹熾十分忌憚，可今天卻覺得他格外醜惡。索性進了車子，坐到他身邊，挖苦道：「您以為我爹是瞎子嗎？我這會兒才想明白，他旁敲側擊說了那麼多閒話，原來都是衝著你說的。他早就看出你裝瘋賣傻了！」

「那又如何，我不還是走了嘛！」曹熾憨皮賴臉滿不在乎。

曹操見他死豬不怕開水燙，越發感到厭惡，所有往事湧上心頭：七叔曹胤說過，當初就是這個人打著老曹騰的旗號到處招搖撞騙，是他向父親洩露卞氏之事，他數年來積累資財一毛不拔，論起對族人的情義遠不及父親和四叔曹鼎……想至此，曹操忽然喝問道：「您也真的放得開手？」

「那是自然。」

「姪兒倒要問一聲，當年是誰最先打著我祖父的旗號鑽營為官的？又是誰第一個跑去向王甫獻媚的？」

這句話可正打在曹熾的軟肋上，他把臉轉開，看著窗外：「你從哪裡知道這些事的？」

「七叔早就告訴我了。」

「是啊，我是始作俑者，是罪魁禍首！可是我……我怎麼知道會走到今天這一步……」他臉上露出一絲羞愧，但轉瞬即逝，「罷官也好，大家乾乾淨淨。我曹元盛怕了，這輩子再也不離開譙縣了。我可不想再這麼下去，官復原職又如何，王甫能跟咱們翻臉，曹節也能。我要逃活命！實在不行就躲到深山老林裡，別人的死活我管不著！反正我現在是族中首富，有的是錢，怎麼花不行？」

曹操簡直不敢相信自己的耳朵，萬沒想到二叔會說出如此無恥的話。人的本性原來可以這樣深藏醜惡！猛然間，這幾個月的鬱悶、積憤、悲苦都湧了上來，他喝罵道：「呸！你……你太叫姪兒失望了！當初我任洛陽尉，你囑咐我那些話都多好聽呀！可是你自己是怎麼做的？你以為一走了之就完了嗎？你當年打著我祖父的旗號四處鑽營，敗壞了他老人家的名聲，你如何對得起我祖父？你搞得家族聲名狼藉，毀了七叔的前程，你對得起七叔嗎？四叔當時還年輕不曉事，你帶著他四處巴結鑽營，現如今他落得慘死，你就沒有責任嗎？對得起他嗎？我父親乃恩蔭出身，提攜你做到長水校尉，如今遇到事情，你卻棄他而去，對得起我爹嗎？你這樣灰頭土臉地回去，你還有什麼臉面見七叔、見鄉親，有什麼臉面見你兩個兒子！虧你一把年紀的人了，就不知道害臊嗎？」

「噗！」一股鮮血像箭打的一般從曹熾口中噴出！

曹操也嚇呆了：「二叔……二叔……」

「你罵得好！」說完這句話，曹熾的氣就緩不上來了，心有不甘地瞪著他：「可是……我……對得起……你小子！」

曹操腦子裡轟地一聲：是啊，誰都對不起，他對得起我。當初若不是他為我遮掩桓府命案，我豈能入仕為官？想至此他趕緊抱住曹熾：「二叔，姪兒說話過了，您……」

曹熾想推開他的手，但是已經使不上力氣，終於軟下來道：「不怪你，我這病……許多年了……」

「姪兒不知您真的有病。」曹操後悔不已，「姪兒錯了！」

「我要回家……回家……」曹熾一邊說，口中的鮮血一邊流，早把衣衫染紅了一大片，「仁兒……純兒……我不能死在這兒……快……」他呼喚著兒子的名字，已經老淚縱橫。

曹操抱著叔父，感覺曹熾的身子越來越沉，意識逐漸模糊，情知不好。他一掀車簾，從行進的馬車裡跳了出來，摔了個大跟頭。

「大爺，您怎麼了？」樓異嚇了一跳，趕忙停車。夏侯惇、曹洪也趕緊過來了。

曹操顧不得解釋，搶過自己的韁繩上了馬：「二叔不好了，恐怕……快走！快走！」

一行人用力加鞭，急匆匆往譙縣趕。馬不停蹄直趕了一天一夜總算是到了家……可惜，曹熾還是沒能完成他的夙願，這個精明一世的傢伙昏昏沉沉死在了馬車裡。曹操、樓異抱他的屍體下車時，他身上還是溫熱的。就差一步，就能見到兩個兒子了……

聯姻夏侯

當丁氏看到卞氏第一眼時，她就意識到自己恐怕再也得不到丈夫的愛了。首先卞氏比自己年輕，自己比丈夫大一歲，而這個女人比孟德小三歲，丈夫自然會更加寵愛她。其次是她太漂亮了，如此的花容月貌，只要是男人恐沒有不動心的；論容貌莫說是自己，就連自己的丫鬟，被丈夫收房的劉氏也比不了。再有一點，她是歌伎出身，多才多藝，曹操本性風雅，而她精通音律又善唱曲，這更與孟德相得益彰。

丁氏眼望著這個比自己強之百倍的女人，一時間真不知道該說些什麼，只好低下頭拍著懷中熟睡的女兒。

「姐姐，這就是大丫頭吧！」倒是卞氏先打破了尷尬。

「是。」丁氏稍微抬了一下眼瞼。

「有四歲多了吧？」

「嗯。」

「長得真像夫君，尤其是這雙毛毛乎乎的大眼睛。不用問，將來一定是個美人胚子。」卞氏摸著孩子的臉說道。

丁氏本是通情達理的人，見她這樣誇獎女兒，便客氣道：「瞧妳說的……妹子，聽說妳為夫君在那破茅屋裡吃了兩年多的苦，這兩年來又多虧妳照顧著他，真是難為妳了。」

「嗐，姐姐說的哪裡話來？服侍咱夫君還不是當然的？」卞氏側身坐在她身邊，「再說孟德救過我們姐弟的命，我這也是報答他，理所應當啊……姐姐是正經人家的姑娘，恐也難知道我這等人家的苦。」

「妹妹既然已經進了門，就不要再提過去的事了。」丁氏這話裡多少透著生分。

卞氏心思靈敏，見她這等態度，低頭思索片刻笑道：「姐姐，大丫頭實在是可人，能叫我抱抱她嗎？」

丁氏稍微猶豫了一下，還是把女兒輕輕交到了卞氏手裡。卞氏抱過孩子，微微地搖了搖，輕聲道：「大丫頭真乖，長得真漂亮，又有爹娘疼，不像我……姐姐，一瞧大丫頭我就想起了自己小時候。」

「哦？妹妹小時候一定也這麼可人。」

「我哪裡比得上她。」卞氏這就順勢打開了話匣子，「我是琅邪郡開陽縣的人，家裡就是種地的。我五歲那年……也就像大丫頭這麼大的時候，哥哥叫當兵的抓去打仗，一去就再沒回來。

「後來村裡鬧瘟疫，爹娘就都死了，當時我弟弟阿秉才兩三歲，兩個孩子沒爹沒媽可怎麼活呀？好在我還有個叔，他也沒個孩子，就把我們收養了。我那嬸子人特好，因為不能生養，倒是把我們當親生兒女般看待，一家四口雖不富裕，但還算過得下去。

「可是好日子不長，轉年瘟疫越鬧越厲害，村裡的人死了小一半兒，我那嬸娘也沒了。我叔後來又續娶了一個女人，人都道後娘狠，就更何況後嬸娘了。成天不是打就是罵的，小小年紀就支使我縫縫連連，吃飯的時候就丟給我們倆一人一塊餅子，我那叔生性老實懦弱，也做不了她的主，最多私下裡塞我們點兒吃的。阿秉正是長身體的時候，常常鬧著吃不飽，我就餓著自己緊著他吃。

「記得有一次，半夜三更的阿秉實在是餓壞了，我就從缸裡偷了一把生豆子拿火烀烀給他吃，也不知怎麼就叫我那後嬸娘知道了，一個巴掌打掉我一顆牙，過了好幾年才長出新的。後來稍微大點兒了，我們倆就跟著叔父種地，耕種鋤刨什麼活都幹，可嬸娘就是不給飽飯吃。又過了兩年她懷了孩子，要是她有了親生兒女，那還能有我們的活路嗎？日子實在是沒法過了，我們倆就合計著逃出家門。正巧村裡路過幾個賣唱的，我就偷著求他們帶我們姐弟走。

「記得那是年底下的一個夜裡，正是最冷的時節，我和阿秉一人穿了一件破衣服偷偷溜出來，朝著叔的屋子磕了三個頭就跑出來了……去年我差秦宜祿替我打聽了，我那叔叔如今也故去了，那個遭恨的嬸娘據說活活餓死了。」她說著將大丫頭放到床榻上，並為她墊好枕頭蓋好被，又接著說：「從叔父家逃出以後，我跟著師傅學唱曲，阿秉就學著吹笛子，我們跟著這隊藝人遊遍豫、兗、青、徐四州，走街串巷到處賣唱糊口。十四歲上我們過泰山郡，夜裡無處投奔就夜宿荒山，正遇上一夥子山賊強盜，師傅一家子人都叫他們殺了，我拉著阿秉逃了一夜，連鞋都跑丟了。其他人也都跑散了，我們姐倆就沿街乞討，好不容易湊了點兒錢，先給阿秉買了支笛子，我們倆就相依為命接著賣唱為生，常遇到紈絝子弟潑皮無賴，阿秉為了保護我沒少挨打。

「後來我們就在譙縣桓家遇到了孟德，那天要是沒有孟德他們，我就叫惡奴才糟蹋了，阿秉也得叫他們打死……受人之恩湧泉相報，當時這事要是翻出來，孟德的前程就完了，我們就由德兒兄弟帶著藏在了西邊山上。唉……我沒有辦法報答夫君，只有在他身邊伺候他，別說當小妾，就是做個使喚丫頭那也是本分呀！」說著說著卞氏已經眼淚汪汪。

「沒想到妹妹的身世這樣苦……換了我是妳又能怎麼樣呢？細想起來，咱們女人除了這身子還有什麼呢？」丁氏聽了她悽慘的身世也紅了眼圈，這樣一來，兩個女人之間的距離一下子拉近了不少。丁氏釋然，安慰道：「妹妹，以後咱們就是一家人了，咱好好跟孟德過日子，過去的事不要多想了。趕上年節，妳跟我們一塊兒回娘家，咱們就做對親姐妹吧！」

「嗯。」卞氏扭身跪了下來，輕聲細語道：「好姐姐，那真是感謝您的大恩大德了！」

「起來起來。」丁氏趕緊低頭相攙。

正在這時門一響，劉氏走了進來，見丁氏這樣對她，心裡一陣不快：「姐姐也忒好心了，人家跟著夫君在外面當官兒太太，什麼樣的人不巴結她，還用得著您費心嗎？」接著又一蹙娥眉衝卞氏嚷道：「妳這人怎麼一點眼力都沒有，夫君在外面招呼客人，妳也不去廚下裡張羅，跑到這兒來向姐姐獻巧，難道使壞光耍我一個人不成？」她嚷的嗓門不小，把大丫頭都嚇醒了，孩子小不省事，咧開嘴哇哇哭起來。

丁氏趕忙抱起孩子拍著道：「大丫頭，乖……不哭不哭，是姨娘說話呢……妳也是的，怎麼這麼跟卞妹妹說話？」

「妹妹？奴家有您這個姐姐，不缺什麼妹妹。」說著瞥了一眼卞氏，「走！隨我去前面忙活去。」

卞氏見她這樣，心裡頗為不快，但畢竟人家是姐姐，自己是新來乍到，於是笑著臉說：「劉姐姐您別急！是奴家我的不好，難為您自己忙了這半天。這樣吧，乾脆您陪著姐姐哄大丫頭睡覺，我自個兒去張羅就成了。」說著給倆人道萬福，嬝嬝去了。

「妳看妳，怎麼這樣擠對人家？」丁氏見她走了埋怨道。

「姐姐忒好心了！她本是歌伎出身，天生的狐媚子，那眼睫毛會說話，最能迷惑人了，妳千萬不要信她的話。」劉氏說著拿出一塊帕子，俯身為大丫頭擦拭眼淚。

「唉……咱們都是女人家，妳何必難為她？她也不容易，別的且不提，為了孟德的前程在那破茅屋裡藏了兩年。冬天凍夏天熱的，換妳去試試？」丁氏方才聽了卞氏的話，心裡已經有些同情她了。

「姐姐不要這麼心善，將來的日子還不知道什麼樣呢！別看她現在這等模樣，日後要是生下一男半女的，哪裡還會把咱們姐妹放在眼裡？奴家原不過是伺候您的下人，吃再多苦受再多罪也是本分應當的，可姐姐不能受罪呀！出門子的時節老爺夫人怎麼囑咐我的？該想到的我得替姐您想呀！」劉氏委屈道。

「我也知道妳是為我好，但我看她實在不像是兩面三刀之人。」丁氏低頭想了想道：「咱們姐妹和和氣氣過日子難道不好嗎？像妳這樣擠對她，也難免她回頭算計妳，這樣下去哪兒還有個完呀！」

「話雖這麼說，防人之心不可無。姐姐！大丫頭，還有將來再有別的孩子，可千萬不能叫她抱，要是她使壞您可怎麼辦呀！我的親姐姐！」劉氏歎了口氣，忽然趴到姐姐耳邊，「我可能也有喜了。」

「真的？可得留意身子啊。」

「那是自然。」劉氏雖這樣說，但眼神有些暗淡。前番曹操舉孝廉之時，與她頗有魚水之歡，因此產下一子，起名叫做曹爍，可是沒過月就死了。劉氏不但沒得兒子，反弄了一身病，這次又懷孩子，時而感覺身子不支，恐怕這孩子不容易生。

丁氏瞭解她的心思：「妳要是感覺不好，可得趕緊……」

她話未說完，環兒忽然連蹦帶跳跑了進來：「丁姐姐，我給大丫頭刻了一個小木人！」說著遞給丁氏。

「好妹妹，你真懂事。」丁氏摸摸環兒的小臉。

劉氏卻又悻悻道：「大丫頭睡覺了，環妹妹先出去玩，一會兒她醒了你再進來。」

「那好吧！」環兒蹦蹦跳跳又去了。

「妳看妳，跟個孩子也這麼凶！」丁氏抱怨她。

「我不是衝她！她姓環，狐媚子姓卞，真不知道他們算是哪一門子親戚，主不主僕不僕的！咱們夫君也是，竟帶回來一家子，又是小舅子又是小姨子的。夫君也太荒唐了……」

丁氏歎了口氣，她也對曹操有許多不滿。姐倆就這樣對坐著各想心事，半天沒再言語……

這會兒客堂裡分外熱鬧，曹操、卞秉、夏侯惇、夏侯淵、曹德這五個一同遮掩桓家人命案的兄弟又湊到了一起，兩位叔父的大喪忙完，大家總算可以坐下來推杯換盞了，有談不完的話、敘不完的情。

「不管怎樣，現在也算是風平浪靜。子孝、子廉服孝不能飲酒，今天就咱們五個吧！看了父親新來的書信，他跟曹節接洽得不錯，咱們曹家有東山再起大有希望。大家該緩口氣了吧！」曹操邊說邊思量，他大致也猜得出父親又破費了多少。

「兄長，你還沒罷官回來那會兒，知道家裡亂成什麼樣了嗎？皇后被廢，宋酆下獄，就已經人心惶惶了，詔書一下來全族的官都給罷了，這還了得？七叔私底下把毒藥都預備好了，要真到了事不可解的地步，就一家老小湊在一塊自殺算了。」曹德說到這兒大夥都笑了。

說到曹胤，曹操一皺眉：「七叔的病越來越厲害了，大家可要留心點兒。」他心裡不由得感到一股沉重。曹家雖然地位顯赫，但畢竟是靠宦官起的家，曹嵩、曹熾、曹鼎雖然都曾身居高位，卻未見得有什麼才學德行，唯有七叔曹胤是這個家族中的奇葩。他德才兼備為人和善，在鄉里有良好的口碑。但就是這樣一塊無瑕的美玉，卻因為顧及家世，一輩子都沒有為官。如今兩個兄長的死，又給他帶來沉重的打擊，臥病在床幾乎不能走動，這對於曹家無疑是一個遺憾。

曹操喝了一口酒，又接著道：「阿德，你多預備些東西，另外我從頓丘帶來些驢膠，明天咱們去看看他。」

「成！」曹德忙著給大家滿上酒，「先不提七叔的事，兄長前不久把我害得好苦呀！」

「怎麼了？」曹操莫名其妙。

「還怎麼了？我問你，我那卞氏小嫂的事兒是如何被爹爹知道的？連累得我跟著倒霉，爹爹一連來了兩封信，罵得我狗血淋頭，說我不誠實不孝順，和你一塊兒騙他，還說我人小鬼大窩藏罪人。」

「好兄弟，這事兒我也不知情，我前腳叫秦宜祿來接人，後腳爹爹就知道了，多少有點兒邪！」

「邪什麼？爹爹的眼線到處都是，過去在洛陽你一言一行他全能知道，我早就說過這樣的事兒瞞不過他，不如實話實說。你就是不信，怎麼樣？把我也搭進去啦！你正正經經納人家當妾也不要緊，來信告訴我一聲呀！你那兒都沒事兒了，爹爹來信問我。我這兒還幫你編瞎話呢！全都露餡了，他能不火嗎？」曹德嘖嘖連聲：「依我看，你派的那個秦宜祿本身就有問題，那小子精得眼毛都會說話，到了爹爹那兒還不知道說什麼了呢！」

「不會吧……他有這麼大的膽子？」曹操還是對秦宜祿堅信不疑。

「你們聽聽！他還是納妾了吧！」夏侯淵聽了他倆的話，朝卞秉擠了擠眼，玩笑道：「當初我就說你這姐夫心思不正。你現在琢磨琢磨這事，在桓府看上你姐姐了，然後就借著殺人搶親，搶完就藏起來，讓他弟弟把你們看得死死的，再一步一步往小妾過渡！瞧他多奸詐呀！」

「哈哈……」卞秉嬉笑道：「你說得對！我這就上衙門告狀去，告你們四個！」

「這裡怎麼還有我們的事？」夏侯淵不解。

「你想這道理呀！我姐夫是殺人在逃又是強搶民女，二哥是窩藏要犯知情不報，元讓大哥從中教唆，定下奸計。大個子你呀，是代罪頂替，也得挨板子！」

大夥聞此言全樂了。曹操猛然想起連累夏侯淵坐了這麼久的牢，經過這兩場喪事都忘了，忙端起酒道：「妙才呀，你為我受苦啦！」

夏侯淵端起酒來一口灌下去，抹抹嘴笑道：「受苦倒談不到，就是悶得慌！整天跟衙役班頭們吃肉喝酒，連牢門都不鎖，想出來就出來，晚上回去睡覺就成了。說是坐牢，一年半下來長了一身肉！哈哈……要說王吉那是鼎鼎大名的酷吏，對咱們家可算是天大的面子了。」

說到酷吏王吉，曹操不禁後怕。生死原只懸於一線，要是王甫徹底翻臉要曹家滿門下獄，恐怕都等不到朝廷處置，就得被王吉那個吃人不吐骨頭的傢伙禍害死。

夏侯惇卻沒想那麼多，見兄弟得意揚揚便劈頭訓道：「你小子也是，閒著沒事練練武，跟那些衙門小人廝混什麼？」

「冤枉我嘍！我可練了！」夏侯淵滿不在乎。

「練了？」

「就跟那些衙役牢頭練的。」夏侯淵一扭嘴，「我把他們都練趴下了，後來都不敢跟我來了，要不怎麼請我喝酒吃肉呢？」

眾人不禁哄然大笑，曹操靈機一動，也笑道：「妙才，我可得好好報答報答你。」

「孟德莫要提報答的話，」夏侯惇插了嘴，「我家老祖宗夏侯嬰就曾經替高祖爺頂過罪，我們夏侯氏頂罪可是有歷史有經驗的。」

曹操卻笑得很神祕：「這一次，我可一定得報答。」

「客氣什麼？咱們兄弟間還提什麼報答。」夏侯淵一擺手。

「那不行，這事我琢磨很久了，你到現在還沒有成家，我想做主把我妻子丁氏的親妹妹許配給你。」曹操認真說道。

「哦？」夏侯淵一愣。

曹操湊到他耳邊說：「你小子放心，跟我那婆娘不是一母所生，比她漂亮多了，你豔福不淺呀！」別看夏侯淵外表粗狂，卻也是個薄面子的人，一聽這話臉都紅到脖子根了，用大手撓著後腦勺嘴裡支支吾吾：「我不討婆娘，不討婆娘！」

「胡說！」曹操抓住他的手說，「婚姻大事乃人之常情，哪兒有當一輩子活鰥夫的道理？成了婚才不愧那『大丈夫』三個字呢！」

「這個事……這個……」

「這個事就這麼定了！」夏侯惇一拍大腿，「你這大傻子，還笑話人家搶親，人家給你提親你都不會應承。孟德，我做主了！這親事我們妙才答應了！」

「好！」曹操端著酒站了起來，「咱們可連了親了！」

「孟德！你先坐，我也得向你提一樁婚事。」夏侯惇神祕地一笑。

「向我提？誰家姑娘看上我了？沒關係，我是多多益善。」

「我可不是玩笑，是誠心誠意向你家求親的。」

「哦？」曹操不太相信，「你說說。」

「我給我二小子求親，要你們家大丫頭給我當兒媳婦。」夏侯惇表情嚴肅，直勾勾瞧著他。

曹操愣了一會兒：「這……成！你們老二楙小子嘛！那孩子長得俊，歲數也合適，這個娃娃親不錯！既然元讓開了口，從今兒起，你家夏侯楙就是我曹孟德的嬌客啦！」

「好好好！都端酒！都端酒！咱們都做了親！」夏侯淵也站了起來，伸手就拉一左一右的卞秉和曹德。

「這裡怎麼還有我們倆的事兒呀？」卞秉個子矮，生生被他提拉起來。「怎麼沒有？你姐姐嫁了孟德，就跟嫂子算是乾姐們了！你姐姐的乾姐姐她親妹妹嫁我，你也算我小舅子啦！」夏侯淵笑道。

「這怎麼這麼亂呢！越聽越像繞著彎罵我。」卞秉一吐舌頭。

夏侯淵又道：「看我們這兒定親，你心裡癢癢了？要不我替你向環兒也求個親？省得你天天追在人家屁股後面吹笛子。」

卞秉臊了個大紅臉：「你可別瞎說，我們是乾兄妹。」

「你哄誰呀？少廢話！喝！」夏侯淵提著他耳朵要灌，又見曹德不聲不響把盞撂下了，便嚷道：「子疾，你別撂下呀！要不咱倆也做親，你婆娘不也生了個閨女嘛，將來我有了兒子讓她當我兒媳婦。」

「嘿！我曹家的閨女都給你們夏侯家呀！」曹德衝曹操笑道：「哥！你聽見沒有，他兒子連影兒還沒有呢就把我閨女定出去了。你閨女嫁給元讓他兒不說，連小舅子小姨子都搭進去了，咱這買賣可賠大方了！」諸人哈哈大笑，唯有夏侯惇與曹操相視無言，有些祕密只有他們兩人知道：曹嵩是曹家養子，實際上原本就是夏侯家的孩子，是夏侯惇的叔叔！這是夏侯惇的父親臨死前告訴他的，此次進京曹嵩也含含糊糊承認了這回事兒，所以曹操的女兒嫁到夏侯家等於嫁回本家，這門親戚也就算是落葉歸根了！

可是他們倆也沒有料到，夏侯淵的幾句戲言日後也做了真：十五年後曹德的女兒真就嫁給了夏侯淵的兒子夏侯衡。不論曹氏與夏侯氏到底有沒有血緣關係，但他們兩家的親戚關係卻註定世世代代糾扯不清了。至於環兒日後的郎君，他們卻全都估計錯了！

當晚曹操喝了不少，但他已經跟丁沖、鮑信、樓圭這些酒鬼練得好酒量，並沒有什麼醉意。夜已經深了，他輕輕踱進後院，本想踅進卞氏的臥房，一抬頭卻見正房裡還閃著燈光。他輕輕蹭到門前微微推開道縫往裡瞧。丁氏正坐在織機前忙著穿梭，這位夫人雖然容貌平庸才識淺薄，但勤勞賢惠倒是無可挑剔的。

「妳還沒睡？」曹操輕輕走了進來。

「哦？」丁氏沒有想到丈夫會來自己房中過夜，「你來了。」

「白天伺候這幫閒人、照顧孩子忙一天了，還不睡？」曹操說著準備寬衣。

「大丫頭白天睡多了，晚上不睏了，我哄了她半天，才剛交她奶娘抱走。」

「妳這又是做什麼？」曹操好奇地問。

「織些布，做些鞋和香囊。」丁氏邊忙邊說。

「妳真是瞎操心。」曹操笑了，「家裡的東西都是京城帶回來的，全是上好的，哪兒還用得著自己做？」

「那可不一樣。」丁氏停下手裡的活兒，接過曹操脫下的衣服道：「現在你也不是官身了，雖然家裡積蓄不少，可畢竟沒了俸祿，大手大腳慣了，光指著田產怎麼成？有道是坐吃山空，我閒下來做些東西，交些販夫也算是一筆小錢。積少成多，誰知道將來什麼時候就能用上呢！」

曹操看著妻子，暗暗思量：「她真是傻得可愛，曹家根基這麼硬，只要躲過此難，將來還會有什麼難處？要是躲不過此難，再多的積蓄也是便宜了他人。」夫妻倆躺在床榻上，只有榻旁一盞微弱的油燈還亮著。兩個人都沒睡著，仰著頭想著各自的心事。

此刻屋裡靜悄悄的，甚至可以聽見彼此的喘息聲。就這樣熬了一陣子，丁氏才歎息道：「時辰不早了，快歇息吧！明兒我去幫七嬸子熬藥，再回家把妹妹跟妙才兄弟的婚事說一說。」

「嗯。」曹操翻身吹滅了燈。

這會兒丁氏的手已經不安分地伸了過來，可是曹操對她沒有一點反應。丁氏見丈夫不理她，只得把身子轉了過去。

沒了燈光，曹操心裡平和了許多，但依舊沒什麼睡意，腦子裡亂亂的。扭過頭來，望著背對自己的妻子。那朦朧的月光透過白色的窗紗灑在她身上，她總是把被子拉得很高，只露出豐腴的脖子，在她散開的烏黑長髮妝點之下，那張平庸的面孔似乎已變得朦朦朧朧。

丁氏突然說話了，那聲音好軟弱好無力，而且還帶著點酸楚的味道：「夫君，我知道你心裡難受。奴家沒讀過什麼書，但也知道仕途的事要慢慢來，這急不得的。」

一瞬間，曹操腦子裡突然浮現出無數情景：當年是她精心照顧著自己的起居；是她張羅著為他納娶劉氏；是她十月懷胎給他生下女兒；是她每日在織機前辛勤忙碌……

曹操猛地掀開被子從後面抱住她，隨即扳過她的身子——在月光下曹操看見她眼裡正噙著淚水。他不再猶豫什麼，輕輕吸吮著她的淚水，在她的耳畔吐露著情話……

第十六章

皇帝一句話讓曹操鹹魚翻身

改換門庭

人無遠慮必有近憂，皇家的事情是不能夠輕易插手的。

權勢已達到頂點的王甫始終不明白：自有帝王的那一天起，凡是戕害皇后之人，哪怕是受皇上授意而為，必定不容於同僚，不容於世人，到頭來也必將不容於皇上！

光和二年（公元一七九年）三月，劉宏再也不能容忍王甫的跋扈了。在他的授意下，一時間彈劾表章如雪片般飛入省中。索要賄賂、盜竊國寶、戕害宗室、屠殺士人、結黨營私、挑起戰亂、荼毒皇后……無數的罪行被揭發出來。劉郃、陳球等素來仇視他的大臣也從旁鼓動，劉宏便順水推舟，將王甫和他的義子王吉、王萌打入天牢。

惡人自有惡人磨，王甫在獄中遇到了他的剋星——早就恨他恨得入骨的酷吏陽球。陽球哪裡管什麼王法律條，不待詔命就將王甫父子以亂棍活活打死，曝屍街頭。

隨著這爺倆的死，原先攀附王甫的人開始大倒其霉，於是段熲也被糊裡糊塗地提著耳朵灌下了一碗鴆酒，結束了毀譽參半的一生。王甫這個曾經左右著朝廷命運和無數人生命的大宦官終於完了，直到他死後的多少年，他的殘忍和奸詐還出現在不少人的噩夢裡！

不過當時受益最大的人卻是皇帝劉宏，誰也沒料到，他在處死王甫之後轉手就將劉郃、陳球、陽球等強硬派大臣也處死了。此刻的劉宏再不是那個懦弱的小皇帝了，通過一連串的政爭，他已經把宗室、黨人、外戚、宦官、權臣這幾支勢力全都踩到了腳底下，以後再無人敢公然挑戰他的皇權了！他開始乾綱獨斷，將親信宦官張讓、趙忠以及苦心培養的鴻都門心腹推到了前臺，一輪政治清洗已經無聲無息地完成了……

塞翁失馬焉知非福，命運真是和曹家人開了一個玩笑。本來曹嵩是王甫的死黨，是理所當然地被處置者，卻因為宋后一案成了受害者，成了被王甫迫害的對象。加之曹嵩賄賂新的宦官勢力，曹家竟因此躲過了這場政治清算。

曹胤家的房子是曹氏一族中最寒酸的，遠比不上曹嵩、曹熾、曹鼎這些家的產業闊綽。曹胤雖然有著優於幾位本家兄長的聲望，但是畢竟只是一個默默無聞的鄉間隱士，離開了譙縣便無人知曉。他自小失去父母，又身體羸弱，是仰仗著祖業才成家的。由於自身不富裕，婚姻情況也十分簡單，只有一位夫人，也還不曾生養過。即便他的生活如此不幸，曹胤平日裡的花銷也沒怎麼節制過，他風雅氣派，自然少不得用錢的地方，當年撫養曹操四年從來沒有計較過什麼，但凡族裡比他更潦倒的親戚張了口，也絕對全心周濟，那真是錢在前面人在後頭。天長日久這樣外場（闊綽講面子），加之自己心疼的毛病費錢費藥，日子也就過得越來越拮据。最後家裡連一個傭人都沒有了，裡裡外外全是他夫人親手張羅。

如今曹鼎、曹熾相繼離世，這對他是很大的打擊，使得他那心疼的毛病越發不可收拾了，病來的時候疼得打滾兒，過去了就把人累得筋疲力盡。茶飯難下，入夜難眠，幾個月下來整個人瘦了一大圈。

這段日子裡曹操兄弟、夏侯兄弟、丁家兄弟，還有曹洪，是經常來看他的。曹胤沒有生養，本性卻愛孩子，本族的後輩以及街坊鄰居的孩子們常來看他。有時趕上他精神好，就給大家講個故事，精神不好就抓一把糖飴或者乳酥什麼的，總之不叫大家空著手回去。

轉眼間一個冬天熬過，曹嵩打發人送來了喜訊——他官復原職了。曹操急急渴渴跑到七叔的跟前兒念信，告訴他王甫已經死了，曹家又可以高枕無憂了。曹胤躺在榻上聽著這些事情，有一搭無一搭地插上兩句「哦？是嗎？」「原來如此！」「這不就行了嘛。」總之都是這類無關痛癢的話——官場原本就離他太遠了，富貴也不是他一生所欲所求的。他的心境就像一潭清水，任何風浪都不會使這潭清水泛起漣漪。

曹操著實費了一番工夫，才將父親這卷長得趕上半部《左傳》的家信念完，低頭發覺七叔已經發出了輕微的鼾聲。他俯下身給他掖好被角，剛要輕輕離去，就聽院子裡熱鬧起來了。

「喲！你們也來了！」這是七嬸的聲音。

「嬸娘！快瞧瞧我們子廉兄弟，今兒穿得跟個傻姑爺似的！」這沒大沒小的，一聽就是卞秉。

「哈哈哈！」七嬸倒是笑了，「嗯，還真是一身好打扮。」

「您別聽他小子胡說！」曹洪的聲音粗聲粗氣，「我七叔呢？」

「在裡面躺著呢。孟德也在，給他念信呢。快進去吧！」

曹操卻迎了出來：「你們倆小點兒聲，七叔睡著了。」說罷才看見曹洪穿了一襲大紅衣服，紅袍、紅褲、紅腰帶，大紅布的包頭。他打小就身寬體胖，可個子不高、汗毛粗重，又是一張大黑臉，這打扮出來活似從灶膛裡面躥出來一塊炭火球。

曹操一看就愣了：「你、你……這是幹嘛？」

「神氣不神氣？我要當孝廉公啦！」曹洪得意揚揚。

「哈哈哈……」曹操又好氣又好笑，「你快給我脫了去吧！這打扮是上任還是娶親呀？你見過誰家的孝廉茂才這副模樣，這樣子非得把使君、郡將老爺們都氣死呀！當官的臉還不都叫你丟盡了！」

曹洪還一臉懵懂，指著卞秉道：「我也琢磨不妥當，這都是你小舅子出的主意！」

曹操早見卞秉捂著嘴在後面笑得跟彎腰大蝦似的，便指著他道：「你聽他的？他故意拿你開心呢！」

「嚯！我不知道，這都串了好幾家啦！」曹洪一吐舌頭。

曹操把頭一搖：這麼個生瓜蛋子拿他怎麼弄！甩臉對卞秉道：「你這小子越發沒個樣子，以為自己還是剛落草的孩子不成？成天遊手好閒，哄著這方圓十七、八個孩子玩也就罷了，弄支笛子纏著環兒，我也沒說過你什麼，怎麼連他這等大事也戲耍上了？他真要是這身行頭奔了郡裡，那是什麼結果？」

「姐夫！瞧你說的！」卞秉不笑了，「當初我就說不跟你回來，可是你硬拉我來的。再說了這家裡上上下下得多少孩子我哄著，你以為這是容易差事？七叔他老人家病著，心情必定不好，我給子廉打扮打扮往他眼前一推，七叔看了哈哈一笑，這不比吃什麼藥都靈便？」

「你還一套一套……」曹操有點兒掛火了。

「孟德別說了，」七孀插話了，「阿秉是好意，再說左右都是一家子人，開點玩笑算不得什麼不是？阿秉常來給你叔吹笛子，又想主意哄他高興，我還得好好謝他呢！」

七孀這麼講，曹操便不好再說他什麼了，只道：「算了，咱們幾個先走。七叔睡著呢，過了晌午再來。」

「別走呀！都進來！都進來！」不知道曹胤什麼時候醒了，掀著門簾子朝他們招手。

「嘿！七叔您怎麼起來啦？我們吵著您了吧！」他們三個人念念叨叨又進了屋。

曹胤坐下來，上一眼下一眼左一眼右一眼打量著曹洪，半天才道：「你這是要當新郎官兒呀還是要過八十大壽！」指了指牆角的炭盆子，「哈哈……我看跟那剛揀出來的熟炭一樣。」

還是卞秉嘴快：「您老人家上眼，這是咱們新任孝廉公！」

「孝廉？哈哈……哈哈哈……」曹胤笑得前仰後合的，「罷罷罷！這樣的孝廉怕是要把郡將老爺鼻子氣歪了的！」

「我就說不幹這等營生的，可是我大伯生前有這個願望。可這要是放我個縣令，那差事我怎做得來，萬一再碰上卞秉這號的二百五師爺，我還不知道出什麼醜呢！依我說，趁早把這個缺讓給別人，我去投軍或者學夏侯元讓就在衙門混個差事，不更合適嗎？掄板子打人我可最在行哩！」曹洪說著拍了拍胸脯，一席話把大家全逗樂了。

曹胤捋鬚道：「你們哥幾個都是這樣，身在福中不知福。一郡才出一個孝廉，寒門家的公子有天大才學都摸不著邊，似你這等人得了這個彩頭，謝皇天祖宗還來不及呢，還說風涼話。」

「可是我做不來呀！」曹洪咧著大嘴道。

「做不來可以學嘛，誰天生下來就會當官？」曹胤一點都不著急，「你先把心靜下來，好好想想，你是要別人說你好還是要別人指著脊梁骨罵你？」

「那還用說，當然想別人說我好了。」

「那你就要豁出辛苦。差事辦不好不要緊，不會辦也沒關係，找老刑名去問，態度要和藹，嘴要甜，受人之托要忠人之事，用你的話講得講義氣，時間長了自然就會有好的聲望。關鍵是要敢做！往死裡打人你都敢，當個官怎麼就這麼難呢？」說著曹胤指了一下曹操：「阿瞞舉孝廉之前何嘗學過？把心擺正了，一心想著把差事辦好，給百姓出力，自然而然就行了。成天琢磨官職不適合，俸祿少，差事難辦，一輩子也長進不了。」

「您說的都是什麼呀！」曹洪一跺腳。

「不明白回去自己琢磨去……前些日子聽說你挺露臉，五個人打了二十九個，有這回事兒吧？這個節骨眼兒還捅樓子。」

「嘿！他娘了個蛋的！」這是曹洪的口頭語，「您老不知道，又是那桓家的人！他府裡馬夫領著人搶秦邵的馬，秦大哥可真急了……秦邵、我、妙才還有夏侯廉和丁沖，我們五個登門要去了，那幫家奴一個個跟爺似的。也不掃聽掃聽秦邵跟我們是什麼交情，沒說兩句就動了手，就那幫人把式，上不得席面！三下五除二，夏侯廉最不濟的，還撂倒了仨呢！秦大哥伸手那個利索呀！他們還叫人呢，呼啦啦出來二十多口子，我就說了：『搶了馬還敢這麼橫，這是土匪明火呀！』我們都動開棍子了，劈里啪啦這通打，打得他們馬夫抱著個丫鬟直叫娘。後來桓家那老龜蛋出來了，他吃過阿瞞的虧，還認得妙才呢！當時就服軟啦！馬也拉出來還給秦大哥了，還把家奴教訓一頓，一個勁兒作揖的……哈哈……真是痛快！他娘了個蛋的！」曹洪一提打架上了十二萬分的精神，說得繪聲繪色唾沫星子橫飛。

「你們聽見了吧，就這個有能耐。」曹胤一笑，「我說咱這跟桓家鬧了多少次了？桓邵如今在郡裡，子廉舉孝廉他難免又憋了口氣，這是非咱們躲都來不及呢，還去找尋他家。」

「這不是我們找尋，他家惡奴不講理呀！」曹洪一拍大腿。

「那桓大老爺我也見過，厚厚道道一個老頭兒。就是年歲大了，家裡又沒有別人，他當了一輩子老好人，弄得底下的人驕縱慣了也是有的。你們把那些惡奴誆出來教訓教訓也就算了，非堵著人家門口鬧事，彷彿咱們姓曹的成心跟他過不去似的，搞得十里八村都知道了，他那老臉往哪兒擱？段熲之事不足以為鑒嗎？這冤家宜解不宜結，將來萬一出了什麼事兒，他家人落井下石怎麼辦？」

曹胤說這話是想規勸姪子聽話，殊不知跟桓家的仇已經結上了。

曹洪低著個腦袋聽著，不敢再言語了。

「行了！別在我跟前兒掃眉耷臉的，我不愛看這個。」曹胤一擺手，「你就要走了，沒什麼給你的，我已經叫你嬸子預備些好酒，你拿去和你那些哥們弟兄喝會子，出門別忘了老交情就是了。」

「欸！」曹洪一聽有酒又樂了，「七叔！還是您疼姪兒！」

「哈哈……」大夥全笑了。

「去去去！哄你嬸子去吧！她準備著呢。」曹胤又擺了擺手。

「嗯。」曹洪應了一聲，施個禮美滋滋去了。卞秉見了也要一同去，卻被曹胤叫住。

「阿秉呀，有件事叫你辦。昨天德兒來看我，說要立個家學。我琢磨著四哥不是給我兩間好房子嘛？離得遠，我這樣兒的身子也懶得搬。你到你姐夫那兒尋幾個家人，把樓異他們全叫上，將那西隴上的那兩間房好好收拾收拾，騰出來當個書房。你這孩子頭把族裡的孩子們都聚起來，以後到那裡去念書，那兒就當個家學的學堂。德兒的書念得好，他現在肯教是好事，別管是窮的富的遠的近的都叫他們學，街坊家的孩子要願意去你也別攔著。這事兒就交你辦了，現在就去，別耽誤工夫。」

「諾！您老放心，這事兒交我您就聽好吧！」卞秉嘻皮笑臉道。

「少耍貧嘴，快去！」

「諾！」

曹洪、卞秉都走了，屋裡又只剩下曹胤和曹操叔姪兩人。曹操看他臉色泛白，腦門上見了幾滴汗，料是毛病犯了，忙道：「叔！您還是躺一會兒吧！」

「我不躺，吃飽了就躺，這人就廢啦！德兒辦家學，這是正正經經的好事，得支持。還是你們大房家出來的人有出息，大哥多年的心血沒白費。我是不成了……」

「七叔說的哪裡話來？常言道：『枯竹林內生嫩筍，老牛也能產麒麟。』那橋玄老來得了二女、崔烈得了小兒崔州平，哪知您到老不會給我們添個堂弟呢？」曹操勸道。

「唉……算了吧！我都是見了姪孫的人了，不指望那個啦。」

「您不要這麼想，大戶人家四五代同堂不算什麼，你給我們添個兄弟還新鮮？」

「但願吧！到時候你兒子也得叫我兒子小叔……」曹胤乾笑了兩聲，叔姪倆一時間又沉默了。

「七叔！酒我抱走啦，明兒再來看您！」這時外面傳來曹洪又粗又亮的喊聲。曹操心裡一陣感慨：爹爹剛一恢復官職，子廉馬上就被舉為孝廉，勢力錢財又都回來了，就好像什麼都沒發生過一樣。

「孟德，你在想什麼？」曹胤問他。

「哦？哦，沒什麼，我在想子廉會不會當好差事。」

「如果是幾年前你這樣問我，我一定會說他當不好官。可是現在我不這麼想了。」

「哦？」曹操就地坐了下來。

「人無論賢愚總有自己的機會，不管出身如何、能力大小，只要抓住時機就會成功。可要是像我這樣自傷自憐一輩子，就永遠不會出人頭地。」

「七叔……」

「我真是愚鈍，到現在才想明白這個道理。可惜太晚了，我的身體也不允許了，真想從頭活一遍。」曹胤笑了，笑得非常遺憾，「孟德，千萬記住我的教訓。」

曹亂離世

西隴上的那兩間閒房，已經被卞秉、樓異他們改成了學堂，每天早上曹德都在這裡為族裡的孩子講書。曹操因研習《詩經》也時常到這裡湊個熱鬧，看著滿堂的孩子們念書，彷彿自己又回到了童年。

曹德小時候被人叫做書呆子，可謂讀遍諸子百家，是曹操這一輩人中學識最高的，可他偏偏不通仕途又不思為官，只把那滿屋子的書當作消遣。曹家產業宏大，年長一輩都在外地做官，曹德就當了這一族的大管家。現在有了家塾，他又天天為孩子們講書，穿著一身樸素的灰色衣服，紮著粗布方巾，手裡握著一卷書，儼然成了一位樸素的私塾先生。曹德的人品是一等一厚道的，不但不納束脩，還貼錢給族裡的窮孩子，甚至連十里八村各家的孩子都照顧到了。

有了這麼一位好老師，鄉里人自然願意把孩子送來。日子久了，大大小小的孩子擠滿了學堂，有兄弟一輩的，有子姪一輩的，有鄰里街坊家的，還有親戚朋友家的，大到曹純、夏侯德這樣十幾歲的，小到夏侯充、朱贊那等剛五六歲的，都在這裡一塊兒念書。

曹德費了一番心思，把稍大一些的安置在後排，教他們讀《論語》、《詩經》，甚至還念一點《孟子》；而前面就把年紀小的組織起來學《孝經》，暫由卞秉看著他們，曹操也時不時照顧一下。這樣一來，小小的學堂讀起書來就熱鬧了：

「士不可以不弘毅，任重而道遠。仁以為己任，不亦重乎？死而後已，不亦遠乎⋯⋯」

「桃之夭夭，灼灼其華。之子於歸，宜其室家。桃之夭夭⋯⋯」

「五畝之宅，樹之以桑，五十者可以衣帛矣。雞豚狗彘之畜，無失其時，七十者可以食肉矣……」

「先王有至德要道，以順天下，民用和睦，上下無怨。汝知……」

……

曹操舉著他的《詩經》默念了幾行，無可奈何地放下，看著這群小孩子們一個個兀自搖頭晃腦各念各的，他咽了一口唾沫——腦子全叫他們攪亂子！這幫孩子卻都互不干擾，彷彿一心鑽進書裡去了，特別是坐在最後面的曹純和夏侯德，讀的聲音最大。

這時，夏侯充站起來招呼卞秉：「舅舅！舅舅！」

「啊？幹什麼？」靠在窗前的卞秉打了個哈欠。

「什麼叫『立身行道』呀？」夏侯充問他。

卞秉湊了過來，他是從來沒念過書的，打小就在鄉間廝混，後來憑一支笛子吃飯，雖說當了幾年曹操的跟班，但都是行差辦案，也沒沾上什麼墨水。一卷《孝經》捧過來，偌大的字擺在眼前，就認識一個「立」字，其他的統統是字認識他，他不認識字。他眯著眼睛看了好半天才結巴道：「這個……這個這個……立身……啊立身行道。就是說呀，你走路的時候呀，一定要挺直了腰板，不然時間長了你就羅鍋了……你看朱贊他爺爺就是羅鍋。為什麼呢？就是走路不挺胸，他老窩著，那哪兒成呀？你再好好想想。」

「哈哈……」曹操笑得前仰後合，「哎呀阿秉，你天天在這兒，也跟著念念書好不好？把孩子們全教錯了。」

夏侯充一歪小腦袋：「舅舅你說得不對！」回過頭來又叫曹德。

曹德見前面的孩子叫他，便喊道：「大家都安靜……夏侯充，你要問什麼？」

「老師，學生想問『立身行道』是什麼含義？」夏侯充的聲音還帶著稚氣。

「好！」曹德點點頭，看了一眼身邊曹純說：「子和！你已經背過全本的《孝經》了，你來背一下這一段。」

「諾！」曹純規規矩矩地深施一禮，站起來背道：「身體髮膚，受之父母，不敢毀傷，孝之始也。立身行道，揚名於後世，以顯父母，孝之終也。夫孝，始於事親，忠於事君，終於立身。《大雅》云：『無念爾祖，聿修厥德。』」

「很好，那你再給幾位弟弟解釋一下是什麼意思吧！」曹德又說。

「諾！」曹純又向曹德施了一禮才開始講：「這段話的意思是孔子告訴曾子，孝是一切德行的根本，也是教化產生的根源。我們的身體四肢、毛髮、皮膚都是父母給予我們的，所以不能輕易損毀傷殘，這就是孝的開始。人活在世上一定要遵循仁義道德，爭取有所建樹，這樣才能揚名後世，從而也使父母顯赫榮耀，這是孝的最終目的。所謂孝，最初是從侍奉父母開始，然後就要為國君效力，就是忠孝一體，最終還要建功立業功成名就。《文王》裡面說：『無念爾祖，聿修厥德』就是指要懂得孝。」

他的聲音洪亮，解釋得又清楚，所有的孩子都聚精會神聽他說。連曹操也放下了書暗自嗟歎：二叔雖死，有這孩子與他哥哥曹仁為繼，也算無憾了！

但夏侯充偏偏是愛鑽牛角尖的孩子，撓著胖乎乎的小腦袋道：「子和叔叔，什麼是《文王》啊？」他是夏侯惇的長子，而曹純是曹熾的幼子、曹仁的弟弟，別看同堂念書，卻有大小輩兒之分。

「《文王》是《詩經．大雅》中的第一篇。」

「那它講的是什麼意思呢？」夏侯充還問。這次把曹純難住了：「我剛剛學到《邶風》，離《大雅》還遠著呢！」

「那《邶風》和《大雅》又是什麼意思呢？」夏侯充簡直有十萬個為什麼。

曹純腦袋上也見汗了，憋了一陣才道：「等你讀到那裡就明白了。」說完就坐下了。

「我來告訴大家吧！」曹操騰地站了起來，他如今熟讀伏氏詩三百，又常和小妾卞氏切磋此中技藝。這會兒見孩子問，朗朗將《文王》背了出來：

文王在上，於昭於天。周雖舊邦，其命維新。
有周不顯，帝命不時。文王陟降，在帝左右。
亹亹文王，令聞不已。陳錫哉周，侯文王孫子。
文王孫子，本支百世。凡周之士，不顯亦世。
世之不顯，厥猶翼翼。思皇多士，生此王國。
王國克生，維周之楨。濟濟多士，文王以寧。
穆穆文王，於緝熙敬止。假哉天命，有商孫子。
商之孫子，其麗不億。上帝既命，侯於周服。
侯服於周，天命靡常。殷士膚敏，祼將於京。
厥作祼將，常服黼冔。王之藎臣，無念爾祖。
無念爾祖，聿修厥德。永言配命，自求多福。
殷之未喪師，克配上帝。宜鑒於殷，駿命不易！
命之不易，無遏爾躬。宣昭義問，有虞殷自天。
上天之載，無聲無臭。儀刑文王，萬邦作孚。

一段《文王》誦罷，他一甩衣袖道：「周文王三分天下有其二，尚全心事殷商，不愧一代聖人也！」

曹操完全投入到自己的吟誦中，說完這話扭頭一看，發現滿屋子的孩子都瞪著眼睛一聲不吭地看著他，臉上的表情莫名其妙——不到十歲的孩子誰懂得聽這個呀！

「嗯……」曹德乾咳了一聲，「兄長，這些孩子們還有功課，你看你是不是先……出去回避一下？」

曹操見弟弟「請」他出去，臉一紅沒吱聲，踢了捂著嘴笑他的卞秉一腳，舉著書轉身走了。出了學堂，伸了一個懶腰，陽春時節的天氣可真好呀！低頭一看——七叔曹胤正笑吟吟地倚在一棵大槐樹下。因為病重，曹胤現在已經完全脫相了，兩隻眼睛凹陷進去，不過他一向重視修飾，還是將鬍鬚修得整整齊齊。

「七叔，您怎麼出來啦？」

「閒著沒事兒，在這兒聽聽孩子們念書。」曹胤的聲音已經變得有氣無力。

「注點意，別著涼。」

「欸！我披著衣服呢……你看這景色多美呀！」曹胤微笑道。

曹操轉過身眺望著遠景。春天到了，遠去的燕子北歸了，它們輕聲啼叫，在天上自由自在地翩翩起舞，傾訴著自己的歡悅，那歌聲中有理想有愛情有渴望……春天到了，田野裡的花兒綻開了，五顏六色裝點著綠茸茸的大地，彷彿是一群美麗的小姑娘在那裡嬉戲玩耍……春天到了，陽光是那麼的和煦溫暖，它給萬物帶來生機和希望，把一縷縷光明撒向人間，讓大家都感到幸福就在身邊……春天到了，遠處的農民又開始了耕種，他們忙忙碌碌卻又有說有笑，他們在耕種莊稼，但也在耕種自己的明天，他們理想中的明天……

「阿瞞……」曹胤對他說：「記得小時候我們兄弟就是在這片地上玩耍，那時沒有這兩間房子，你爹、你二叔、四叔、還有我……我做夢總是夢見。少年時誰都沒有煩惱，我們玩得那麼快活……」曹胤緩了口氣，「如今老二、老四都不在了，我真想他們，我也要去找他們了。」

「七叔您別這麼說，一冬天都熬過來了，入了夏好好將養，這病不是沒有治的。」曹操勸慰道。

曹胤沒有直接回答他的話：「你媳婦，還有德兒媳婦，如今身懷有孕了吧！這就是一代新人替舊人，我真想抱抱兩個姪孫呀……」

「您放心，孩子一落生，我們先抱過來給您看！」

曹胤點點頭笑了。這時一片喧鬧，孩子們從學堂裡跑了出來，一個個奔向草地在那裡玩耍，曹德和卞秉緊隨其後也出來了。

「怎麼不念啦？」曹操問。

「大好的天兒，叫小不點們玩會兒……喲！七叔也在這兒呢！」卞秉趕緊見禮，曹德也趕忙過來打躬。

曹胤倚著樹微笑，卻沒說話。

「哥，他們這樣的年紀怎麼聽得懂《文王》呢？看看我教他們的。」說罷曹德對著嬉戲的孩子們喊道：「大家把我剛教你們的唱給七爺爺和大伯聽聽！」

這一聲令下，所有的孩子手拉著手圍成了一個大圓圈，由曹純、夏侯德帶著頭兒齊聲唱道：

呦呦鹿鳴，食野之苹。我有嘉賓，鼓瑟吹笙。

吹笙鼓簧，承筐是將。人之好我，示我周行。

呦呦鹿鳴，食野之蒿。我有嘉賓，德音孔昭。
視民不恌，君子是則是傚。我有旨酒，嘉賓式燕以敖。
呦呦鹿鳴，食野之芩。我有嘉賓，鼓瑟鼓琴。
鼓瑟鼓琴，和樂且湛。我有旨酒，以燕樂賓客之心。

「真有你的！這是《小雅·鹿鳴》呀！我小妻卞氏最善歌這一段。」曹操讚歎道。

曹胤卻無心讚歎，他舒舒坦坦地倚著大槐樹，眼前的情景使他回憶起童年，一切都是那麼美好，一切都是那麼安詳。他微微抬起頭，仰望著碧藍的天空，在潔白的雲朵間，曹熾和曹鼎就在那裡朝他招手。往昔的恩怨因為生死之隔都已經釋然，他覺得自己已經變成一個孩子，插上翅膀，伴著徐徐春風，悠然飛向天空。

就在這片幸福安詳之中，曹胤的瞳孔漸漸散開了……

御賜徵召

曹嵩消瘦了許多，著實為兄弟們的早逝痛苦了一場。他如今已經形單影隻，可還得為新的事情發愁。

橋玄說等蔡邕回來一定會再次校書，而且會徵召通曉古學的青年才俊入朝為官，可是事情過去一年多了，絲毫動靜都沒有。而且傳來風聲，蔡邕在回朝的路上突然上疏辭官，不見了蹤影，這樣校書的事情又改由馬日磾去辦理了。兒子什麼時候才能回到身邊呢？有幾次曹嵩真想親自出馬，托曹節或者許相他們運動運動，可又忍耐住了。為了曹家能有一個正經出身的後輩，他和兒子都要橫下心等待。

這一日又是朝會，洪鐘響起，兩千石以上官員都穿戴齊整，已在玉堂殿落座良久，卻遲遲不見皇帝到來。時間一長，大家面面相覷不知道該如何是好。就在這時殿外金鐘三響，黃門侍郎引著皇帝劉宏從後殿轉來。文武官員立刻肅靜，一齊跪倒高舉牙笏山呼見駕。

「眾卿家平身……」劉宏的聲音並不洪亮。

眾官員起身歸座，抬起頭卻見劉宏一副哀傷的神色。劉宏輕輕舉起一份奏章道：「朕昨晚收到一份奏章，反復品讀，推枕難眠。這是已經告老的橋玄自睢陽家鄉托人呈上來的。老人家今年已經七十二歲，還在為朕的江山社稷時時牽掛，他勉勵朕要好好治理國家，還提醒寡人應該注重選拔人才。朕突然想起他曾經建議過徵召通曉古學之人……」

曹嵩眼前一亮！他因為是九卿之一的大鴻臚，所以坐得比較靠前，劉宏的每一個字都聽得格外清楚。

「橋玄說《古文尚書》、《毛詩》、《穀梁春秋》都是經典之學，要揚此大義，教化世人。還說通曉這些的必定是明哲之士。另外老人家親自舉薦了幾位賢德官員，還有一個人……」劉宏說到這兒，低頭看了一眼奏章，又道：「譙縣曹操熟知《詩經》義理，可堪大用，這個曹操諸位卿家誰知道？」

一瞬間，無數的眼光都聚集到曹嵩身上，有的欣羨、有的仇視、有的嫉妒、有的輕蔑、有的歡喜、有的憤恨，卻沒有人回答皇上的問話。這時候曹嵩也不好親自說什麼，倒是他身邊的廷尉崔烈先起身開了口：「啟稟陛下，這曹操字孟德，就是大鴻臚曹大人的嫡子。」

「哦？」劉宏一愣，放眼在人堆裡尋曹嵩，「曹愛卿！」

「臣在！」曹嵩趕忙出班舉笏。

「橋玄所言的曹操是你的兒子？」

「正是犬子。」曹嵩把頭壓得低低的。

「嗯，不必謙恭，虎父無犬子嘛……」劉宏略一停頓，突然拍了一下御案。曹嵩嚇得一哆嗦，心一下子提到了嗓子眼，卻聽劉宏轉而大笑，「哈哈……我想起來啦！你兒子曹操不就是當年棒殺豪強名噪京師的曹孟德嘛！這人是好樣的，曹節當年曾對朕保舉外任歷練，朕怎麼忘卻了？早就該調回來的呀！曹愛卿，你兒現在身居何職？」

曹嵩總算鬆了口氣，眼見得上人見喜，趕忙稟道：「犬子原居頓丘縣令，因宋后之事撤職在家，算來一年有餘。」

「唔……」劉宏低下了頭。曹操這次真是交上好運了：一來橋玄舉薦另眼相待；二來劉宏本身就知道他，只是年深日久忘卻了；三來他多少對宋后藏了一份愧疚，聽說是因宋后一案廢棄之人，心裡自然同情。

想了片刻，劉宏言道：「傳詔！徵曹操入朝，暫拜為議郎，日後必有重用！」

曹嵩雖然盼了半年多這個時刻，但等到真正到來時卻還是頗為激動，他慌忙高舉笏板跪倒在地：「臣叩謝天恩。臣一定訓教小兒，為國效犬馬之勞！」說罷連連磕頭，心裡對橋玄的那份感激勁兒實在是說不上來。

悲喜交加

光和三年（公元一八〇年）十月十五，下元之日。

曹操帶著祭品到墳地祭祀母親鄒氏。

「娘，兒來看妳了！父親沒事了，現在他好著呢……」他跪在那裡對母親訴說了這一年多的變故。起身後，又赫然瞧見遠處曹熾、曹鼎、曹胤的新墳，心中滋味複雜，暗暗想道：「二叔，你處心積慮到頭還是一場空，徒留家產富貴，自己卻享受不到。四叔，你專橫跋扈了這麼多年，最後還是被打入地獄。七叔呀，你自傷自憐了大半輩子，最終默默無聞，連子嗣都沒有……

「你們都走了，早年間的恩恩怨怨該作罷了吧，曹家過去的是非榮辱，也該隨你們而去了。往者已矣，活著的人還需往前看。以後姪兒再沒有你們的扶持了，一切都只能靠我自己。其實，人這一輩子能指望誰呢？自己的人生必定要自己去活！可能這世上沒有真正意義上的對錯，但是姪兒我也只有去尋找去探索……路漫漫其修遠兮，吾將上下而求索……」

「孟德！你咋還在這兒磨磨蹭蹭的！」秦邵跑了來，「你小子又要當爹啦！大夥四處找你呢。」

「你弄錯了，今兒是子疾媳婦臨盆。」

「傻小子，我剛從你家來，你媳婦也要生啦！」

「哦？這麼快？」曹操拋下籃子，趕緊隨他回家。

雖然天涼得厲害，但大夥還是嘰嘰喳喳地擠在大房家的院子裡。

夏侯惇、夏侯淵、夏侯廉、秦邵、丁沖、丁斐連帶各房的親戚，都來湊熱鬧了。大夥遇生孩子的事兒遇得多了，可從沒見過兄弟倆媳婦同一天臨盆的。諸人簇擁著曹操、曹德兩個準爸爸開著玩笑，可這哥倆哪兒有心思與他們搭訕，搓著手在院裡轉磨磨，可忙壞了卞秉和樓異，一人跟著一個在後面緊著說吉祥話。

這時忽地打了一個閃，緊接著烏雲密布，轟隆隆的雷聲跟著就來了，一陣大風捲起，十月裡的寒雨眼看就要下來了。卞秉抬頭看了一眼黑壓壓的天空，笑著對眾人道：「都說龍行有雨，虎行有風，這是好兆頭呀！」

這句話還沒落音，就聽見「生啦！生啦！」一個丫鬟從配房裡跑出來，「恭喜二爺！是個大胖小子啊！」

「好呀！」眾哥們齊聲喝彩，拍著曹德的肩頭。

曹德早直挺挺愣在那裡，夏侯淵一拳打在他身上：「你有兒子啦！還不進去看看！」

「恭喜恭喜！」丁沖舉起酒葫蘆就往曹德嘴邊送。

曹德好半天才緩過神，叫道：「我有兒子啦……我有兒子啦！濟世安民，我曹家要濟世安民！曹安民！這孩子就叫曹安民！」說著一溜風跑進了房門。

「等等！除了七叔的孝再進去……真是書呆子！」夏侯淵笑道。

這時豆大的雨點已經飛下來了，眾人的衣服立刻被打濕了。卞秉打摸著秦邵身上的濕點子道：「諸位親朋，這雨要下大，大家都到堂上去吧！」就這麼著，他邊笑邊勸把大夥都讓到前面堂屋去了。

曹操可沒有走，他焦急地站在簷下邊避雨邊等候，樓異緊隨他身邊站。眼望著雨越下越大，打在地上劈劈啪啪作響，他心裡急得像開鍋油似的。早請醫生來看過，明明說他小妾劉氏下個月才會臨盆，可卻早產了，而且折騰了快一個時辰還生不下來。嘈嘈的雨聲太大，他攏著耳朵聽房裡的動靜，隱隱約約只聽到劉氏的呻吟聲，還有丁氏忙亂的說話聲。

曹操這時候也不知道該怎麼辦了，緊緊拉著樓異問：「女人生孩子是這麼費勁嗎？」

樓異眨麼眨麼眼，結結巴巴道：「我、我……我連媳婦都沒有，我哪兒知道去？」

「嗐！」曹操甩開他的手，就在簷下來回來去溜達開了。

這會兒風越刮越大，迎面吹來，把他的衣服打濕了一大片，樓異趕忙幫他整理衣衫。

正在這時，聽見「嘩啦」一聲，門開了——是丁氏。

「怎麼樣？」曹操趕忙問。

「夫君……你快進來看看妹妹吧……」丁氏的眼裡似乎噙著淚花。

曹操慌忙推開樓異，衝了進去，七嬸子、接生婆和兩個丫鬟緊緊簇擁著床榻，劉氏面色慘白滿額汗水，而衣被下面……是血！好多的血！那些血完全濕透了被角，正順著床榻往下流！

「妳怎麼了？」曹操撲到跟前抓住劉氏的手。

劉氏已經筋疲力盡，搖著頭說不出話來。

「這到底怎麼了？」

收生婆慌得手忙腳亂：「這孩子是倒坐胎，生不下來呀！再這麼下去一屍兩命呀……」

「你胡扯！」啪！曹操甩手給了收生婆一個嘴巴，七嬸子趕忙把他攔住道：「阿瞞不要怪她，快看看你媳婦，跟她說兩句話……」說著眼淚下來了。丁氏與劉氏一起長大，雖是主僕但情同手足，見七嬸掉了眼淚，她哪兒還忍得住？好在這會兒卞氏也從曹德那頭趕過來了，拉著兩個人勸，總算沒嚎出聲來。

曹操也顧不得她們，拉著劉氏的手說：「咱不生了，不生了！別使勁，別為難自己了。」

劉氏搖搖頭，兀自咬牙堅持著。

又這樣折騰了好久，接生婆哭道：「不行……這不行！再這樣都保不住了。少爺您勸勸她吧！」可是不論怎麼說劉氏還是努力想把孩子產下來。曹操看在眼裡疼在心裡，哆哆嗦嗦勸著自己的女人。

這時外面亂了，只聽有人大叫：「大少爺！大少爺！恭喜啦……」這次大聲嚷嚷的卻是秦宜祿！

「裡面生孩子，你不能進去！」樓異攔著他。

秦宜祿喊得都差了音兒了：「大少爺！恭喜啦！皇上下詔徵您為議郎！您可以回京啦！」

「哇……」孩子竟生下來了！

所有人都鬆了一口氣，接生婆趕緊抱起：「奇了！真奇了！這孩子憋了這麼久還真保得住……是個小子！恭喜了，男孩！」

眾人頓時忙活起來，給接生婆遞水，給孩子洗，給劉氏擦汗。七嬸子接過洗乾淨的孩子親了又親，又遞給丁氏抱著。曹操卻沒瞧兒子一眼，他眼見得劉氏已經奄奄一息了。

「夫君……我……就是想……給你生……」劉氏的臉色已經白得跟紙一樣。

「別說了，好好養。」曹操緊緊握著她的手，心中一片酸楚。

劉氏搖搖頭，淚水跟著滾了下來，眼珠在眼眶裡打著晃：「我……不行了……」這三個字真說得曹操撕心裂肺，他叫道：「把孩子抱來！」丁氏匆匆忙忙抱著孩子跪到跟前，「看看，咱們的兒子……」

劉氏這時候什麼都看不清了，只斷斷續續道：「夫君……你要……昂起頭……好好過……」丁氏哭得跟淚人一樣，一個勁兒喊著妹妹。

劉氏已經說不出話來，但撐著一口氣就是不肯嚥，眼光恍惚看著孩子。丁氏看出了她的心思，擦去淚水道：「妹妹放心，姐姐今後不生不養，這孩子就是我的親兒子，絕不讓他受委屈。」

劉氏聽罷眼睛一閉，胳膊一垂——嚥氣了！

屋裡哭聲立時響成一片，唯獨曹操沒有哭，他從丁氏手裡接過兒子，對呱呱哭叫的孩子道：「你娘為生你死了，你親親她吧。」說罷把嬰兒的臉在劉氏臉上蹭了一下，扭頭對眾女眷道：「她叫我昂起頭好好過日子，這孩子就叫……曹昂！」

曹操抱著這個剛出生的小生靈，感到無比的沉重。悲歡離合的感受，交織纏繞在一起，此刻他的心裡是何等的複雜？明天，明天又會是什麼樣子呢？

INK PUBLISHING

從前 29

卑鄙的聖人 曹操

作　　者　王曉磊
總 編 輯　初安民
導　　讀　陳明哲
責任編輯　孫家琦　陳健瑜
美術編輯　陳淑美　黃昶憲　林麗華
校　　對　孫家琦　陳健瑜

發 行 人　張書銘
出　　版　INK 印刻文學生活雜誌出版有限公司
新北市中和區建一路249號8樓
電話：02-22281626
傳真：02-22281598
e-mail:ink.book@msa.hinet.net
網　　址　舒讀網 http://www.sudu.cc

法律顧問　巨鼎博達法律事務所
施竣中律師
總 代 理　成陽出版股份有限公司
電話：03-3589000（代表號）
傳真：03-3556521
郵政劃撥　19785090 印刻文學生活雜誌出版有限公司
印　　刷　海王印刷事業股份有限公司

港澳總經銷　泛華發行代理有限公司
地　　址　香港新界將軍澳工業邨駿昌街7號2樓
電　　話　852-2798-2220
傳　　真　852-2796-5471
網　　址　www.gccd.com.hk

出版日期　2018年 5 月 初版
ISBN　978-986-387-140-8
定　　價　360元
永久特惠價　199元

國家圖書館出版品預行編目(CIP)資料

卑鄙的聖人 ： 曹操 / 王曉磊著. --初版.
--新北市：INK印刻文學, 2018. 05　面；
17 × 23公分. --（從前；29）
ISBN 978-986-387-140-8（平裝）

1.（三國）曹操 2.傳記 3.三國史

782.824　105024208